"十三五"江苏省教育科学规划课题（编号：D/2018/02/89）研究成果

# 经验重构

## 支持儿童差异性学习的创新探索

薛卫平 主编

南京大学出版社

# 编委会名单

主　　编　　薛卫平
副 主 编　　武　昆
编　　委　　（按姓氏首字母排序）
　　　　　　巢丽芬　傅　蓉　衡　璇　胡凤菊　胡　珺
　　　　　　阚书平　李　润　力新兰　刘海甜　牛　忠
　　　　　　王　蓓　魏舒阳　吴　莹　徐　婷　徐文研
　　　　　　杨逸帆　张青云　周丽华　周　蓉　周志荣
　　　　　　朱　丹　朱玉娟

# 整体中的差异：儿童学习与发展的关键

## 吕林海

滨江小学的这本关于支持儿童差异性学习的专著即将出版了，我首先表示衷心的祝贺。应当说，这是一本基于扎实实践、深入研究所形成的专著，而非应景之作。之所以这样说，源于两点。

第一，滨江小学的学校文化就是"灵动每一个，精彩每一天"。"每"字本身就意味着个体、独特，这种文化独特性自然地与滨小的这个研究具有"文化契合性"。第二，我去过滨小两次，两次之间时隔大约两年。这两年时间内，滨小在差异化学习及其支持的研究上取得了不小的进展，特别是在研究的聚焦性和可操作性上，令人印象深刻。由此，我们有理由相信，这本书肯定是耐读和值得读的。

这本书值得读，还因为这本书涉及的主题又具有超越时代、跨越地域的普适乃至永恒的特征。

教育，从其深层意义而言，必然带有群体的文化传承意味。按照教育家杜威的观点，把祖辈的习俗、思想、制度、文化承继给子代，从而实现人类种族的延续和发展，这是教育所必须承担的使命。教育是要超越个体性和差异性的，教育需要呈现出种族的延续性和整体性。但是，教育又要在这种种族性和群体性中体现出个体性与差异性，个体镶嵌于整体之中，这并不必然意味着个人之差异的消失。忽视这种差异性，极有可能带来教育实践的不可达成。由此，每个个体所嵌入的整体中既有相同性或相似性，也有不同性和不相似性。比如，每个中国儿童都是中国文化群体的一分子，但这并不必然意味着不同的中国儿童所生长的区域、城市、社区、家庭就完全一样。教育活动，既带有整体传承的统一性，又带有个别学习的差异性。

在教育活动中实现每个个体的真正发展，就需要在整体性中关注差异性，在差异性中关注整体性。

走入学校情境和课堂的每个儿童，上同样的课、拿着同样的课本、面对同样的老师，这是每个儿童所被赋予的"整体性"，这种整体性体现了人类和国家所希冀的一种

"传承性"。但走入每个儿童的更加"精细的层面",他的家庭、他的兴趣、他的情绪,等等,此时的"差异性"就自然体现出来了。面对同样的知识,差异可能体现为"理解的不同";面对同样的老师,差异可能体现为"态度的迥异";面对同样的课堂,差异可能体现为"兴趣的有别"。整体和差异,就这样自然地、潜在地渗透于学校教育活动的方方面面。

由此,教育必然是一个关于"整体性"的事业,但同时,教育也是一个关注"差异性"的事业。整体性,意味着儿童融入国族、人类的传统之中,意味着儿童的一种"共同体身份";差异性,意味着儿童的独有生命,意味着教育在实现着个体别具一格的成长与发展。没有差异性,整体性的融入就是一种机械的融入,不可能是鲜活生命个体的融入,教育就不可能是生态的,而是一种拼接组装。

为了支持儿童的差异性成长,滨江小学做出了独特而有效的探索。第一,差异性的表征方方面面、不可尽数,但选取"认知差异"作为切入点,真可谓与教育实践具有精巧的契合性。学校教育中的学习活动,很大层面上指向认知的发展,由此,认知的差异性必然是值得考量的重要方面,也是教育的本然意义之所在。第二,认知差异的基础是一种经验的差异。儿童的生活经验形塑了儿童的独特认知倾向、认知方式、认知过程,因此,抓住儿童的经验,无疑进一步找准了儿童认知差异的根本。第三,围绕儿童认知经验的差异,构建了典型的课堂样态。这个课堂样态是一个成体系、有结构的模式,并经过了滨小多轮次、多学科的检验,取得了比较稳定的效果。上述成果的取得,显然不是一种纸上谈兵和短期突击的结果,而是滨江小学团队多年来深入研究、不断尝试突破所积淀下来的成果。

作为未来的进一步深化,我觉得包括滨江小学在内的对相关主题进行探索的学校和老师们可以思考如下几个问题。

第一,关注差异的内涵之拓展。儿童的差异,其实不仅仅限于认知,也包括情感、意志、态度、思维方式、智能倾向等各个方面。将差异的内涵拓展出去,有可能让我们看到更加复杂的儿童,进而看到更加复杂的人性。教育的意义和价值不正是面向复杂人性的改造和发展吗?因此,如何设计面向更复杂差异的教学模式,无疑是一个有价值的课题与挑战。

第二,关注差异的生成之机制。差异是一种客观存在,但客观存在的背后一定隐含着更加丰富的生成机制。例如,认知上的高下之别,有经验的因素,也有学习方法的因素，还有家庭资源的因素，等等。走入差异背后的原因、机制，其实就打开了每一个独特儿童的生活经验、内心体验以及人生世界，也打开了一个更加丰富的教育世界，更是打开了一扇更大的和更有魅力的教育思考之门。

第三，关注差异所带来的丰富教育机遇。差异并不必然意味着优劣之别，差异体现了一种人的丰富性和复杂性，差异甚至意味着一种自然的生态性。支持儿童的差异，不是为了消减这样的差异，而是让差异成为儿童成长的资源、平台和机遇。我们应当秉持这样一种信念，每个儿童的与众不同，意味着每个儿童所内蕴的真正价值，珍视这种"与众不同"，就是对人的尊重、保护，就是对真正教育的发自内心的敬意。如果我们看到创新意味着产生"不同"，那么尊重每个人的"不同"，其实就是对"创新"的深层保护。

支持儿童差异及其学习，是滨江小学长期坚守的课题，我相信，也是他们长期坚守的教育信念。成为一种信念，就会有一种最坚实的、最厚重的行动力量，它必将带领滨江小学继续突破、持续成长！

**南京大学教育研究院教授　博士生导师**

吕林海

**2021 年岁末**

# 目 录

**第一章 总 论** ················································· 001

 第一节 支持儿童差异性学习的课堂典型样态的阐述 ············ 001
 第二节 支持儿童差异性学习研究的理论支撑 ·················· 005
 第三节 支持儿童差异性学习的研究背景和价值意蕴 ············ 009

**第二章 差异性定标** ············································ 012

 总 论 ····················································· 012
 第一节 底线定标 ··········································· 015
 第二节 选择定标 ··········································· 022
 第三节 个别定标 ··········································· 031

**第三章 自主性先学** ············································ 039

 总 论 ····················································· 039
 第一节 任务导向先学 ······································· 040
 第二节 问题导向先学 ······································· 049
 第三节 兴趣导向先学 ······································· 060

**第四章 开放性对话** ············································ 073

 总 论 ····················································· 073
 第一节 发散式对话 ········································· 075
 第二节 辩论式对话 ········································· 087
 第三节 生成式对话 ········································· 098

**第五章 多样性练习** ············································ 106

 总 论 ····················································· 106
 第一节 自选式练习 ········································· 111
 第二节 自编式练习 ········································· 117

第三节　自鉴式练习 …………………………………………… 132

## 第六章　定制性辅导 …………………………………………… 140

　　总　论 …………………………………………………………… 140
　　第一节　教学检测定制辅导 …………………………………… 141
　　第二节　个别学生定制辅导 …………………………………… 149
　　第三节　特殊时段定制辅导 …………………………………… 159

## 第七章　实证性反馈 …………………………………………… 171

　　总　论 …………………………………………………………… 171
　　第一节　达标反馈 ……………………………………………… 177
　　第二节　进阶反馈 ……………………………………………… 187
　　第三节　秀我反馈 ……………………………………………… 198

## 第八章　学习空间的重构 ……………………………………… 208

　　总　论 …………………………………………………………… 208
　　第一节　班级空间的重构 ……………………………………… 209
　　第二节　校园空间的重构 ……………………………………… 216
　　第三节　课程空间的重构 ……………………………………… 224

## 第九章　滨江小学云课堂 ……………………………………… 234

　　云课堂概述 ……………………………………………………… 234
　　第一节　云课堂教学平台 ……………………………………… 234
　　第二节　云课堂教学案例 ……………………………………… 237

## 第十章　"差异性学习"的组织与管理 ………………………… 263

　　第一节　"差异性学习"的科研背景 …………………………… 263
　　第二节　"差异性学习"的科研管理 …………………………… 269
　　第三节　"差异性学习"的儿童立场 …………………………… 274

**参考文献** ……………………………………………………………… 277

# 第一章　总　论

支持儿童的差异性学习是南京市滨江小学提出的教育教学主张。"支持儿童差异性学习的课堂新样态的研究"是经江苏省教育科学规划办公室评审并批准立项的"十三五"江苏省教育科学规划课题(编号:D/2018/02/89)。

在课题研究的基础上,学校在2019年申报了南京市前瞻性项目"支持儿童差异性学习的课堂典型样态的建构",2020年被南京市教育科学研究所立项。

课题的研究是为了解决学校教育教学发展中存在的问题,项目的建设更是为了促进学校全方位的发展,为了区域的引领与辐射。

滨江小学以"灵动教育"为办学理念,以"灵动每一个,精彩每一天"为办学目标,支持儿童的差异性学习是滨江小学对"灵动教育"的诠释。2014年以来,滨江小学力行教学改革,从课堂教学开始转变育人理念,从最初提出的"三我课堂",到"3＋X"课堂,再到支持儿童差异性学习的典型样态课堂。滨江小学全体师生一边摸索,一边实践,一边反思,一边进一步前行。

## 第一节　支持儿童差异性学习的课堂典型样态的阐述

### 一、关于儿童差异性学习的解读

#### 1. 差异性学习概念的内涵和外延

差异性学习是在学校的学习和班集体的学习过程中,立足学生个体的差异,满足不同学生的学习需求,让学生不同的个性在学习过程中更好地展现,让学生不同的能力在学习过程中得到更好的彰显,让学生在原有的学习基础上能够得到更充分的发展的一种学习方式。

差异性学习有别于差异化教学。差异化教学更多立足于教师的层面,强调通过改进教师的教学方式,呈现差异化的教学样态,以达到更好的教学效果。差异性学习更多立足于学生的层面,强调在对学生学习状况的观察和诊断之下,通过提供更好的学习环境或学习路径,以达到让每个学生更好成长的目标。

同时,差异性学习还有别于分层学习和个别化学习。分层学习是教育者通过制定不同的标准,人为地将学生分成不同层次,通过对每一层学生实施不同的教学方式以达到更好教学效果的过程。差异性学习并不通过人为的方式强行将学生分层,而是通过提供学习环境、学习方式的支持,让学生主动进行选择。个别化学习更多的是针对学生的个体,强调让每一个学生都更好地学习,更加适合小班化学校,或者课后进行一对一的针对性学习。而差异性学习更加宏观,强调通过学校行为尽可能促进更多学生完成自我的提升。

学生学习的差异在方方面面都有所体现。有家庭环境的差异,有性格情绪的差异,有学习基础的差异,有智力水平的差异……本书所强调的差异性学习的逻辑基点是认知经验的差异。学习的过程主要是一个认知的过程,在小学阶段,学生认知经验的差异往往导致不同的学生在学习过程中呈现出不同的学习表现。认知经验丰富的学生往往倾向于主动表达,认知经验迁移迅速的学生往往善于举一反三,认知经验匮乏的学生往往处于被动学习的状态,认知经验缺失的学生学习往往不能顺利进行。从某种意义上来说,学习的过程也就是在学生已有认知经验基础上,重构认知经验的过程。

### 2. 认知经验的支持与重构

我们必须正视,儿童的学习是有差异性的。即使在教育教学的过程中有共同的目标,也必须看到学生在奔赴目标过程中会呈现不同的学习状态,达到不同的学习效果。好的教学会支持儿童的差异性学习,支持儿童的差异性学习并不是试图抹平这种差异,使每个孩子变得相同,而是基于儿童认知经验的差异,通过支持手段使每一个儿童在学习过程中都能获得更好的展现机会、更大的提升幅度、更多的学习自信。

从应然意义上说,站在每个儿童个体上而言,每个儿童都是独特的。他有自己独特的经验、性格、背景、态度,等等。从实然意义上说,作为教育者,我们要尽可能创造更好的学习环境来找到适合每一个儿童个体差异的适性的学习道路。也就是说,由于每一个儿童都有独特的学习特质,所以为儿童的学习提供更好的学习环境、更多的学习选择、更优的学习道路是教育者义不容辞的责任。

一方面,我们要为儿童认知经验的丰富提供支持手段,用以支持儿童的差异性学习。这种支持手段可以是学习环境,如校园环境的打造、学习场所的提供、学习媒介的支持等。这种支持手段也可以是学习方式,如展示平台的创造、合作交流的开展、对话空间的拓宽等。所有提供的支持手段需要给"可选择"的空间,只有让学生有选择的权利,才能够契合个体认知经验的特点,在学习过程中达到提升的目的。

另一方面,我们要注重学生认知经验的重构。学习的过程就是原有认知经验重构的过程。在经验重构的过程中,我们需要注重学生已有的认知经验基础。所以,了解学情成为经验重构的前提,在教学过程中通过一些方式,如学习单的提供、前测题的设计等,了解学生已有的认知经验,成为课堂教学重要的前提。在充分了解学生认知经验的基础上,才能够更好地重构认知经验。

## 二、支持儿童差异性学习课堂典型样态的建构

支持儿童的差异性学习,我们力图建构课堂的典型样态。课堂样态,就是课堂表现出的样子。滨江小学着力打造的课堂样态之所以称为"典型",首先是因为它是经过教学实践,从支持儿童差异性学习的课堂样态中提炼出的最有代表性、最能够体现对儿童差异性学习支持的样态。其次,所谓"典型样态",是能够借鉴和推广的样态形式。只要想对儿童的差异性学习提供支持手段,就可以从这种典型样态入手,尝试提高课堂的教学效果。

建构课堂典型样态在滨江小学经历了不断摸索和实践的过程。2015年,滨江小学提出"三我课堂"的教学改革主张,要求在40分钟教学时间里具备三个教学环节:我能展示、我会合作、我来表达。课初三分钟给学生自我展示的时间,课中至少有一次同桌合作或者小组合作的片段,合作学习之后要具备汇报表达的环节。那个时候我们还不是很明确目的是支持儿童的差异性学习,只是朴素地感觉到优秀的课堂应该是这个样子,课堂教学的样态初显。

随后,滨江小学在"三我课堂"的基础上,进一步提出了"3+X"课堂的教学样态。即在"我能展示"、"我会合作"、"我来表达"环节基础上,鼓励教师设计更多类似的教学环节支持儿童的差异性学习,我们开始将焦点聚焦在支持儿童差异性学习上。

2019年,我校正式开始围绕"支持儿童的差异性学习"建构典型样态课堂。基于认知经验的重构,我校建构的典型样态课堂模型首先呈现学生差异性的认知经验,在此基础上,由差异性分析、差异性教学、差异性评估三部分组成。支持儿童差异性学习的课堂典型样态由差异性定标、自主性先学、开放性对话、多样性练习、定制性辅导、实证性反馈六部分组成(见图1.1)。

差异性定标指的是为教学活动板块和教学效果达成方面设定不同层级的教学目标,支持不同学力的学生学习。由于学生已有认知经验水平的不同,在学习过程中每个学生能够达到的学习目标也不同。设定不同层级的教学目标能够让更多不同经验水平的学生达到适合自己的标准,从而增强学习的自信心,获得更多学习的成就感。根据学生群体的差异性,差异性定标又可以分为底线定标、选择定标和个别定标。底线定标是指立足绝大多数学生能够达到的标准,例如课程标准中提出的目标。选择定标是指教师提供选择性学习目标的菜单,以师生协商的方式选择达标,目的是让

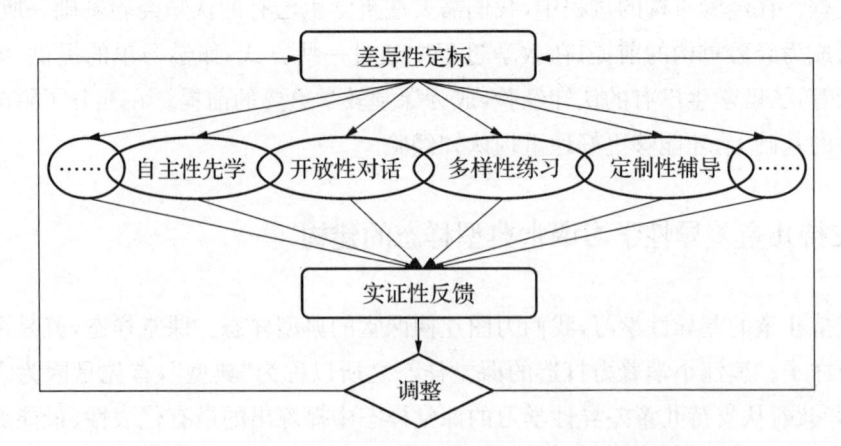

图 1.1 支持儿童差异性学习的课堂典型样态（关联图）

更多学生找到适合自己的学习目标。个别定标是指聚焦于一个群体，比如特长生或者潜能生，在不同的学习板块为这一群体量身定制目标，提高这一群体的学习效率。

自主性先学指的是在教学一节课之前，根据学生认知经验的不同给学生创设自主学习的空间，通过自主先学的反馈可以为课的教学设定更加切合的目标，以达到更好的教学效果。自主性先学可以分为任务导向先学、问题导向先学和兴趣导向先学。任务导向先学是指在教师布置学习任务的驱动下进行自主先学。问题导向先学是指由学生问题引领的自主先学。兴趣导向先学是指以学生的兴趣或特长为引领，找到学生兴趣与教学内容的契合点，为学生特长展示搭建舞台的自主先学方式。

开放性对话指的是在课堂教学中营造更多维度的对话空间，让不同的认知经验相互促进融合。开放性对话可以分为发散式对话、辩论式对话、生成式对话。课堂教学中，可以就一个主题进行各组的汇报；可以就两种针锋相对的观点进行生生、师生之间的辩论；可以由一个观点引发另一个观点，一个思维启迪另一个思维。

多样性练习指的是通过设计不同种类、不同层面的练习让更多学生有展现学习成果的机会，在适合的练习中崭露头角。多样性练习可以分为自选式练习、自编式练习和自鉴式练习。自选式练习侧重可由学生选择的分层练习；自编式练习开放度更高，可以是学生编制练习或者寻找练习；自鉴式练习侧重多媒体的练习，通过网络平台，有一些练习可以做到软件自评或者学生互评。

定制性辅导指的是针对特殊学习时段或针对班级的特殊学生，通过量身定制学习方案的方式进行针对性教学辅导，提高特殊时段或特殊学生的学习成效。定制性辅导可以分为教学检测定制辅导、个别学生定制辅导、特殊时段定制辅导。涵盖教学检测质量分析、融合教育以及特殊疫情时期的教学。

实证性反馈指的是通过实际数据证明学校效果的反馈。可以通过传统纸质媒体反馈，利用数据的分析做出学情诊断。也可以通过信息手段进行课堂教学反馈，用数据即时、精准收集课堂教学效果，将反馈定位到每一个学生。实证性反馈可以分为达标反馈、进阶反馈、秀我反馈，分别指向大部分学生群体，指向学习效果的进阶度，指向学生的综合素养。

在这个支持儿童差异性学习的课堂典型样态的模型中，首先根据学生的学情进行差异性定标。教学目标的设定是一节课教学的开始，也是基于学情进行的第一次教学诊断。在教学实施的过程中，通过自主先学、开放对话、多样练习、定制辅导等手段为儿童的差异性学习予以充分的支持。在这一过程中，学生的表现通过实证数据可以给教师以反馈，反馈的内容反映了儿童认知经验重构的效果。根据反馈，教师需要对设定的教学目标进行调整，以便再一次更好地进行支持儿童差异性学习的教学。

这个过程的周而复始构成了支持儿童差异性学习课堂的典型样态。在这个样态之中，注重的是对认知经验的了解、支持手段的提供和支持效果的反馈。

## 第二节　支持儿童差异性学习研究的理论支撑

### 一、杜威的认知经验理论

杜威反对传统的灌输式教育方法，他指出："有人把感官视为一种神秘的筒子，以为我们能使知识经过这筒子，由外界把知识输入心里去，以为只要使眼睛常常望着书本，使儿童常常听着教师的话，就是求得完善知识的秘诀。"他认为灌输式教育方法不是真正的教育，因为"教育即成长"：成长的第一条件，是未成长的状态，"未"字却有一种积极的意思，并不仅仅是虚无或缺乏的意思。他肯定这种未长成的状态是充满能动性和潜能的，不是一味灌输能使之充分发展的。

支持儿童的差异性学习就是让学生经历经验重构的过程，注重"在教育中成长"。所谓"未成长的状态"就是学生已有的认知经验。教育就是在学生已有认知经验的基础上，提供更好的学习路径，使个体得到更好成长的过程。

杜威在《经验和思考》一文中提到，经验的本质是自主探索和自我反省。经验包含一个主动的、积极的因素与一个被动的、消极的因素，这两个因素以特有的形式结合在一起。只有注意到这一点，才能了解经验的本质。

在主动的方面，经验就是尝试。在被动的方面，经验就是遭受和承受。杜威在对经验的解释上举了一个很生动的例子。一个孩子仅仅把手指伸进火焰，这还不是经验;当这个行动和他遭受的疼痛联系起来时,才是经验。从此以后,他知道手指伸进火焰意味着灼伤。相反,如果一个人没有把他的灼伤视为他的其他行动的结果,那么,这种灼伤就只是物质的变化,像一根木头被燃烧一样。

要使经验增长和重构,我们需要给儿童更多体验的机会,而不是只在课堂上进行讲授、灌输。支持儿童的差异性学习就是从学校的层面为儿童的学习提供更多体验的机会和学习的路径,为儿童的学习提供更多尝试的机会。一部分儿童乐于主动尝试,通过积极的主动尝试获得不一样的认知经验;另一部分被动的儿童在这样一个充满选择和机会的氛围中也会潜移默化地被感染,虽然他们可能处于被动"承受"的状态,但一样能获得更多经验重构的机会。

经验的本质是自我探索和自我反省。在教育教学过程中,如果自我探索缺失,则会造成学习的过程缺失。学生只知道做得对还是错,怎样做对的不知道,怎么做错了也不清楚。如果自我反省缺失,则会造成经验的累积缺失。学生不清楚自己是如何做好的,也不知道为什么做错了。支持儿童的差异性学习就是在教育教学过程中增加儿童自我探索和自我反省的机会,加快经验重构的过程。

## 二、国外的其他研究理论

在西方,苏格拉底的"精神助产术"可以说是差异教学的最早实践,其观照了学生的个体差异。到了近代,杜威在《民主主义与教育》中,也提出教育要以儿童的经验、活动为中心,教育措施要考虑到儿童的个体差异,差异教学思想也有所体现。19世纪60年代,西方掀起了人本主义思潮,卡尔·罗杰斯(Carl Rogers)提出"以学生为中心"的主张,认为教师只是一个"方便学习的人"。他认为教学即促进学生发现自己、发展自己。维果斯基(Lev Vogotsgy)的儿童发展观深刻解释了教育和发展的关系,提出了"最近发展区"的概念,这一思想关注的是学生已有的知识水平和经过努力能够达到的水平。1983年,美国学者霍华德·加德纳(Howard Gardner)提出多元智能理论,为有效实施差异教学提供了心理学基础。21世纪初,美国的汤姆林森(Carol Ann Tomlinson)和戴安·荷克丝(Diane Heacox)分别界定了差异教学的内涵,介绍了如何在各种各样的教学情景中开展差异教学,保证每个学生都能获得自身潜能的发展。苏联著名的教育实践家和教育理论家苏霍姆林斯基在其著作《给教师的建议》中指出个别教育的重要性,应避免学生在一年级时出现跟不上学习队伍的情况。美国教育专家荷克丝在其著作《差异教学:帮助每个学生获得成功》中指出差异教学以不一样的标准要求学习者。20世纪后半叶,美国教育学家劳伊德·特朗普(Lloyd Trump)提出了小班研究讨论的形式。比较系统论证差异性学习的理论还有以下几种。

### 1. 掌握学习理论

"掌握学习"(Mastery Learning)理论的提出来自 20 世纪 60 年代的美国著名教育学家和心理学家布卢姆(B. S. Bloom)。布卢姆在掌握学习理论中提出："许多学生不能取得优异的学习成绩的主要原因并非他们受智力因素的制约,而是因为没能获得适当的教学条件和合理的帮助。学生积极的情感特征是掌握学习的内在因素。"所以如果学生从分层教学中能获取根据个体差异而设立的教学安排,取得学习的成功,满足其心理上的成就感,学生就会继续保持积极的内在学习动机,最终形成一个良性循环的学习过程。

### 2. 最近发展区理论

20 世纪 20 年代至 30 年代,苏联著名的教育家和心理学家维果斯基提出了"最近发展区"(The Theory of Zone of Proximal Development)理论。"最近发展区"指的是"儿童实际发展水平与潜在发展水平之间的差距,前者由儿童独立解决问题的能力所决定,后者则由在成人的指导下或是与能力较强的同伙合作中,儿童表现出来的解决问题的能力所决定"。"最近发展区"在分层教学中的应用,指的是通过针对学生个体设置的差异化教育来弥补学生自身现阶段的实际水平与他们潜在水平之间的差距。

### 3. 教学形式最优化理论

"教学形式最优化"(The Theory of Optimization of Teaching)理论是苏联教育家巴班斯基(Babansky)提出的,该理论主张在了解学生单个的情况后选出适宜的教学方法,采用合理的形式对学生进行区别教育,使得在规定时间内,学生得到全面的发展。

### 4. 多元智能理论

美国心理发展学家霍华德·加德纳在 1983 年提出了"多元智能"(The Theory of Multiple Intelligences)理论。他提出人至少有八种不同的智力,不同的人在相同领域所表现出来的智力或强或弱。在教育教学中,多元智能理论可唤起、促进并应用学生不同的智力,使学生能够得到全面的发展。同时,"乐观的学生观,个性化的课程观,'对症下药'的教学观,多元化的评价观"也对分层教学产生了深远的影响。

## 三、国内的一些研究理论

关于儿童学习的差异性,国内很多学校和专家学者都有一些研究、论述。

我国较早体现差异性教学理念的，是湖北大学黎世法教授于1987年提出的异步教学法。异步教学法从根本上说就是教学以学生为核心，实现学生学习的个体化和教师指导的异步化，将教师的"五步指导法"与学生的"六步学习过程"综合起来的教学方法，以期实现条件许可范围内的最优化教学。其目的在于使每一个学生得到全面而有个性的发展，在教学中形成一种个性化的课程学习计划。以每一个学生为本，满足不同学生个体的发展需要，通过自主学习的方式，独立解决问题。实验将教师的指导规律归纳为"五步指导法"：提出问题、指示方法、明了学情、研讨学习、强化效应。将"五步指导法"应用到学生的"六步学习法"上就变成了黎世法的"六段教学法"，即提出问题、指示方法、学生学习、明了学情、研讨学习、强化效应。

华国栋在2001年出版的《差异教学论》中，系统地提出了差异教学的实施策略。他指出："差异教学要探讨适合学生特点和发展的教学途径，尤其是在常规班集体教学中，要将学生的共性和个性辩证统一起来。"指明差异性教学不仅要培养学生的个性，更要培养学生间互补合作的交往能力，使差异教学发挥更多的教学功效。

史亚娟和华国栋在《论差异教学与教育公平》一文中指出差异教学是实现教育公平的必然选择。差异教学可以通过激发学生学习动机，在学生已有认知结构与现有学习之间建立联系，拓展学生成功的领域，从而促进教育公平。通过科学测查，制定挑战性的学习目标和开放性的学习内容，采用灵活多样的教学方法、弹性的组织形式、多元化的评价来实现差异教学。

南京市汉口路小学的"四色学习单"是阅读教学改革的一个载体。以红、黄、蓝、绿四种颜色区分阅读主体、阅读任务、阅读评价等，有助于学生阅读的自主、灵动和交互，更好地体现儿童差异化学习。

杭州市天长小学提出差异教育的四大支柱，面对有差异的学生实施有差异的教育，促进有差异的发展，获得有差异的成功，该校经过反复研究，制定了"学生个体差异情况调查表"，对学生的思想品德、文化智能、身心健康、审美创造、劳动准备等5个方面28个项目进行调查。这28个指标是：(1) 思想品德素质：理想信念，道德知行，关心时事，遵守纪律，团结合作，负责精神，意志品质，自我意识，领导才能；(2) 文化智能素质：学习态度，组织学习，获取信息，运用信息，一般智能，创造能力，知识结构；(3) 身体健康素质：卫生保健，体育达标，爱好特长，身体机能，心理健康；(4) 审美创造素质：审美趣味，艺术爱好，艺术才能；(5) 劳动准备素质：自理生活，劳动态度，劳动习惯，劳动技能。28个项目全部评价完了，就可以看出一个学生的整体素质结构情况，有差异地实施教育。2018年，天长小学出版课程与教学改革成果丛书之《差异教学的思考与实践》，详细阐释了差异教学的概念，讲述了天长小学差异教学的实践。该书还从脑科学的角度论述了天长小学在认知差异、情绪差异、社会差异、生理差异等方面的教学策略和实践样例。

台湾地区的"种籽学苑"于1994年创立以来,便秉承以培养独立意识的学生为教学目标,采用差异性的教学方式为学生提供个性化的教学服务。"种籽学苑"为学生提供多元化的课程资源,以满足不同学生对学习的需要,通过创设差异共享的教学氛围,使学生的差异特性得到展现。

以上研究有以下的明显特征。

第一,在差异性研究中偏重于课程的设计。大多数学校的做法是通过设立不同的课程给学生的学习搭建更多的平台,从而体现学生学习的差异性。课程当然能够为学生差异性学习提供很好的平台,但并不是支持差异性学习的全部。我们更希望通过课堂教学来支持儿童的差异性学习。

第二,差异性学习的实践研究目前主要集中在小班化学校。与此现象相矛盾的是,"促进教育公平"是对所有学校提出的要求,并非只有小班化学校的学生才具有学习的差异性。正好相反,大班化学校的学生人数众多,学习的差异性更加明显,大班化规模的学校更加需要关注儿童学习的差异性,尽自己所能为儿童的差异性学习提供更多的助力。

第三,诚如之前所言,儿童学习的差异性体现在方方面面。相较于面面俱到地研究所有差异,本研究更加聚焦于认知经验的差异,并且以此为中心提供支持儿童差异性学习的学习路径和学习环境。

## 第三节 支持儿童差异性学习的研究背景和价值意蕴

### 一、研究的时代背景和价值意蕴

党的十八大和十八届三中全会提出将立德树人的要求落到实处。2014年教育部研制印发《关于全面深化课程改革落实立德树人根本任务的意见》,提出"教育部将组织研究提出各学段学生发展核心素养体系,明确学生应具备的适应终身发展和社会发展需要的必备品格和关键能力"。

2016年,中国学生发展核心素养研究成果发布。将核心素养分为文化基础、自主发展、社会参与三个方面,综合表现为人文底蕴、科学精神、学会学习、健康生活、责任担当、实践创新等六大素养。

在十九大报告中,习近平总书记再一次把发展教育事业放在提高保障和改善民生水平的优先位置上,提出"建设教育强国是中华民族伟大复兴的基础工程,必须把教育事业放在优先位置,加快教育现代化,办好人民满意的教育。要全面贯彻党的教育方针,落实立德树人根本任务,发展素质教育,推进教育公平,培养德智体美全面发展的社会主义建设者和接班人"。

为儿童的差异性学习构建课堂的典型样态就是把推进教育公平作为学校发展的一个重要目标,力求使每一个儿童都能接受到适合的教育。

学科知识是教学中必须让学生掌握的基础性内容,但学科教学对学生的价值不应仅停留于学科知识。学科育人是从学生的终身发展出发,为学生提供认识、阐述、感受、体悟现实世界的理论资源,为学生提供不同学科的独特视角和独特思维,为学生提供发现问题、解决问题的方法和策略,为学生提供学习某一门学科独有的经历和体验,让学生的人格逐渐完善的过程。

值此课堂教学改革方兴未艾之际,典型课堂样态的建构成为必然的改革趋势。典型样态的课堂应当将培养学生必备品格和关键能力融入课堂价值之中,将培育学生的核心素养作为课堂教学目标的重要指向。

## 二、研究的区域背景和价值意蕴

2016年开始,南京市鼓楼区提出"为儿童的学习"教育教学理念。提出为儿童的学习要求在教育教学过程中能"看见儿童"、"看见儿童在学习"、"看见儿童生命在成长"。明确要求在教育教学过程中减少教师讲授,尤其是灌输的教学方式,从教师的"教"向学生的"学"转变,为学生的学习创设空间、提供时间、打造平台。在这一理念的指引下,我校积极开展教学理论学习与教学改革尝试。

支持儿童差异性学习的理念和鼓楼区区域教学理念不谋而合。"为儿童的学习"不是为了哪一个儿童的学习,是为了所有儿童的学习,而儿童之间在家庭环境、智力水平、思维能力、认知经验等多方面是存在明显差异的。"为儿童的学习"首先必须了解儿童,了解儿童认知经验的起点,然后要聚焦儿童学习的差异性,打造适合更多儿童学习和发展的学习环境,提供更多支持儿童差异性学习的学习路径,促使每一个儿童在原有基础上有更好的发展。

## 三、研究的校本背景和价值意蕴

南京市滨江小学坐落于扬子江畔,1994年建校,2006年与金陵船厂子弟学校合并后,在船厂子弟小学原址重建。建校以来,学校始终坚持育人为先、服务百姓的宗旨,坚守艰苦创业、拼搏进取的信念,先后创建成南京市实验小学、江苏省实验小学、南京市园林式校园、南京市智慧校园。学校曾荣获"江苏省优秀少先队集体"、"南京市德育先进学校"、"南京市依法治校示范学校"、"南京市职工读书组织先进集体"等荣誉称号。学校提出"灵动教育"的办学理念,确立"灵动每一个,精彩每一天"的办学目标。滨江小学有一支享誉南京的小学生管乐团,2016年被南京市命名为"管乐一团"。信息化技术一直是学校的特色之一,2016年学校被南京市确定为"南京市智慧校园试点学校"。

　　灵动教育是学校的办学理念,培养灵活多样、生动活泼的儿童是滨江小学的追求。支持儿童差异性学习,让"每一个都精彩",就是对灵动教育最好的应答。

　　2017年,滨江小学基于课堂教学中过于注重学科知识教学、忽略品格能力培育的教学现状,提出"三我课堂"的教学改革要求。即要求教师的课堂教学中具有"我能展示"、"我会合作"、"我来表达"三个教学板块,给儿童更多展示、合作、表达的空间,推行课堂教学改革。

　　2018年,在"三我课堂"基础上滨江小学进一步提出"3＋X"课堂的教改尝试。即根据不同年段、不同学科、不同教师的特点,在原有的"三我"基础上可以实践更多不同的教学样式,课堂教学样态的构建逐渐萌发。

　　2019年,滨江小学将"支持儿童差异性学习"作为研究方向,开始新一轮的教学改革实践与探索。通过对滨江小学当下教学的观察与思考,我们发现,目前课堂教学已经初见成效,教师的教学理念和教学行为已经发生了一些明显的转变。教学理念上,由教师主导的"教"改变为重视学生的"学";教学行为上,从对问题的设计转变为更注重对教学板块和活动要求的设计。教师能够立足支持儿童的差异性学习,对课堂教学进行主动的设计。

　　支持儿童差异性学习的研究是在滨江小学土壤上生发出来的,是基于滨江小学办学理念、办学目标的追求。同时,支持儿童差异性学习还承担了滨江小学教育教学改革的重要使命,在教学改革浪潮的当下,它带领着滨江小学全体教师驶向儿童的彼岸。彼岸也是此岸,我们每天都和儿童在一起,当我们从儿童中跳脱出来,醉心于自己的教学设计的同时,更应该回到儿童之中,了解儿童认知经验的起点,再仔细思索我们到底要走向何方。

(本章撰写:武昆)

# 第二章　差异性定标

## 总　论

《基础教育课程改革纲要（试行）》明确指出："在教学过程中，教师应尊重学生的人格，关注个体差异，满足不同学生的学习需要，创设能引导学生主动参与的教育环境，激发学生的学习积极性，培养学生掌握和运用知识的态度和能力，使每个学生都能得到充分的发展。"因此，如何更全面地了解学生，发现每个学生的独特性，并通过教学促进学生在原有基础上的发展，是新课程实施中每一位教师必须思考和研究的问题。教师必须将学生看成有个性的学习者，承认差异、尊重差异、善待差异，才能使每一位学生都能得到充分的发展。

为了更好地满足学生的差异性学习，近年来滨江小学进行了支持儿童差异性学习的课堂典型样态建构研究，差异性定标便是其中的一个方面。简单来说，差异性定标是指在课堂教学设计时根据学生的差异制定出有层次的标准，包括差异化的教学目标、教学活动、家庭作业和教学评价等，以满足学生不同的发展需求。我们都知道学生个体是存在差异的，小学生差异包含的特征有知识基础差异、学习动机差异、学习能力差异、认知风格差异、人格特征差异以及智力差异等。不仅如此，学生的生活背景和学习环境对差异的产生也有着一定程度的影响。学生差异的客观存在决定了在课堂教学中实施差异性定标的可行性与必然性，我们只有针对学生的差异，为课堂教学的各环节设计出多层次、多维度的标准，并依照差异性定标中底线定标、选择定标、个别定标的原则组织与开展课堂教学，才能真正建构起支持儿童差异性学习的课堂典型样态。

差异性定标的关键在教师。通过调研，我们发现教师在课堂中逐渐关注学生不同层次的发展需求，他们大多能将课堂教学设计与学情充分挂钩，在课堂教学实施前考虑到学生的学习兴趣、已有经验和认知水平等，借助前测、复习、观察、访谈等形式把握课前学生的学习准备，通过课堂教学环节中教学目标的设计引导学生参与课堂活动，获得知识、技能和情感，并学会在家庭作业的完成过程中进行自我评价。但在差异性定标的具体操作过程中却也存在着不少亟须解决的问题，比如如何全面充分地了解学生的差异、如何针对差异设计多层次的教学目标和教学内容等。

首先，教师有积极对待学生差异的意识。学生之间的差异是客观存在且不可避免的。面对差异是把它当作教学负担，还是积极应对加以利用？我们在观察中发现，我校大部分教师能够关注学生的差异并在备课中考虑差异以满足学生发展的不同需求。在访谈中，一位刚工作不久的年轻教师说自己刚开始工作时只顾着按照教学大纲的要求备课，对于学生的差异根本无暇顾及。随着参与我校支持儿童差异性学习的课堂典型样态研究，她发觉自己在备课和教学中开始注意到学生的差异了。学生的差异得到重视后，自己的课堂充满了生机、活力和挑战，因而对教师和学生都具有吸引力。

其次，教师能基于对学生的了解对学生提出不同的要求。某教师是一位已有二十多年教学经验的骨干教师，她对于学生十分了解，她在访谈中提出学生的差异很大，在课堂中老师就要观察哪些孩子外向、愿意说，哪些孩子内向，是不爱说还是不会说，如果孩子是内向、不想说，教师就要主动为他创造发言的机会。对于基础不同的孩子，设置的问题也要不同，让基础好的孩子表述，给他们展示的机会；让基础不好的同学进行朗读，给他们锻炼的机会。教师如果能全面了解和掌握学生的差异，对不同的学生提出不同的要求，就能发展他们的优势，弥补他们的不足。

当然，研究中我们也发现，教师对学生的差异了解得不够深刻。学生是教学的对象，更是学习的主体，对学生差异的了解是实施差异性定标的前提。全面而深入地了解学生是教学极为重要的准备工作，一要了解学生现有的知识基础，二要了解学生的学习态度、情感、方法和习惯。在访谈中发现，由于我校部分教师任课班级过多、学生人数众多，因此他们不愿意花时间去研究学生的差异，如何在不加重教师负担的前提下让他们充分关注到每一个学生的差异是差异性定标研究持续进行的前提。

同时，教师教学目标的制定缺乏多维性。教学要收到好的效果首先要有明确的目标。教学目标的多维性就是将原来过于刻板统一性的目标改为富有层次和弹性的目标，即分析每节课的教学内容，首先确定每个学生都应该达到的目标，然后确定本节内容的扩展方向及内容，为学有余力的学生提供可供选择的发展空间，另外还要考虑到特殊学生的学习需求。调查发现，我校大部分教师都能按照课标的要求设计教学目标，确定共同的基础，但在教学目标的多维性上还有待改进，统一要求全班同学达到同样的目标，这显然很不切实际，既限制了学优生的发展，也阻碍了学困生的提高。差异性定标中的个别定标可以解决教师教学目标制定中缺乏多维性的问题。

另外，教师教学内容的设计缺乏选择性。在调查中我们发现大部分教师都对学生因上过课外辅导而引发的课堂问题十分困扰。思考问题背后深层的原因可归结为教师所预设的教学内容难以满足学生的需要，不符合学生的实际情况。教师过分依赖教师用书,不考虑学生的实际情况,内容缺乏选择性,无法满足学生多样化的学习需要。真正能促进学生差异发展的学习应该是由学生自主选择的学习,只有自主选择才能激发学生积极参与的欲望。因此,随着课改的不断深入,课堂中单一的教学内容必须改进,差异性定标中的选择定标为改变课堂教学内容单一的现状提供了方向。

差异性定标对于我校支持儿童差异性学习的课堂典型样态研究具有重大意义。首先,学生和教师成为最大的受益者。学生在差异性学习中能收获满足感与成就感;教师通过对学情的分析不断调整和改变教学模式、革新教学理念,达到教学最优化。其次,差异性定标为开设了相关教学模式的教育界同行提供借鉴,搜寻分层教学、差异教学的方法与经验。差异性定标的价值在于通过理论研究和课堂实践寻求出解决现有课堂教学"一刀切"的办法,希望通过多层次、多维度的课堂教学来尽量满足学生的差异性学习,从而使不同学习水平的学生都能在支持儿童差异性学习的课堂中得到适合自己的发展。

在我校支持儿童差异性学习的课堂典型样态中,差异性定标包括底线定标、选择定标、个别定标三部分。底线定标、选择定标、个别定标分别呈现了每节课"重点学什么"、"还能怎样学"、"最优学到哪"或"特殊学生该如何学"。差异性定标的这三个方面相辅相成,对支持每一位学生的差异性学习都有着积极的影响,缺一不可。教师在课前思考如何多维度地设计教学目标、教学活动、家庭作业和教学评价,以便学生有更大的弹性学习空间选择适合自己的学习内容,在能力范围内更好地提升知识水平与学习能力,符合"一切为了学生发展"的新课改理念。众所周知,教育具有培养创造精神的力量。过去统一化的集体教学方式已经不再适应当今时代对优质教育的需求,教育理论的发展和当前教育形式的变化告诉我们,支持儿童差异性学习的课堂典型样态研究势在必行。差异性定标则是实现支持儿童差异性学习的基础,没有差异性定标,儿童的差异性学习就如同一盘散沙,缺少了凝聚力与向心力,支持儿童的差异性学习需要差异性定标做统领才能拥有强大的根基。

在未来有关差异性定标的教学实践与研究中,我校教师需侧重于根据学生的共性和特性思考如何底线定标、选择定标、个别定标。通过对分层教学、差异化教学的探索,设计出符合我校实际的差异性定标实施方法与策略,有科学的理论做支撑才能让差异性定标的研究更有依据和底气。除此之外,我校教师还应大胆地将底线定标、选择定标、个别定标实践于课堂教学,寻求构建支持儿童差异性学习的课堂典型样态,让教师的教真正服务于学生不同层次的学习需求,这样才能满足学生差异性的发展。

(本节撰写:傅蓉)

## 第一节 底线定标

### 一、概述

《义务教育课程标准(2011年版)》指出:"教师在设计教学目标时应当以学生的认知发展水平和已有的知识经验为基础,面向全体学生。"底线定标作为差异性定标的组成部分,它是指教师在实施课堂教学时必须以学定教,充分把握学情,了解与分析班级学生的学习兴趣、已有的学习经验和认知水平等,并在此基础上依据课程标准、教学大纲和教材设计出教学各环节所必须达到的标准。

底线定标呈现了一节课重点学什么,需要达到一个什么样的标准才算合格。课堂教学设计采取底线定标的形式有助于教师了解学生对于教学重难点的掌握情况,为是否向更高层次的教学目标推进提供依据;就学生而言,底线定标可以激发他们的学习动机,学困生努力朝着底线靠近,学优生不断挑战底线,寻求更高层次的发展。课堂教学如果没有底线就好比船儿在海中行驶没有方向,底线定标是差异性定标的起点,是选择定标和个别定标的前提。在共性的基础上寻找个性,满足学生不同的学习需求,这也是我校开展支持儿童差异性学习的课堂典型样态研究的初衷。

关于底线定标的实践,我校教师正处于积极探索阶段。他们大多能将课堂教学设计与学情充分挂钩,在实施课堂教学前考虑到学生的学习兴趣、已有经验和认知水平等,借助前测、复习、观察、访谈等形式把握课前学生的学习准备,依据课程标准、教学大纲和教材设计出本节课各环节必须达到的标准,并通过对课堂教学环节中底线定标的描述引导学生在参与课堂活动的过程中获得必须掌握的知识、技能和情感,为其后续的差异性学习提供基点。

### 二、底线定标的课堂呈现

【实用案例透析】

案例一 (摘自傅蓉老师案例)

**基于学生个体差异的小学英语语篇教学设计与实践**
——以 5A Unit 6 My e-friend(Story time)为例

片段1:

教学目标是考量教学结果的重要参数,它既是教学活动的开始,也是教学效果的检验。一节好的语篇课,教学目标必须兼顾所有学生。有别于传统教学目标的笼统与一刀切,本节课的教学目标分为基础和提高两大类,在每一类别的教学目标下又包含了具体的子目标。

基础型教学目标设计:

(1) 初步感知,能听懂,会读会说 e-friend, email, study, China, send, to, UK, years old。

(2) 通过情境交流,能听说读及应用句型 Does he/she…? Yes, he/she does. No, he/she doesn't. Wait a minute。

(3) 能正确理解对话并在教师的指导和帮助下朗读课文。

提高型教学目标设计:

(1) 会写 e-friend, email, study, China, send, to, UK, years old。

(2) 会应用及写句型 Does he/she…? Yes, he/she does. No, he/she doesn't. Wait a minute。

(3) 能正确理解并复述课文。

(4) 能初步运用本课所学的词汇与句型介绍自己的朋友或网友。

本节课的教学目标是有层次且递进的。学生从词汇的认读入手过渡到句型和语篇的听说读写,最后是应用。教师在制定教学目标时必须充分考虑到学生的差异,教学目标中既要有针对大部分学生的基础型目标,如词汇句型的认读和理解;也要包含有利于推进学生最近发展区的提高型目标,如重点词句的书写应用以及综合使用语言进行与本课话题相关的交流等。值得一提的是,学生的学习水平是发展变化的。部分学生在课堂40分钟内没有达到的提高型教学目标在课后也许能通过再次反复学习而实现。因此教师在设计教学目标时应该从最低层次的学习需求出发,首先设计出基本目标,由此再思考教学目标的突破口,保底不封顶,真正让每个孩子都能在自己原有的能力和水平之上得到发展。

**片段 2:**

既然我们已经意识到在语篇教学课堂中针对学生差异制定教学目标、组织教学活动的重要性,那么如果作为课堂教学延伸的课后作业布置还是一刀切的话,再多的课堂研究都是枉然。学生是存在个体差异的,相同的家庭作业设计造成有的学生"吃不饱",有的学生"吃不了",忽视学生的个性发展,使学生成为完成作业的"机器"。因此,教师在作业设计时要考虑到学生的差异,既让学困生能跳一跳摘到"果子",又能保证学优生免受"饥饿"之苦。在 My e-friend 语篇教学课后,教师根据本班学生水平分层设计家庭作业,并对每项英语作业的要求进一步细化。明确家庭作业分级标准可以让学生直观地了解自己对知识的掌握程度,在提升部分学生自信心的同时,也给另一部分学生明确了后续努力的方向。

**? 案例反思**

从傅蓉老师的案例片段中我们不难发现她对于底线定标的尝试。首先，傅老师在设计教学目标时将教学目标分为基础型教学目标和提高型教学目标。所谓的基础型教学目标就是本节课必须掌握的内容，它是教师通过课前对学情的把握和课程标准、教学大纲及教材的分析而确立的。在底线定标的基础上，教师又为班级中学有余力的孩子设计了提高型教学目标，以满足其更高层次的发展需求。当然，本节课上可能也会有少数学习困难的学生连基础型目标都达不到，这就需要老师再为他们进行个别定标。但就底线定标而言，傅老师的教学目标制定无疑是成功的，并且更加值得一提的是傅老师还在教学设计中考虑到了底线定标的达成情况该如何评定。她将底线定标从教学目标设计延伸到了家庭作业设计，在家庭作业的布置中充分考虑到了学生的学习差异，对每项家庭作业的要求做了进一步细化。

家庭作业中一颗星的部分其实就是基础型作业，是学完本节课后每一位孩子都应该会做的内容，然后才是拓展和提高型作业。学生通过完成不同层次的家庭作业就可以对本节课的学习情况进行自我评价：是否达到了本节课的底线目标？是否在底线的基础上还能有所提高？又或是对于达到底线还有一定困难，需要课后继续学习和老师的单独辅导？将学习主体纳入评价体系，使他们也能成为评价的主体，从而更有利于推进学生的差异性学习。家庭作业的分层设计打开了底线定标研究的新思路，我们应将底线定标融入教学目标设计、教学活动设计、家庭作业设计、教学评价设计等课堂教学的各个环节，时时刻刻思考课堂教学的底线，这样才能全面支持儿童的差异性学习，满足不同层次学生的学习需求。

**案例二** （摘自张瑞如老师案例）

### 将尊老思想融入道德与法治课的实践和思考
——以中图版道德与法治《温暖老人心》一课为例

**片段1：**

有效的教学一定离不开教师对学生学情的了解。短短40分钟的课中要想将尊敬老人、关爱老人这样的传统美德教育融进学生的心里是有难度的。这要求教师对所教班级学生的家庭状况有充分的了解。学生对自家老人的了解程度决定着教学设计是否符合学情。深入了解学生，可以帮助教师明确课堂组织有效活动的方向。

《温暖老人心》是本册教材中"爱让世界更温暖"这个单元中的一课，在这一课的教学中，需要教师通过丰富的活动让学生了解家里的老人有着丰富的经历和经验智慧，值得学习。并意识到老人们因为身体衰老而造成生活不便，因此要理解体谅老人，主动关心老人，力所能及地为他们做点事，让他们感到温暖。对于教师而言，我们对自己家的老人可能关注得都不够,对于三年级的学生来说那就更难了,他们年龄还小,并没有关注老人身体和心理因衰老带来的变化,因此平时没有意识到要理解老人、主动关心老人。通过这一课的学习,引导他们在理解老人的基础上学会关心老人,并把关心落实到自己平时点滴的行动上。教师通过课前的调查,发现班级有将近一半的学生是没有和老人同住的,那么他们对于老人其实是不了解的,也可以说是没有关注的。基于此,如果课上教师只是一味地去谈老人的困难、他们需要我们去关爱、我们的社会给予了老人哪些关爱等等,学生是不会有直击心灵的触动的。

基于以上情况,教师在认真分析了这课的教材以后,首先在授课班级进行课前调查。通过对学校三年级5个班的学生的调查,发现有44.3%的学生是和父母单独居住,但是这部分学生中有近一半的学生平时还是由老人接送,只是不生活在一个屋檐下;而有55.7%的学生是和老人生活在一起的。在对全年级100多名和老人居住的学生的问卷调查中发现,有近60%的学生表示不喜欢和老人生活在一起,那也就是有小部分学生是喜欢和老人生活在一起的。

结合课前了解到的这些情况,教师就要关注到和老人同住与不和老人同住的这两部分学生对老人的了解,以及学生们喜欢和老人同住与不喜欢和老人同住的原因。在充分了解了学情以后,设计思路就定位聚焦在关注自己家老人身体上的变化、关注自己家老人心理上的变化,在充分了解他们的难处后发自内心地想为他们做一些事。在调查学生情况基础之上再理思路,设计活动,不仅为本课的教育目标实现奠定了良好的基础,也是实实在在地对学生进行美德教育。

**片段2:**

很多教师拿到这课时,往往会产生各种各样的困惑:"情感、态度、价值观目标"应该如何确定?本单元以"爱让世界更温暖"为主题,那么情感一定是最重要的。本课的内容仅仅是关注自己家的老人,为他们做一些力所能及的事情吗?还是由己及人,也要关爱社会上的老人?尊老这一中华民族的传统美德如何在课堂上渗透,融入学生的心里?

通过认真钻研教材的相关内容,我们发现教材中除了有"想想他们的难处"以及"为他们做点事"这两个板块,还有一个板块是"听他们讲故事",这个板块的内容无疑是希望学生能了解老人们的过去,知道爷爷奶奶、外公外婆们都经历过艰难和曲折,都有过成功和收获,也都曾经满怀梦想和希望。他们一生经历的酸甜苦辣、积淀的经验值得儿孙们聆听、铭记和分享。对他们的过去有了这些了解以后,激发学生对他们的崇敬之情,以尽可能地改变学生们嫌他们烦、嫌他们"老了没用"的态度。

基于以上认识,本课的教学目标可以这样设计:

1. 能结合生活实际,理解老人身体的衰老和精神的孤独,燃起主动关心、帮助老人的情感。

2.通过调查采访、讨论交流,能更加理解老人,将"关心老人"的思想内化为行动,学会用适当的方式关爱老人。

3.了解中国已进入老龄化社会,知道老人有自己的生活方式和喜怒哀乐,懂得敬老爱老的重要意义。

此目标的设定,不是让学生通过一节课的学习就能将尊老的思想内化为行动,而是在活动中意识到由于年龄的变化,老人们的身体和精神都在渐渐地发生变化,而学生自己对于老人不够了解、不够关心,在课堂活动中能够意识到为什么要理解、关爱老人以及怎样关爱老人。深化学生关心、服务老人的意识,使学生有一颗关爱老人之心,并产生要将关心落实到行动中的想法。这样做既没有忽视学生自己生活的独特体验,也没有一味地向学生灌输情感,使得学生的道德意识"自然而然,有感而发"。

## 案例反思

关于底线定标,许多人的脑海中可能会出现这样一个问题:底线定标中的底线究竟从何而来?从张瑞如老师的案例片段中我们可以找到答案。底线定标中的底线既来源于学情也来源于教材,教师在底线定标前只有深入研究学情和教材标准、教学大纲及教材才能确立底线。张瑞如老师通过课前对学生进行调查问卷和访谈了解到本班的不少学生对老人的生活是没有关注的,这就加大了本课教学的难度。该如何进行底线定标,使班级大部分学生都能体会到关爱老人的必要性呢?如果只是一味告诉孩子要照顾老人,是不能从情感和态度上引发孩子共鸣的。张老师通过学情分析,选择从喜欢和老人居住的少部分孩子入手,以他们的亲身经历为突破口,带动其他学生转变思想,使所有学生都能主动意识到关爱老人的必要性,并有将观念转化为行动的意识。同时,张瑞如老师通过仔细阅读教材各板块的内容,发现教材中除了有"想想他们的难处"以及"为他们做点事"这两个板块,还有一个板块是"听他们讲故事"。这个板块的内容无疑是希望学生能了解老人们的过去,从而激发学生对他们的崇敬之情,以尽可能地改变学生们嫌老人烦、嫌他们"老了没用"的态度。基于以上认识,张老师更加明确了本节课教学目标的底线,以此为依据设计的底线教学目标不是让学生通过一节课的学习就能将尊老的思想内化为行动,不切实际地将底线拔高只会造成揠苗助长的局面。张老师认为本节课的底线教学目标是让学生在活动中意识到为什么要理解、关爱老人以及怎样关爱老人,使学生有一颗关爱老人之心,并产生要将关心落实到行动中去的想法,这些对于班级大部分学生而言就足够了。少部分学生能够将想法落实于行动,这是提高型的教学目标。张老师将本班学生的实际情况和生活经验与教材内容相结合,确定了教学目标的底线,这样做既没有忽视学生自己生活的独特体验,也没有机械地向学生灌输情感,而是让学生的道德意识自然而然,有感而发。从张瑞如老师的案例中我们可以看到底线定标对于有效教学的促进作用,将底线定标与课堂教学有效性相结合是未来底线定标深入研究的方向。底线定标只有服务于课堂教学,提高课堂教学的效率,才能更好地实现支持儿童的差异性学习。

### 三、底线定标的实践思考

（一）从课标出发,摸清底线的位置

课程标准是确定一定学段的课程水平及课程结构的纲领性文件。《基础教育课程改革纲要》中明确指出:"国家课程标准是教材编写、教学、评估和考试命题的依据,是国家管理和评价课程的基础,应体现国家对不同学段的学生在知识与技能、过程与方法、情感态度价值观等方面的基本要求,规定各门课程的性质、目标、内容框架,提出教学和评价的建议。"

课标是教师教学的根本依据,作为教师,必须学会研究本学科的课程标准,关注学生的兴趣和经验,精选学生终身学习必备的基础知识、技能与情感,尽可能地体现义务教育阶段各个学科服务于学生发展的功能。课标对于底线定标中最低标准的确立有重要的参考价值。在课标的统领下,教师可以科学地把握教学大纲及教材中每一课内容的重难点,了解学生需要学习的知识与技能、过程与方法、情感态度价值观。课标能够帮助教师摸清课堂教学各环节中底线的位置,提高底线定标的准确性。脱离了课标的底线只是教师自己的主观臆断,极可能与新课改的理念背道而驰。因此,在我校底线定标的课堂教学实践中,教师要在仔细研读课标的基础上,参考本学科的课程标准,摸清底线的位置,从知识与技能、过程与方法、情感态度价值观三方面入手,确定每节课各教学环节的底线,让底线不但能够符合学科课程标准的要求,也能真正满足班级大部分学生全面发展的需求。

（二）从学情出发,量出底线的高度

学情涉及的内容非常宽广,学生现有的知识结构、兴趣爱好、学习动机、认知水平及方式,生理心理状况、个性、生活环境等都是进行学情分析的切入点。

科学合理的底线定标必须立足于对班级学生的学情分析。

底线定标所需要的学情分析是对班级学生整体特点的分析,从而确定底线的高度。学生在身心发展和成长的过程中,其思维、意志、能力、情感、性格等都具有很大的变动性。通过分析他们当时的心理特征与学习内容是否适应和可能产生的知识误区,可以充分预见在底线定标时会出现的问题,使课堂教学更有针对性;同时,分析班级大部分学生在学习新内容时所具备的与该内容相关的知识、技能、方法,以确定新课的起点,做好新旧知识的衔接。对于学生心理特征、已有经验的分析可以采取问卷、访谈、抽查、提问、测试等方式。如果发现学生的学习准备不足,一方面可以采取补救措施,另一方面可以适当调整教学的难度。

总之,针对班级学生整体特点而进行的学情分析是教师底线定标的方向盘,有助于教师量出底线的高度,从而确定本节课的教学内容对于班级学生而言的重难点。教参中的重难点只是针对普遍情况而进行的推测,落实到不同的班级便会产生不一样的变化。如果底线定标中的底线仅来自课标、教学大纲或教材,而缺少了对学情的分析,缺少了对班级学生整体特点的把握,那么这样的底线将会是千篇一律。底线定标的课堂实践只有从学情出发,以生为本、以学定教,才能更加凸显我校支持儿童差异性学习的课堂典型样态研究"从儿童出发"的理念,从而进一步提高课堂教学的有效性。

(三)从差异入手,衡量底线的准度

每一个学生都是独特的,新课程标准提出教学要以学生为主体,尊重学生的个性思维,构建和谐课堂。不同的学生在学习同一内容时,都有与他人不同的情感体验或认知方式,正是这些差异才使得差异性定标切实可行。作为差异性定标重要组成部分的底线定标,在设计时应当从差异入手,教师要尊重和发现差异,并善于运用学生之间的差异来确定底线。底线定标的底线是否准确,很大程度上要看教师是否在定标时将差异纳入考量。一般而言,教师在底线定标前可根据学生个体发展的需要和学习能力的差异,将学生分为三个层次。第一层次为能力发展生,占班级人数的30%;第二层次为夯实基础生,占班级人数的60%;第三层次为学习有困难生,占班级人数的10%。对学生进行分层时还必须考虑到学生的自我定位,并按照学生学习状况的改变调整班级分层。有了对学生差异的把控,才能在教学目标设计、教学活动设计、家庭作业设计、教学评价设计时进行分层,由此产生的底线定标才是准确可信的。支持儿童差异性学习意味着每一个教学环节的设计都不能没有差异。从差异入手,准确衡量教学各环节的底线,然后用分层的方式制定不同的标准,以构建出我校支持儿童差异性学习的课堂典型样态,最终服务于儿童差异化的发展需求。

我校教师近年来对底线定标的理论研究与教学实践证明,根据学生的差异在课堂教学各环节中设立底线,不仅可以提高教学效率,还有利于满足学生多层次的发展需求,真正实现"一切为了学生"的新课改理念。未来的日子里,我们将继续深入开展有关底线定标的理论研究与教学实践,将底线定标细致落实到课堂教学的各个环节,让教学目标、教学过程、家庭作业、教学评价的底线定标设计都能在科学理论和成功案例的指导下开展。同时,我们还将思考底线定标对于提高教学有效性的作用,在满足班级大部分学生学习需求的基础上,兼顾学优生与学困生,让不同层次的学生都能在差异性学习的过程中得到不同程度的发展,不断推进每个学生的最近发展区,这也是我校支持儿童差异性学习的典型课堂样态研究的出发点和归宿。

（本节撰写：傅蓉）

## 第二节　选择定标

### 一、概述

标准是指对每个年级的不同课程提出的教学期望或学习目标以及具体掌握的标准。《课程标准》对"知识"、"概念"和"技能"进行了定义，并制定了相应的教学内容。教师有指导学生掌握每个标准的责任。为了实现这个目标，教师要认真挑选适当的教学内容和最优的教学。选择定标是指教师在支持儿童的差异性学习理念的指导下，在设定教学目标时，根据学生的不同情况，设定多层目标，让学生选择达成，尽量照顾到每一层次的学生。

教学目标是教学得以顺利开展的必要前提，过去通俗的做法是教师给全班同学布置相同的任务，设置一样的教学目标。但是，这种方法的效果并不好，因为经常会有学生觉得任务太难而产生挫败感，也会有学生觉得任务缺乏挑战性而心生厌倦。随着新课改的推进，教师对教学理念的理解也发生了转变，以往采用的"一刀切"的模式正在朝着满足学生的不同教学需求的方向转变。

对于支持儿童的差异性学习来说，如何在设置教学三维目标和培养学生差异性之间找到一个合适的度，是进行支持儿童的差异性学习的关键。就小学教学而言，每个学科有每个学科的不同特点，教师在备课的过程中对不同的教学目标应有侧重点，在备课中应遵循课堂教学目标的差异设置原则。

### 二、选择定标的课堂呈现

【实用案例透析】

案例一　（摘自杨逸帆老师案例）

4A　Unit 4　I can play basketball

**课堂教学片段：**

Step 4 Consolidation

1. Act the story

T：You really did a good job in this story time. It's Show time for you. Can you read or act the story? You can choose one way to repeat the story. Read the story in four, you will get one star. Act the story in four, you can get two stars. Act in four, and make some changes, you will get three stars.

2. Make a short play and act it out

T：I know you can act the story very well. What can you do, boys and girls?

S：I can…

T：Excellent, boys and girls. There are many new clubs in our school this term. Let's go and have a look. Which club are you going to join in? Here are two steps for you.

Step 1, you may fill in the application form.

Step 2, take the application to the teachers and show your talents.

T：Please work in four, and make a new dialogue. One is the teacher, and the others are students. You may use your own words.（小组展示所编对话）

T：Boys and girls, please remember. Life lies in movement, the first wealth is life.

Step 5  Homework

1. 听、读课文三遍，抄写四会单词，六英二中。（Good! 达标）

2. 听、读课文三遍，抄写四会单词，六英二中。默写四会单词。（Excellent! 能手）

3. 听、读课文三遍，抄写四会单词，六英二中。默写四会单词，将课堂上编好的对话写一写、演一演。（Super! 卓越）

# 案例反思

## 1."选择性定标"的设计

"选择性定标"的教学理念首先体现在一节课的教学目标设计上，因为教学目标是考量教学结果的重要参数，它既是教学活动的开始，也是教学效果的检验。对于整体的教学系统来说，只有明确的教学目标才能够带来理想的教学效果。单一笼统的教学目标并不能满足每个学生的认知需求，一节好的语篇课，它的教学目标必须兼顾不同学情的学生。

教师执教的内容是 4A  Unit 4  I can play basketball  Story time。本单元的话题与功能围绕运动展开。因此，本节课设定的教学目标包括：(1) 初步感知，能听懂，会读会说 basketball, football, jump, skate, swim；(2) 通过情境交流，能听说读及应用句型"Can you...? Yes, I can./No, I can't.";(3)能正确理解并朗读对话,在教师的指导和帮助下尝试表演或复述课文;(4)能初步运用本课所学的词汇与句型询问他人是否会做某项运动。

本课的教学目标设计围绕"选择性定标"展开,是有层次且递进的。学生从词汇的学习入手,过渡到句型和语篇,最后是应用。在制定教学目标时,教师应充分考虑到学生的差异。教学目标中既有针对大部分学生的基础型目标,如词汇句型的学习和理解;也有服务于中等偏上学生的提高型目标,如综合使用语言进行与本课话题相关的交流。学生可以根据自己的学习能力和情况,选择不同的目标去达成。

### 2. "选择性定标"的呈现

"选择性定标"的教学理念可以通过课堂中的教学活动来呈现。小学英语课堂教学活动设计是指教师根据教学内容,设计课堂活动,组织并引导学生参加语言交际,在活动中学会运用课堂上所教的语言,并会用英语进行交际。基于新课改理念下的英语课堂教学活动设计要求,尊重学生的主体性,把课堂还给学生,以师生互动、学生互动的方式进行语言教学,更好地发挥教师的指导作用,促进学生有效地进行自主学习、合作学习与探究学习。以学生为中心的语篇课堂教学活动设计必须充分关注学生的差异,为不同学习水平的学生布置不同的学习任务,以促进他们找到各自的最近发展区。语篇课堂的教学活动设计一般分为阅读前、阅读中和阅读后三部分。

在 I can play basketball 的语篇教学阅读前,教师为学生呈现了一首与本课话题相关的歌曲"Sports ball song"。这首歌在语篇教学阅读前呈现,可以激活所有学生头脑中关于球类和运动单词的旧知,为语篇学习做准备。这首歌曲演唱活动,对不同学生提出的要求是不同的。大部分处于中等水平的孩子可以通过歌词的铺垫渗透做好课堂语篇学习的准备;中等偏上水平的孩子则能够学习歌曲中出现的新词新句,加大语言输入。

在本篇的文本处理上,通过 Look and talk 整体呈现文本,让学生找出语篇中出现的人物;Let's watch 要求学生分两段学习文本,模仿人物语气读一读,发现故事转折;Read and fine/Discuss in two 是小组活动,学生两人合作细读课文,体会人物感情。这三个活动由浅入深,层层递进。从内容上看,三个活动由感知到理解再到应用,符合语篇习得的规律;从三个活动的课堂发言上看,举手回答"Can...?"之类问题的学生是最多的,随着问题难度的加大,举手人数也在不断递减。为了保证每个孩子都能参与到课堂活动中来,教师把难度较低的问题交给中等或偏下水平的学生来回答,让他们获得成功的喜悦;对于有挑战的开放性提问,则把更多的机会给予中等偏上水平的孩子,一方面可以锻炼中等偏上孩子的思维,另一方面也是对中等偏下孩子自信心的一种保护。这样的理答顺序,让课堂上每一个孩子都能体验到英语学习带来的愉悦。

教师所设计的阅读后活动都是以小组合作的形式展开的,将第一个反馈活动分为三种不同等级,有一颗星的朗读、两颗星的表演、三颗星的创编,学生根据自身水平选择适合的方式。在语篇学习完成后为学生展示了社团招新的这样一个场景,要求学生四人一组,用所学句型创编对话。在这一活动中,中等或偏下的孩子能够准确使用教材中的语言完成新任务,中等偏上的孩子在介绍过程中所使用到的语言远比教材丰富得多。尽管学生对拓展内容的掌握程度是有差异的,综合语言应用水平也是有差异的,但正是这样的选择性定标给了语篇教学课堂更多的研究空间。

#### 3."选择性定标"的运用

"选择性定标"的教学理念可以指导家庭作业的设计。因为学生存在着个体差异,相同的家庭作业设计造成有的学生"吃不饱",有的学生"吃不了",忽视学生的个性发展,使学生成为学习的"机器"。因此,教师在作业设计时要考虑到学生的差异,既让学困生能跳一跳摘到"果子",又能保证学优生免受"饥饿"之苦。在语篇教学课后所布置的家庭作业都是根据本班学生水平而分层设计的,将作业分为good(达标)、excellent(能手)、super(卓越)三种类型,学生可根据实际学习情况选择完成。

### 案例二 (摘自薛丽莉老师案例)

## 认识11—20各数

**课堂教学片段:**

(一)活动一:摆12根小棒

1. 摆12根小棒,怎样摆能看得很清楚?(先想一想,再摆一摆。)

2. 教师巡视,拍照上传。

3. 对比优化摆法。

对比:你觉得哪种摆法看得更清楚?我们很快就知道是12根。

4. 学生介绍摆法,交流。(生生评价、教师评价)

5. 小结:前面我们认识了10,已经知道10根小棒可以捆成1捆,1捆是10根。先摆1捆,再摆2根,1捆加2根就是12根。板书:

这样摆看得非常清楚。

(二) 10根小棒捆成一捆,建构"十"、"一"

1. 捆小棒:这里有10根小棒,你也能像这样数10根小棒捆成1捆吗?请刚才还没捆的同学数一数、捆一捆。

2. 小棒实物演示:这1捆是几根?以后看到这样的1捆就是?这是10根,这捆呢?还要再一根根地去数吗?

3. 示范:1根小棒是1个一,2根是?10根就是?

1捆小棒有10根,就是几个十?

交流:10个一和1个十之间有什么关系?(同桌互相说)

板书:(10)个一是1个十(齐读)

请每个同学摆好12根小棒。你是怎么摆的?

(三) 活动二:认识十几

1. 12根小棒已经会摆了,你还会摆一摆、数一数吗?

要求:先在心里想1个十几,再动手摆一摆。(教师巡视,拍照上传)

2. 交流:你是怎么摆的?

3. 游戏:我说你猜十几

同桌合作:一个人说是怎么摆的,另一个人猜这个数是多少。

同桌展示汇报。

4. 师:1捆加9根,是多少?

交流:请你摆出19根小棒。

再添1根是多少?

怎样很快地摆出20根小棒?

现在这里有几个十?几个十是20?

板书:2个十是20

### 案例反思

学习10以内数的认识、10以内加减法及应用时,班上有部分同学(生1,生2,生3为例)数10以内的物体有时会数错,10以内各数的分与合掌握较困难,理解能力薄弱,10以内的加减法计算速度和正确率都有待提高。这些孩子有的缺乏良好的学习习惯,上课时注意力不集中,深入思考比较困难;有的数学启蒙教育较迟,孩子的数感、思维能力急需提高。

认识11—20各数是在10以内数的认识和加减法的基础上的,这些同学"地基不稳",在学习这部分内容时会有困难。通过前期的谈话,了解到这3位同学能认、读11—20各数,能按顺序一个一个地从1数到20,大多数情况下能数对20以内物体的个数,对11—20各数的大小不是很清楚。他们没有计数单位"十"的概念。通过操作小棒来建立"十"的表象,让他们感知 10 个 10 个数的简便性,是本节课的重难点。

教师将"选择性定标"的理念引入课堂,把握已有的知识经验,尊重差异,让学生主动学习。在认知计数单位"十"时,先让学生摆 12 根小棒,提出要求:怎样摆能看得很清楚?能很快地知道是 12 根?给学习能力较弱的学生设定一些容易达成的目标。多关注这部分学生原生态的摆法、有差异的摆法。然后在学优生的引领下,在生生对话和师生对话的观察、比较、交流等活动中,让他们多参与课堂、多思考,使他们真正理解 1 捆加 2 根的摆法更清楚、更明了。再让他们经历把 10 根小棒捆成 1 捆的过程,体会 10 根小棒可以看作 10 个一,1 捆小棒可以看作 1 个十,建立计数单位"十"的表象,深切感受到把 10 根小棒捆成 1 捆的简洁性。尊重学生的经验、认知特点的差异,让学生的思维在起点处生长。

注重操作活动的有效性,培养良好的学习习惯。本节课需要学生在动手操作中体验和感悟,突出把"十"作为一个计数单位,保证操作活动的有效性非常重要,直接影响教学效果。小棒的摆放、捆小棒等要求要明确,以保证操作活动顺利进行,减少不必要的干扰,培养孩子良好的操作习惯。在教学中,要时刻关注这些孩子的学习状态,提醒这部分同学学会倾听和思考。

**案例三** (摘自吴莹老师案例)

## 司马光

**片段 1:**

师:课前,我们进行了自主学习(出示学习单一),有一些同学搜集到了司马光的小故事,有请他们和大家分享。

生(赵芊茹):大家好,今天我给大家说一个关于司马光的小故事:他 12 岁那年,和父亲一起前往四川,在山中栈道上遇到了一条大蟒蛇,那蟒蛇十分可怕,仆人吓得滚到了一边,而司马光却手持利剑,扎进蟒蛇的尾巴,大蟒蛇痛得一震,摔下了深不可测的山崖。同学们,故事讲完了,司马光给你留下了什么样的印象呢?

生 1:我觉得司马光面对危险一点也不害怕!

生 2:司马光真勇敢啊!

生(赵芊茹):是的,司马光确实是一位非常勇敢的人物!你们还知道哪些关于司马光的知识吗?

生 3:课前我也搜集到了他的一个小故事,据说他 7 岁时就像个小大人,听到老师讲《左氏春秋》时很喜欢,回家后让父母说给他听,很快就理解了意思,他非常聪明!

**片段 2:**

师:同学们,你们觉得这篇课文和以前学过的课文有什么不同呢?

生 1:我发现这篇课文特别短。

师：是的，这篇课文字和标点符号加在一起，只有43个字。

生2：我发现这篇课文有注释。

师：我们还在哪里见过注释？

生2：学古诗的时候。

师：注释是用来做什么的呢？

生2：当我们读到不理解的字词时，可以通过注释来理解。

师：是的，注释就是我们理解这篇课文的好帮手、好工具。

生3：我还发现这是一篇文言文。

师：哦？能给大家说说什么叫文言文吗？

生3：文言文就是读起来有点像古诗的课文。

生4：我不同意他的说法，我觉得文言文和古诗不一样，古诗一般4句，而文言文是一段话。

生5：我觉得文言文就是古代人写的文章。

师：同学们通过自己观察，有了很多发现，真棒！这篇是古人用他们当时的话写的文章，叫文言文。（板书：文言文）

### ? 案例反思

自主学习单的使用，融合了"选择性定标"的理念。学习能力强的学生对课外知识涉猎广，自主学习单上完成得非常全面。学习能力弱的学生只能拓展几个知识点。通过查阅学生自主学习单的完成情况，教师可以在课前更加了解学情，从而对本课的教学设计和教学目标进行相应的修改，也可以让教师抓住学生的问题和发现，让位给学生，让学生在发现中学、在对话中学。

学习单的设计紧扣本课的教学目标。片段1中通过让学生课前搜集司马光的小故事，对司马光这个人物有了初步的了解，为之后学习课文，感受司马光"沉着冷静、机智勇敢、心中有他人"的品质进行铺垫，也可以让学生对司马光有一些更加立体的感知。

片段2中通过交流自主学习单中关于"课文不同之处"的问题，一方面帮助学生理解"文言文"这个新出现的文体；另一方面打消学生的畏难情绪，让学生在课前发现中，在课堂的思考和交流中，轻松认识文言文。

在本堂课的教学中，教师给予了学生很大的自主学习、交流对话的空间。关于司马光的小故事，由学生说、学生问、学生答，关于课文文体的学习亦然。虽然有时候，学生的回答没办法直中靶心，也没办法尽善尽美，但是当学生的回答有"漏洞"时，其他学生会立刻举手进行辩驳，并且有理有据，这才是课堂真正精彩的生成。

从这三个案例中可以看出，不同学科的老师在具体的教学环境中，根据学生的差异性进行选择性的定标，符合教学实际情况，能让不同的学生找到属于自己的学习方式。

## 三、选择定标的实践思考

### （一）支持不同学习风格的选择定标

教师期望是教师对自己的学生未来的行为或学业成绩的推演，是建立在教师对学生现状了解的基础上的。教师期望效应是指教师对其期望采取的相应行动发生在学生身上的结果，教师对不同类的学生都要充满热情，特别是不歧视、排斥学习困难生，在不同的起点基础上，对不同的学生施以不同类的期待，各类学生都会积极主动参与学习，教学效果肯定会十分明显。因此，学生的分类由学生自我确定层级类别，教师暗中分别对待。

伯尼斯·麦肯锡（Bernice McCathy）的4MAT学习模型区分了四种学习风格以及与四种学习风格最适用的四种学习策略：(1) 想象型风格学习者（具体经验）：这类学生侧重于关注学习材料的意义。他们创新能力强，富有想象力，喜欢从感知和反思中学习。这时，教师需要联系学生以往的生活经历，为回答他们"为什么学习这部分材料"提供合理的解释。(2) 分析型风格学习者（概念结构）：这类学生注重探寻事实。他们喜欢通过观察和思考学习，并创造一些相关的概念和模型。教师可以提供客观的信息，亲授或者引导他们从权威人士的讲座中获取知识。(3) 常识型风格学习者（主动应用）：这类学生强调学习的有用性和实际应用，倾向于从思考和实践中学习。教师应指导他们开展实验和解决实际问题，以激发学生的学习热情。(4) 活动型风格学习者（创新尝试）：这类学生通过不断的试错来获得知识，他们喜欢从尝试和体验中学习。他们希望成为自己和他人的老师，并将老师视为一种资源。老师可以安排这类学生做"小老师"一类的角色，配合老师指导其他同学一起学习。

### （二）支持不同学习潜能的选择定标

支持儿童的差异性学习是重视学生个性的教学，它要求教师在组织教学中，一方面要明确各类学生的特点，引导实现各类学生的学习目标，防止一部分活动、另一部分不活动而导致严重的两极分化，缩短相对距离。另一方面，在增长学生智力、培养学生能力的同时，注意非智力因素培养，如良好的心理品质培养（以学习困难生尤甚），力求各类学生各方面都能得到较大程度的发展。因此，基于学生的发展，差异分类也应是阶段性调整的。

每个学生在多元智能领域有不同的强项和成长需要。霍华德·加德纳（Howard Gardner）描绘了八种智能：语言智能；音乐—节奏智能；逻辑—数学智能；视觉—空间智能；身体—运动智能；人际交往智能；自我认知智能；自然观察智能。此外，对存在智能的研究也处于探索阶段。随着时间的推移,教师应有意识地在课堂内关注学生所有智能的开发,为学生创造出一个舒适和相对轻松的学习环境,让学生的能力得以施展和提高。不断观察学生,发掘他们擅长的多元智能的过程,也是一个"采矿掘金"的过程。教师在教学过程中不仅发现了学生所具备的多元智能,还有意识地为学生提供了培养包括最常见的语言和逻辑—数学智能在内的多种智能的学习环境。

教师可以询问学生"你在哪些方面很聪明?"并作调查记录,它可以帮助学生和教师提高自我认知并了解自身在智力方面的优势,这对增强自我意识、提升自信心有很大的帮助;同时,它也可以帮助学生发现自身需要提高的方面。教师还可以帮助学生建立和绘制多元智力档案,让学生认识到,自己至少在三个或四个方面十分出色。这些优势可以帮助自己拥有更多的创新机会和解决问题的办法。

在学生学习或者互动时,教师还可以对其多加观察,以增加对其的了解。教师可以通过学生所选择的游戏或者观看的书籍了解他们的一些喜好。比如说,一些学生会选择趣味性较强、轻松的游戏;一些学生会选择逻辑性较强、问题解决类游戏;一些学生会选择富有创造性的游戏。在观察过程中,教师可以使用便利贴等来记录观察到的一些信息,将这些信息整合后放入学生档案中。

随着教师对学生独特的学习偏好和职能类型的了解逐渐增多,就可以设计出更加贴合学生需求、赢得学生喜爱的学习活动。

(三)支持不同发展趋势的选择定标

在学习过程中,学生面对的是一个复杂的、科类齐全的知识系统,加之各种主客观因素的影响,学生各科的定量的成绩和定性的学习表现是不尽相同的。因此,我们对于学生个体的分类绝不是固定的,各科教师会根据学生在此科的表现确定类别。一个学生在不同学科可能分属不同的类别。学生是不断发展的,经过一段时间的学习后,一部分学习中等生转化为学习学优生,学习困难生转化为学习中等生。因此,学生的类属应在一段时间后作调整,分类不是静止不变的,应是动态的。就一堂具体的课来说,某一类学生在这堂课中感觉自己所属类别学习目标太低或太高,可以临时自我变换类别,选择高一个类别的目标或者低一个类别的目标参与学习。

学习档案是辅助这一原则的较好实施方式。学习档案是一种识别和分享每个学生学习方式的数据汇编。它包括学生是如何观察世界、获取知识和处理信息的,以及他们是如何学习、思考和记忆的。在建立学习档案之前,教师应找到学生学习的"切入点",需要考虑哪些因素能引起学生的注意并激发他们的兴趣,这样的因素应该建立在学生以往成功的基础上,能够为学生提供愉悦和安全的学习体验。教师可以采用不同的方法来确认学生学习的"切入点",创建学习档案。

学习档案是很有价值的,教师更多地了解学生,就能更好地对学生的偏好做出回应。而且,学生档案里的内容会随着时间而改变,它是动态的工具,会传递给下一位教师。学习档案为他们了解学生及其需要节省了时间。同时,回顾这份学习档案,学生能更好地了解到自己学习的曲线变化,而不是一味地埋头学习,蒙在鼓里。因为学生对自己学习方法了解越多,可供参考的越多,他们的学习效率就会越高。

(本节撰写:杨逸帆)

## 第三节 个别定标

### 一、概述

教学目标是课堂教学的出发点和归宿。在教学中,如何科学合理地定位课堂教学目标,如何促进课堂教学目标的深化和发展,使教学目标真正走进课堂,从而更好地为课堂教学服务,是值得我们认真审思和探讨的。

教学目标在本质上代表着现代教学理念与新课改理念,是两者的具体呈现,教学目标设计得是否科学、合理,将会影响到新课改理念的落实。教学目标的设定要把共同性目标和个别定标有机结合。所谓共同性目标,是指为全体学生的学习而预设的目标,全体学生都要达到,也能达到,是基本的、共同的、可达到的教学标准,而不是无法实现的最高要求。个别定标指的是教师基于对学生学情的了解,针对班级群体中的特殊情况,制定更有针对性的教学目标,以达到更接近学生最近发展区、更贴近学生成长的目的。共同性目标和个别定标体现了教学目标的层次性特征,使教学目标的制定和落实既面向全体学生,又关注到了特殊学生的特点和需要。

在教学实践中,由于学生之间的经验基础、学习能力及个人情况都存在着各种各样的差异,试图制定出适合全班所有学生发展的课堂教学目标几乎是不可能的。如果课堂教学目标制定的标准较高,超出了学生的接受能力,势必会使学生疲于奔命,给学生造成过重的负担和压力,甚至会使学生失去学习的兴趣和信心。相反,如果确定的课堂教学目标过低,不仅不能使学生得到应有的发展和提高,也不能激发学生的学习动机和学习热情,容易使学生养成懒散、随意应付等不良的学习态度和习惯。所以,教学定标的差异性使得课堂教学既具有一定的标准,又能照顾到不同学生的发展和需要,对不同的学生提出不同层次的要求,不仅能保证基本的教学质量,还能够最大限度地发挥学生的个性和潜能。

《国家中长期教育改革和发展规划纲要(2010—2020年)》从创新人才培养模式

方面提出要"注重因材施教,关注学生不同特点和个性差异,发展每一个学生的优势潜能"。要求以学生全面发展为本,不仅注重全体性、全面性、主动性,而且注重学生发展的差异性、持续性和基础性,强调知识与技能统一、过程与方法统一、情感态度与价值观念统一的新特点,从重知识向重学生发展转变、重教师"教"向重学生"学"转变、重结果向重过程转变、统一规格教育向差异性教育转变。不难发现,传统课堂教学模式不能适应新课改的要求与学生的实际需求,制约着课堂教学活动的有效开展。教师作为课堂教学活动的主要组织者,需要改变以往一言堂、填鸭式的方式,转变传统课堂教学模式,这就需要运用多元智能理论,重新探究如何实施因材施教教学模式。

教师应公正地对待学生的差异,通过教育评估,了解学生的学习特点,找到每位学生的学习起点和最近发展区,通过对个案的综合分析,确定教学目标、教学内容和教学重点,选择合适的教学策略与方式,并据此实施个别化教育。个别定标充分尊重每个学生的发展特点,最大限度地适应学生的差异性发展,以促进学生的全面发展,真正做到因材施教。所以,无论是从哪个方面来看,"个别定标"都是必需的,也是必然的。这种必然性是由下列因素决定的。

个别差异的普遍性存在。这种差异的必然性是由人的差异性的先天存在以及后天客观作用决定的。首先,遗传和变异的普遍存在决定了差异存在的遗传基础,这一因素不仅是物种发展的必然,也是物种存在的一种特定形式。其次,不同环境和成长经历的影响是差异存在的又一现实基础。环境的影响可以分两个方面来看:一种是不良的影响,指遗传、变异、环境等方面的影响;一种是指好的影响,优良的环境对于子代的影响也可以表现为好的方面,这也可能导致向人类期望的好的方面发展的异常。总之,不论是遗传变异还是环境影响,都说明人与人之间的差异是客观存在的,是不以我们的意志为转移的。这些差异的存在就必然决定了儿童个性差异的普遍存在性。教育不能无视这些特点的存在,并且要注意或重视这些特点,那么就必须考虑"差异性教学"与"因材施教"。

教育目的的迫切需要。从教育目的的角度出发,这一点主要包括两个方面。一是儿童身心发展的必然要求。不同时代儿童身心发展的特点或发展的要求是有区别的,但是任何时代尤其是当代更突出,把儿童的各种潜能最大限度地开发出来,是实施素质教育的必然要求。真正意义上素质教育的实施,必须关注每一个儿童,使每一个儿童的身心在原有的基础上获得最大限度的发展。二是实现教育机会均等的必然要求。教育机会均等包括概念和观念层次上的均等、过程层次上的均等,以及最重要的结果层次上的均等。就我国目前中小学的教育情况来看,为实现目标,还需要教育者的更多努力。

目前学校教育教学中的缺失。教学是一种尊重学生理性思维能力,尊重学生自由意志,把学生看作独立思考和行动的主体,反对整齐划一的、标准化的知识灌输的教学模式,倡导多样化的、互动式的教学。教学是教师与学生多角度进行不同性质的、不同类型的互动过程,要尊重不同个体的文化家庭背景、认知方式、兴趣爱好和个性心理特征,关注学生的个性差异,促进学生个性化发展,满足不同差异学生的学习需求。然而,由于教师理念的不完善以及教学条件和环境的局限,往往在教学中并未能做到尊重学生的个体差异性,在教育教学管理中无法很好地照顾和尊重学生的个别差异。

## 二、个别定标的课堂呈现

【实用案例透析】

### 案例一 (摘自吴莹老师课例)

#### 我一定要觉得小鸟说得对吗

吴莹老师在结束了这堂"十分和谐,毫无争议"的《坐井观天》的课后开始进行反思:都说一千个读者就有一千个哈姆雷特,可班级里有35个读者,怎么只有1种读后感呢?

拿出教案,细细研究,最终,决定将教学中答案比较封闭的问题删去,设计一些更加开放性的、需要学生结合实际或进行实践后能产生个性体验的问题。再一次走进课堂,我有些期待也有些忐忑,不知道这一次是否能够如我期待的那般听到一些不一样的声音呢?

【问题1:青蛙说,天只有井口那么大。它说的是真话还是假话?】

这个问题一出,立刻有学生喊出了声:"是假话!"

接着另一个声音也响起来:"是真话!"

叽叽喳喳的讨论声在教室中蔓延开来,我没有阻止这种破坏课堂纪律的行为,相反,我还有些高兴。

小强是第一个站起来回答问题的:"青蛙说的是假话!天怎么可能只有井口那么大?天是无边无际的!"

小夏同学也不甘示弱:"青蛙说的是真话!因为青蛙只能看到井口那么大的天,它没有撒谎!"

小倪同学立刻高声附和:"对呀!你们看窗户外面,我们能看到的天,也只有窗户那么大!"

这可真是个意外之喜,竟然有同学能将课文内容与生活实际联系在一起,帮助同学们更加直观地进行理解和思考。于是,我赶紧趁热打铁,对学生们说:"和我一起把书卷成筒状,透过它看看屋顶,你有什么发现呢?"

同学们纷纷将书卷起,对着屋顶看起来:哇,屋顶只有一点点小啦!

【问题2:你觉得青蛙和小鸟谁说得对?】

生1:我觉得青蛙说得对,我们刚才试着用书卷起来看房顶,原来,房顶真的只有书卷起来那么大,那青蛙看到的天空也就真的只有井口那么大!

生2:我觉得小鸟说得对,因为在我们的世界里,天就是无边无际的。

生3:我觉得他们俩说的都有道理,因为青蛙在井里,看到的天只有井口那么大,小鸟在天上,它看到的天是没有边际的。

【问题3:小鸟特意托我给大家捎来一封口信,它希望大家都来同情这一只青蛙、关心这一只青蛙、帮助这一只青蛙。你们知道这是为什么吗?】

同学们回答问题的热情持续高涨,课堂更加热闹了起来。

生1:青蛙说"天只有井口那么大",它说的是真话,没有吹牛,它很诚实,值得我们帮助。

生2:这只青蛙很有礼貌,见到陌生人就跟他们打招呼。

生3:这一口枯井太深了,青蛙那么小,光凭它自己的力量,怎么跳得出去呢?我们要帮助弱小的动物。

生4:青蛙太可怜了!井底没有丰富的食物,只能吃一些不小心掉进来的小虫子,有时还要饿肚子。

生5:这一只青蛙一生下来就待在这一口枯井中,没有亲人,没有同伴,太孤独太寂寞了。

生6:它永远也无法享受外面精彩的世界。

生7:青蛙整天坐在井里,就不能成为庄稼的卫士、害虫的天敌。

生8:青蛙为什么见识短浅?是因为它天天坐在井里,生活的范围小,看到的东西少,见识就少。是这一口枯井害了它呀!

……

课堂上到处是充满生命力、充满不同色彩的声音。通过这次的尝试,我发现可以通过以下几个方法去实现这一想法:(1)挖掘文本话题,激发随堂互动;(2)减少封闭问题,引导个性思考;(3)进行延时评价,避免思维固化;(4)接轨生活实际,扩大思维广度。

一堂生动的、精彩的阅读课,一定是充满各种声音的,学生在课堂上能做到人人都思考、人人想表达。在这样的课堂中,每个学生的个性都能够得到发展和完善。长此以往,课堂将不再是教师的"一言堂",充满个性的学生会愿意在课上发表自己的见解和想法,思维和思维之间的碰撞将会生成一个百花齐放的课堂。

### 案例二 （摘自韩莉老师案例）
### 立足差异，谈微课程开发的策略与思考

我校正在进行"支持儿童差异性学习的新样态课堂"的研究，为每一个儿童的学习，为每一个儿童的素质发展，就是要基于每一个儿童学习经验的不同，打造支持他们的学习场域、学习平台、学习时空等，韩莉老师找到了最为有效的途径，那就是"成语故事讲述"微课程的实践。

微课程的第一轮实施中，学生的起点差异是相当明显的。以前五人为例：1个孩子不知道如何准备，现场只能说一两句。3个孩子可以进行简单的讲述，且是照稿宣读。只有1人可以做到绘声绘色、图文并茂地演讲。虽然个个兴趣浓厚，但现场效果却差强人意。

事后，我了解到那位现场只能说一两句的同学，是因为所选的成语故事内容太多，一时记不住就慌了神，能说出来的仅限于故事的前两句。3个照稿宣读的孩子，不会制作PPT，将所有讲述内容全放置在几张图片上，演讲时照稿宣读，现场气氛呆板沉闷。为保证每一个儿童都能有效地展示，老师在讲述前给予不同学生不同层次的辅导。于是我拉长了准备时间，要求同学前一天准备，第二天试讲给我听，第三天在全班面前展示。这样我就可以有针对性地提供合适的帮助。对于不知如何选取故事内容的学生，老师就帮助其进行内容的删减和整理，以确保讲述内容的短小、语言的简洁，适合三年级孩子的学习难度；对于不会制作PPT的学生，老师就与孩子一同修改PPT，在图片上只留下几个重点的词语或一句话，提示讲述的内容，也鼓励学生可以用其他方式进行展示；图片制作能力稍强的，老师就在演讲的声音、表情、姿势方面对其进行指导；表达能力稍强的，老师就鼓励孩子在故事中穿插一些互动的问题，用以活跃现场气氛，增强讲述的效果。

讲稿修改后，我还不忘提醒他们给各自的讲稿添加开头语、结束语，变得更适合现场演讲。

例如：

亲爱的老师们，同学们：

大家好，今天我为大家带来一个历史故事《望梅止渴》。话说东汉末年，曹操带兵去攻打张绣，一路行军，走得非常辛苦。时值盛夏，太阳火辣辣地挂在空中，大地都快被烤焦了。曹操的军队已经走了很多天了，十分疲乏。这一路上方圆数十里都没有水源。将士们想尽了办法，始终弄不到一滴水喝。头顶烈日，战士们一个个被晒得头昏眼花，口干舌燥，感觉喉咙里好像着了火。每走几里路，就有人倒下中暑死去。

曹操目睹这样的情景，心里非常焦急。他策马奔向旁边一个山岗，在山岗上极目远眺，却发现龟裂的土地一望无际，干旱的地区大得很。再回头看看士兵，一个个东

倒西歪，早就渴得受不了。

曹操是个聪明人，他在心里盘算道：这一下可糟糕了，找不到水，不但会贻误战机，还会有很多人马损失在这里，得想个办法激励大家走出干旱地带呀！

他想了又想，突然灵机一动，脑子里蹦出个好点子。他就在山岗上，抽出令旗指向前方，大声喊道："前面不远的地方有一大片梅林，结满了又大又酸又甜的梅子，大家再坚持一下，走到那里吃到梅子就能解渴了！"

战士们听了曹操的话，想起梅子的酸味，就好像真的吃到了梅子一样，口里顿时生出了不少口水，精神也振作起来，鼓足力气加紧向前赶去。就这样，曹操终于率领军队走到了有水的地方。

同学们，望梅止渴的故事讲完了，你喜欢曹操吗？你会用什么词来形容你心目中的曹操呢？

经过个性化辅导，我们可以看见这样的一些改变：参与度百分之百；学生们能够有许多自己的想法；表达更加主动、自信；在互相学习促进中提升。教师的辅导就相当于一个有坡度的踏板，让每一个孩子都能通过它自信地站到属于自己的舞台上，真正实现"为儿童的学习"。

## 三、个别定标的实践思考

### （一）个别化定标的针对性

正像世界上没有两片相同的树叶一样，每个学生都是独一无二的，都有各自的特点和个性。差异性教学要求承认并尊重学生的个体性差异，实施因材施教的教学模式，为每个学生提供适合于他们的教学，以达到学生个体与整体之间协调发展。然而，目前我们在平时教学中，通常采取的仍是集体教学，虽然我们也说个别化、个性化，但多数教师在教学中都是用同一本教材、同一种教法，很少注意到学生的个别差异和特殊需要，这就很难让每一位学生都能取得充分的进步。

个别定标反对整齐划一的、标准化的知识灌输的教学模式，倡导多样化的、互动式的教学。教学是教师与学生多角度进行不同性质、不同类型的互动过程，要尊重不同个体的文化家庭背景、认知方式、兴趣爱好和个性心理特征，关注学生的个性差异，促进学生个性化发展，满足不同学生的学习需求。

教学需要尊重学生不同的思维能力和自由意志，把学生看作独立思考和行动的主体，在与教师的交往和对话中，发展个体的智慧潜能、陶冶个体的道德性格，使不同学生能取得自我标准中的进步。所以，教师教学过程的组织中，要根据学生的个体差异，制定出个别化教育方案，因材施教，充分了解学生现有的水平、能力，从而制定不同的教育目标,选择不同难度的教学内容,采取不同的教学方法。

在课例二中,韩莉老师微课程的第一轮实施中,学生的起点差异是相当明显的。虽然学生都表现出了兴趣,但仅有部分学生能够较好地完成演讲,而个别同学根本无法完成PPT的制作,也不能顺畅地进行讲述。所以教师一开始对于这堂课的统一定标其实是并不适合于整个班级的,对于个别在能力上不足的同学,教师应该针对他们设置一些个别化的定标,并给予一定的帮助和指导。所以韩莉老师在之后的教学中,首先对这部分学生提供了合适的帮助,对于不知如何选取故事内容的学生,老师就帮助其进行内容的删减和整理,以确保讲述内容的短小、语言的简洁,适合他目前的能力和程度。对于不会制作PPT的学生,老师也不再把PPT作为统一要求,也鼓励学生使用其他方式进行展示。

(二) 个别化定标的多元性

学生的兴趣和特点是推动学生积极学习的一种巨大动力,教师需要充分地去了解学生,挖掘学生的兴趣点,只有把握学生的兴趣和特点,教师才能更有针对性地激发学生的学习动力,调动学生学习的积极性,才能更好地处理教与学的关系。所以,新课程改革的教学理念主张突出学生的主体地位,教师不再是"一言堂"、滔滔不绝的讲授者,而是引导学生探寻知识的导向标。多元智能理论强调通过学生日常生活的表现来了解学生、评价学生,为学生提供各种适合发展的教学环境,自然而然地唤起学生对知识学习的好奇心与兴趣。教师在充分了解学生特点的基础上,以学生的各种兴趣点为基石,从多元的角度促进其发展。

采取多元化的定标,而非单一的共同目标,突出显现了以学生为主体的教学模式,强调学生个体的发展,要求教学尊重学生的差异性,尽可能发挥学生的个性,促进学生的多元发展,这也是学生主体地位的体现。

在这种多元目标的教学模式下,教师并非只是教授学生知识,更重要的是依据学生的不同特点,尊重学生的个性特征及兴趣爱好,有针对性地进行教学,为教学创设一种宽容、民主、和谐的教学气氛,充分尊重每个学生的发言、提问,引导他们学会发现问题、思考问题、解决问题。

在课例一中,吴莹老师在首次教学中发现了问题,由于定标的单一性和封闭性,学生被限制了思维的发挥空间,只能给出单一的答案,部分同学也能看出是在人云亦云,并不能结合自己的经验表达出自己真实的见解。之后吴莹老师对于教学定标和方式进行了修改,将教学中答案比较封闭的问题删去,设计了一些更加具有开放性的、需要学生结合实际或进行实践后能产生体验的问题。学生也能够根据自己的经验和想法畅所欲言,虽然有个别学生由于自身的经验或知识不足,回答并不完美,也不够符合逻辑,但通过这种方式,教师鼓励了不同的表达和声音。对于这些学生来说,教师对他们的定标也是多元化的,只要他们能勇于尝试,试图表达自我感想,也是一种进步。

（三）个别化定标的动态性

在教学过程中,学生的发展是一个动态的过程,其发展呈现多种可能性。教学过程也是动态生成的,尽管教师在备课时已经对课堂上可能发生的状况做了充分的预设,但是在课堂中,依然有许多的不确定性,以及出乎意料的状况发生。应对信息多变、资源多彩的课堂,教师要扮好倾听者、重组者、等待者、提升者这几种角色。做到心中有案、行中无案,寓有形的预设于无形的、动态的教学中,不断捕捉、决定、重组课堂教学中从学生那里生成的各种各类信息,灵活驾驭教学过程,及时调整教学中的定标,推进教学过程在具体情境中的有效生成。

因材施教的教学模式要求教师注重学生的动态性,及时了解每一阶段学生的不同学习特点,帮助学生及时调整适合他们的教学手段与方法,通过有意识的观察了解,提高学生的能力水平。叶澜老师在《重建课堂教学过程观》一文中指出:"要把教学过程看作师生为实现教学任务和目的,围绕教学内容,共同参与,通过对话、沟通和合作活动,产生交互影响,以动态生成的方式推进教学活动的过程。"所以,作为教师,要重视学生的动态学习过程,充分尊重学生的主观能动性,让学生参与知识发生发展的全过程。学习活动是一个以学生已有知识和经验为基础的主动建构过程,所以教师不仅应从整体上把握教材知识结构,而且应从纵向上考虑新旧知识及方法的沟通联系,在课堂教学中创设多种情境,引导每一个学生积极主动地参与学习过程。

我国在进行课程改革之后,要求教师根据课程标准自主设计教学目标,教师在进行教学目标设计时,不应忽视学生的差异与需要,而是让学生真正成为学习的主体。因此,跟踪学生的发展状态,依据其掌握情况和反馈,为其制定动态的标准,是落实现代教学理念的有效方法,也有助于发挥教师专业精神、促进教师专业发展。

在上述的课例一和课例二中,教师一开始的教学中都出现了一些问题,但教师都能及时根据学生的学习情况和反馈进行调整。吴莹老师在教学中及时删去了答案比较封闭的问题,设计了一些更加开放的、需要学生结合实际或进行实践后能产生个性体验的问题。韩莉老师拉长了预留给学生的准备时间,要求同学前一天准备,第二天试讲,第三天在全班面前展示,并给予学生合适的帮助。所以,课堂学习的定标不应该是固定的,教师应该注重教学过程中的观察和反馈,深入了解和掌握学情,依据学生的情况适时调整教学目标以及要求,并提供相应的指导和帮助。

（本节撰写:张青云）

# 第三章 自主性先学

## 总 论

　　自主性先学指的是在课前通过预习或前置性学习活动了解学生学情,根据学情设计一节课的课堂教学,课前要给予学生差异性的自学空间。教师需要制定自主先学的计划、方案,长期实践可以形成教师微课程。学生在学习的过程中,通过演讲、展示、练习、对话、讨论等形式的学习,促进核心素养的培养。

　　我校研究实践的自主性先学分为任务导向先学、问题导向先学和兴趣导向先学。任务导向先学以教师任务为主,问题导向先学以学生问题为主,兴趣导向先学以学生特长为主。

　　任务导向先学指的是教师在授课之前,根据《课程标准》要求,让学生先根据自己的知识水平和生活经验进行的尝试性学习,而这项学习的内容以及具体要求完全是由教师精心设计制定并布置的。教师根据学情,制定出适合学生能力的任务,其根本目的是让学生从被动接受知识转变为自主探索,培养学生自主学习的能力,使学生真正成为学习的主人。

　　问题导向先学是指教师在授课之前,根据《课程标准》要求,发布学习主题,学生根据自己的学习经验、知识基础、学习能力和个人兴趣自主提出相应的学习问题,在课前完成探索与研究。在此过程中,学生积极主动完成并不断挑战自我,使得每个学生通过自己的努力能最大限度地提高自主学习能力,并最终实现全体学生学习素养的提升。

　　兴趣导向先学是指教师在授课之前,根据《课程标准》要求,在尊重学生个体学习差异的基础上,通过设计不同层次的课前预习单或课前预习指导,让学生根据自己的学习经验、知识基础、学习能力和个人兴趣,能自主选择教师所提供的预习内容,积极主动完成并不断挑战自我,使得每个学生通过自己的努力能最大限度地提高自主学习能力,并最终实现全体学生共同发展。

(本节撰写:胡凤菊)

## 第一节 任务导向先学

### 一、概述

(一)任务导向先学的价值和意蕴

任务导向先学指的是在教师向学生讲授新课内容之前,让学生先根据自己的知识水平和生活经验进行尝试性学习,而这项学习的内容以及具体要求完全是由教师精心设计、制定并布置的。教师根据学情,制定出适合学生能力的任务,其根本目的是让学生从被动接受知识转变为自主探索,培养学生自主学习的能力,使学生真正成为学习的主人。

任务导向先学中,教师从演员变成了导演,学生成为学习的主角。学生通过先做后学,对新知识有了初步感受和浅层理解,从而更有目的性地进行课堂的学习,提升课堂教学的有效性。任务导向先学属于前置性学习的一个主要部分,由教师设计,布置先学任务,它是预习作业,但又超越了预习作业。在教学中,我们布置得最多的前置性作业便是预习。其实学生此时的自主性学习是没有具体的方向的,他们只能按照已有的预习经验,按步骤生搬硬套。我们不难发现,相当一部分学生的预习是低效的,甚至是无效的,预习情况是不容乐观的,更别说养成良好的自主学习的习惯。与传统的预习相比,任务导向先学避免了简单的重复性劳动。任务导向先学,因为有了教师的精心设计,学生在自主学习时有了具体的方向,在具体任务的驱动下,学生带着问题求知,他们在自主性学习上便有了一根强有力的指挥棒,学习更加高效。

任务导向先学是一个自主学习的过程,问题设计的价值尤为重要,这关系到学生能力的提升。任务导向中,教师通过设计,可以给学生充分的时间去思考、去探索最有价值的问题或者最值得深度学习的内容,能够让学生学习更多的课外知识,拓宽视野、增长知识,这样自主性先学便不再浮于表面,拓展了学习的深度与广度。而学生所获得的知识是学生自我建构的,他们在学习中会获得一种愉悦、成功的体验。学生自学的兴趣就更加浓厚,自学的能力也就得到了提高,这有助于学生养成良好的自主学习习惯。在教师长期的帮扶下,学生的自主学习慢慢会发生质的改变,摸索出规律,逐渐找到自主学习的方法。

任务导向先学的设计者是教师,能有效避免课前预习与课堂学习之间的"失联"。

我们经常发现,在以往的教学中,前置性学习对课堂知识的学习帮助不是很大。教师搭建框架、设计问题,教师参与了学生的部分"先学",备课的时候对学情有了更清楚的了解,课堂上能更好地融合"先学"与"现学",学生才能更加积极地参与课堂,真正把课堂还给了学生,学生有成就感,更加乐学。课外的充分研究让课堂内容更加丰富,课内的学习更具深度,课内的交流更显宽度。有了任务导向这根指挥棒,学生的学习有了方向,有了深度与广度,课堂学习有了助力,为课堂学习打下坚实的基础。

任务导向先学对教师也有着一定的要求。每一节课或者每一个单元,哪些知识点可以放在课前学习,不同层次的学生学习能力是不同的,怎样体现差异性,让每一个孩子都参与到学习之中,都是需要教师去宏观把控的。而有了教师的把控,这些问题都能迎刃而解,每一个学生都能真正参与到学习中来,成为学习的主人。

### (二)任务导向先学的设计原则

任务导向先学,学习的主体是学生,而任务设计的主体是教师,因此在设计时要充分考虑学生已有的经验以及知识水平,精心设计符合不同层次学生的问题,力求让每一个孩子的自主学习能力得到提升。因而在设计任务导向的时候,要遵守学生能力发展的原则。

**1. 导向性原则**

让学生会主动学习、能主动学习、喜欢主动学习,我们要教给学生自主先学的方法,不断提高他们"先学"的水平,严格要求,长久坚持,形成习惯。"任务"要引导学生怎样去预习,怎样做好"先学",怎样进行知识的融合与拓展,所以前置作业必须对学生的"先学"有导向作用。

教师在设计任务时要遵循"精心设计,发展能力"。教师在设计问题时,首先要做到目标明确、重点突出。学生看到任务单,知道自己要完成什么样的学习任务。一份精心设计的任务单就犹如一张清晰的路线图,有了这张路线图,大多数学生在"先学"时就会不那么吃力、不那么盲目。在"先学"中,教师的任务导向就犹如登山的"路线图"、火箭的"助推器",它可以让学生快捷地找到最佳的、最适合的路径,最省力地抵达高处。

**2. 差异性原则**

传统的预习单没有关注学生在能力上存在的差异,任务导向先学实施相对于传统的前置性作业,教师更加关注不同层次学生的能力。教师结合教学内容和学生实际水平,布置层次分明、结构合理、题量适中的同步作业。教师要从学生的实际情况、个别差异出发,按高、中、低三种学生能力层次来精心设计前置性作业,让不同层次的学生用适合自己难度的练习来完成自主学习,找到自己的位置和信心,让每个学生都能根据自己的能力,顺利地展开自主性学习,获得学习上的自信。

### 3. 趣味性原则

兴趣能激发学生的学习动机,提高学生的主动性。颇有兴趣的作业具有一定吸引力,能使学生充分发挥自己的主动性去完成。在设计前置性作业的时候,要充分考虑趣味性。趣味性要体现出形式多样、方式新颖,内容有创造性。如口头的、书面的、绘图的、表演的,让学生感受到作业内容和形式的丰富多彩,使之情绪高昂、乐于思考,从而感受到自主学习的乐趣。学生根据自己的能力以及兴趣,可以选择喜爱的方式进行学习,带着好的心情学习,思维更活跃、反应更灵敏,所以前置性作业在设计上要适应学生心理。

### 4. 监测与评价

在任务导向先学实施过程中,要及时与学生进行沟通。任务导向学习如果没有一定的监测与评价体系,随着时间的推移,班上一部分学生势必会出现"糊作业"的现象,所以对于学习任务,要有监测与评价体系。而教师一个人对班上所有学生展开监测,工作量太大了。班级可以建立监测制度,教师检查和抽查监测,同学之间互相监测。可以通过组内相互检查批改、组间交叉检查批改、科代表检查批改、教师全收全改、教师抽查批改等手段检测作业,赋予每个学生监测与被监测的职责。

学生的预习工作就好比打仗前的准备工作,做得好坏直接关系到课堂学习任务能否完成、学生的学习目标能否达成。而预习的载体就是预习的内容的编写,我们要认识其重要性,并把这份工作做细做实,只有这样,有效课堂才能充分展现出来。

## 二、任务导向先学的课堂呈现

任务导向先学的任务设计应根据不同学科、不同学段、不同教学内容和本班的学生情况而定,形式主要有口头作业,如听、读、说。纸质的主要如预习单、手账本、手抄报、做批注等。随着时代的进步,网络发展迅速,线上"定制"预习单也成为一种时尚。

## 【实用案例透析】

案例一

# 线上学习,因"定制"而高效
## ——疫情期间线上学习的几点尝试

**一、定制学习指导**

线上课程的时间约为 20 分钟,为了确保完成教学内容,教学环节紧凑,但缺乏朗读和操练的机会。因此,学生只有充分预习才能跟上节奏,尤其是基础较弱的同学,如果不能在课前攻克"单词关"、"词组关",那么课堂学习则会相当吃力,学习效果无法保证。针对这个问题,我在故事、卡通、语音等"新词量"大的课前,定制了个性化的"预习单",列举本节课"发音难"的单词和词组,并请发音好的同学录制对应的"预授音频",分享在班级群,学生通过抄、听、写、模仿朗读、发送音频等一系列预习活动,扎实有效地掌握了本节课的基础内容,有效降低了线上学习的难度。

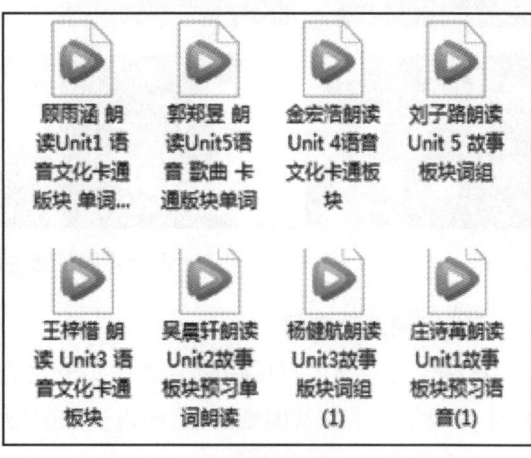

(定制学习单)  (定制示范音频)

**二、定制展示平台**

以上的定制方法为学习中等及以下的同学提供了很多"脚手架",而对于班级里成绩好的同学,如何调动他们的积极性,给他们定制平台,让他们自主学习,展现自己呢?我尝试了"mini 课堂"和"英语 show"两种方式。

mini 课堂,就是请学生当"小老师"录制小视频,讲评自己在预习时掌握的某一项习题,尤其是那些难懂的语法题,用儿童的语言讲解,用儿童的符号来标注,形象生动,易于理解;"英语 show"则请学生任选课文中的自己预习时特别喜欢的某一板块,用表演、歌唱、朗诵、手偶等任何喜欢的方式,展现课文内容。这些方式给了学生更多

经验重构：支持儿童差异性学习的创新探索

的发挥空间，很多平时成绩一般的孩子也加入进来。有的一人分饰四个角色，把"Cinderella"表演得淋漓尽致；有的全家总动员，上演了 Sam 一家的故事；有的用家里的各种玩具做道具，表演了 Bobby 和 Tina 的故事；还有的自弹自唱了歌曲"The wheels on the bus"，各种丰富多彩的表演形式替代了枯燥的"背诵"方式，学生结合特长，学以致用，既增加了语言输出量，也丰富了因疫情耽误的假期生活，体验了英语学习的快乐。

（部分定制互动视频截图）

### 三、定制互动空间

网络学习对学生"自律"能力是一次极大的考验，但对于小学生来说，完全靠"自律"来完成学习是非常困难的，这便需要加强师生之间的"互动性"来检查学生自主性先学的完成情况。教师布置的任务，学生按时完成；学生提交先学作业，教师更要及时反馈，判断或总结学生的自主学习状态以及水平。对于表现好的同学，教师要多给一些鼓励性的语言，也可以通过"班级群"展示自主学习成果，激发他们继续努力；对于学习出现问题的同学，教师要第一时间"点对点"私信沟通，如 QQ 语音、信息或电话交流，帮助他们解决困难，有针对性地"补给"，更加有效地促进线上教学的顺利展开。

同时，教师要意识到"家长"在网络学习中所发挥的重要作用，他们在工作之余协助学生利用网络自主学习，因此教师也要加强与学生家长的"互动性"，如给他们鼓励和表扬；询问学生在家的预习情况、预习中遇到的难题，并给予建议；当家长遇到困难时，第一时间协助解决等，让家长成为"先学"的"同盟军"，将会有事半功倍的学习效果。

随着信息时代的快速发展,"线上"和"线下"教学结合是必然趋势,而这次新冠疫情将"线上教学"介入传统课堂,加快了教师进军"互联网+教学"的进程,而网络教学中,对学生的自主性先学要求也会更高。教师除了运用以往的作业单,还可以根据班级实际情况,改变传统教学方式,采用"线上"设计、布置预习任务,为学生定制更丰富、更全面的学习资源。与传统教学相比较,"线上学习"的弊端之一在于教师与学生只能通过网络来交流。"远距离感"不仅让教师焦虑,学生与家长也同样迷茫无助,此时定制"任务单"更加凸显了它的作用以及效果。

苏霍姆林斯基曾说:"教育的效果取决于学校和家庭教育的一致性。"疫情期间,学生学习活动完全在家中进行,家庭教育的地位更加凸显,家校合作显得更加重要。一方面,教师要重视与家长间的交流,给予他们"操作性"强的预习指导,如作业具体到课文读几遍、如何标注答题关键词,消除他们的"焦虑"心理,鼓励他们为学生提供在线学习保障;另一方面,教师要给出个性化的辅导方案,尽可能提供更为丰富的学习资料和方法,提高自主先学的效率。

**案例二**

## 尊重差异,让古诗学习真正发生
——古诗《墨梅》教学案例及反思

**一、"随心所欲"做研究**

这节课的古诗教学,我提前一两个月就做了精心的安排。预习古诗是学好古诗的条件之一,与以往提前一两天预习不同,这次给学生留了充足的课前时间用来做研究。

师:同学们,这学期我们将要学习古诗《墨梅》,请大家准备一个手账本,先来做些研究。

生(七嘴八舌):啊,什么是手账本?……老师,研究什么啊?……

师:别着急,听老师说。手账本就是在你准备的笔记本上可以按照自己喜欢的方式进行写写画画贴贴,留下你的研究成果。我们要研究诗人王冕。如果你对王冕的一生经历特别感兴趣,你就去好好读读,然后把他的一生用你喜欢的形式罗列出来;你喜欢画画的话,你可以像一个画家,为王冕画一幅画像;爱读故事的同学,可以找找有关王冕的故事来读一读,读完后把有关王冕的故事摘抄下来……你想以哪一种形式研究都可以。

生:我可以为我的手账本做一些设计吗?

师:当然!你可以根据自己的喜好,在你的手账本上尽情挥洒,画些你喜欢的花边、图案,写上你的研究感受,都可以。

生:太好啦!

师：第一期，我们就来研究诗人王冕的一生经历，第二期我们来研究王冕的其他诗作。在研究的过程中，你们可以运用各种资料去了解王冕，按照你们喜欢的形式把学习的痕迹留在手账本上。每一期的研究结束后，我们都会开展一次交流会，分享我们的研究成果。

制定好每一期的研究主题以及研究的具体内容后，简单机械的预习作业变成了让他们以喜爱的形式来进行设计、研究，每个人可以根据自己的兴趣及能力各自展开研究。对其研究的内容做了框架性的限制，但是对他们研究的形式不做严苛的要求。没有唉声叹气，更多的是惊喜的欢呼。

他们看似可以随心所欲地设计自己的手账本，"随心所欲"的背后却是每个独立个体更深入的学习过程，这给他们接下来的古诗学习带来了不一样的体验。

二、"畅所欲言"表观点

学生是学习的主体，在古诗教学中要充分发挥学生的主体作用，摒弃教师强势的教，让他们通过自主合作探究经历学习的过程。

师："只留清气满乾坤"中"清气"是梅花散发出来的清香之气。王安石、陆游、黄蘗禅师都写过梅花，也都不约而同写到梅花的香，读一读这三句吧。

遥知不是雪，为有暗香来。——王安石

零落成泥碾作尘，只有香如故。——陆游

不经一番寒彻骨，怎得梅花扑鼻香。——黄蘗禅师

师：同样是写梅花的香气，这里作者为什么用"清气"呢？与"香气"相比，你觉得好在哪里？小组合作学习，组内每个人都要说说自己的观点。

师：现在你们能说说自己的看法吗？

生1：香气过于浓烈，让人感觉味道很重，而"清气"让人感觉味道更加清新一些。

生2："香气"让人感觉有点庸俗，而"清气"给人的感觉更加含蓄，让人感觉梅花有一种清新脱俗的味道。

师：你真了不起，从味道中能体会到梅花淡雅的特点。还有不一样的体会吗？

生3：这"清气"的清新脱俗让我想到了王冕，他也如同这梅花一般清正廉洁。

师：你从文字看到了文化的背后，了不起。能说说你为什么由梅花的"清气"联想到王冕的清白正气吗？

生1：我在做手账本的研究中发现，王冕是一个性格孤傲，鄙视权贵，轻视功名利禄的人。

生2：我有补充，王冕出身贫寒，他是靠自学成才。他在青年时考进士屡试不中，后来去远游，在这途中，他对社会现实和统治阶级有了更清楚的认识，这让他更加鄙视权贵。

生3：通过研究，我知道了王冕的一些故事。他是一个淡泊名利的人，经常有达官

贵人向他千金求画,他每次都拒绝。他的老朋友泰不华举荐他做官,明朝开国皇帝朱元璋赏识他的才华,决定重用他,他都拒绝了,选择了退隐山林……

生4:王冕归隐山林以后,其实他的生活非常窘迫,别人都看不起他。他的父亲在贫病交迫下不幸去世了,这让他非常伤心。由于贫穷,他经常衣衫褴褛,脚踏破鞋,游走在山野间。就是这样他也没有向他的好朋友求助,没有把画卖给达官贵人,更没有向权贵低头。

……

看,不用我做任何补充,学生你补充我介绍,侃侃而谈。在制作手账本的过程中,很多学生已经仔细研究过王冕的经历以及他鄙视权贵、淡泊名利的一些小故事了。这对于他们学习这首古诗起到强劲的助力作用。

师:听了刚刚几位同学对于王冕的介绍,对这首诗,你有新的理解了吗?

生1:王冕虽然生活那么窘迫,但是他依然坚贞不屈,不向金钱、权利低头,就像诗中的梅花一样清新淡雅。

生2:诗中的"淡墨"不仅写的是梅花的颜色,更是诗人的不向世俗低头、淡泊名利的气节。

生3:"清气"其实就是指王冕的清白正气。

生4:这首诗看似是写梅花,其实就是写的王冕他自己,他把自己比作了梅花。

……

瞧,甚至都不需要我多做解释,他们畅所欲言,不仅理解了古诗的意思,更是联系自己课前所做的研究,把诗和人联系在了一起。透过诗文背后,把王冕和梅花联系到了一起,读到了诗人清正淡泊的气节,多棒!在这一部分的学习中,我仅仅是学生学习的组织者,学习过程是他们自己经历的。

### 案例反思

#### "研"梅花——指向学生差异性学习的自我探究

在我们的学生时代,我们都有这样的一个笔记本:上面抄满了优美的句子或是一些心灵鸡汤,闲暇时总爱在笔记本上写写画画,它就如同我们心爱的宝贝,也是我们一种放松的方式。我们教给学生做的手账本也是如此。虽然在研究的主题上做了规定,但是对于研究的形式却不加限制,手账本让学生把古诗研究变成了心头爱。

在以往的前置性学习中,我们往往会布置学生预习古诗词的意思、了解诗人等,为接下来的古诗学习做铺垫。但通过以往的教学,我们发现,大部分学生的预习都停留在表面,为了完成预习任务,打开资料,把需要的内容抄写到书上,这就算是完成了老师布置的任务。对于古诗的学习,学生没有"兴趣爱好"可言。古诗的教学并不仅仅是让学生了解一首古诗,也要培养学生自学古诗的能力。

而以手账本的形式让学生自主展开研究,对于形式不做过多严苛的规定,学生根据自己的喜好,运用各种资料来进行研究学习。能力不同,研究成果也不相同。对古诗词有一定经验的或者学习能力较强的学生,他们的研究就比较深入、透彻。他们不仅仔细地读了诗人的经历、有关诗人的故事,还把诗人的经历等与诗的内容相联系,形成了自主学习古诗的能力。而学习能力相对薄弱一点的学生所做的研究就比较浅薄,停留在所查找的资料介绍之上。研究透彻的学生把他们的研究所得分享给了其他学生,不太善于研究学习的学生,在听了别人的介绍以后,不仅掌握了知识,也渐渐地掌握了学习古诗的方法。

这不仅尊重了学生差异性,而且是一个彼此促进的过程,激发了不同水平学生学习古诗词的热情。教师的教学行为改变,促进了学生学习行为的改变。自我探究中,古诗的学习便在不动声色中发生了。

学生学习行为的改变反过来又进一步促进了教师的教学行为相继发生改变,在古诗学习中,教师已无须多言,由一个强势的教者变为看着学生自主学习发生的组织者。

## 三、任务导向先学的实践思考

### 1. 课堂角色的把握

有人说:"生本课堂"来了以后,教师在课堂上已经变得无所事事了,听听学生交流就够了,既轻松又简单。如果站在这样的角度来解读"任务导向先学"、"生本的课堂",我想是浅薄的。其实学生在课堂学习中表现出活力、张力、生命力,反而更需要教师付出更多辛勤的研究性的劳动。某种意义上讲,教师的劳动不是减轻了,而是加重了,也更加具有挑战性。设计什么样的前置性作业?设计什么样的开放性问题?课堂如何应对学生交流并通过教师引领使交流更深入?这些都需要教师倾注更多的精力与时间去思考、去设计、去应对。教师不能代替学生学习的角色,但也不能褪去教师本该承担的角色。

### 2. 课堂内容的联结

学生学习任务的布置必须是下一个课时内容的导航针,必须在作业中体现下一节课老师上课的大概思路。前置作业可以是下节课的重点,甚至是难点的直接或间接展示;也可以是抛砖引玉,引领学生走入下一节课,让学生在完成前置作业时能预计和把握到下一节课的主要脉络。

一节课上精心设计问题或话题,应该是教师设计教学程序必然要思考的问题。

有了问题或话题的开放,自然就有了交流与探索的开放。这部分内容的开放也许在很多时候还要依赖于前置性学习的研究与深入。需要指出的是,问题的开放和交流的开放还是属于浅层次的开放,我们追求的开放其本质还是思维的开放。思维的开放代表认识能力的提升,代表学习策略、学习方法的提炼。思维开放的大与小,其实就代表了学习智慧的强与弱。而有了前置性学习的铺垫,学生课堂上的思维会更加开阔。

### 3. 课堂舞台的搭建

展示是任务导向先学的亮点,没有课前充分的准备,就没有课堂上精彩的展示。学生的学习任务合理与否、科学与否,不仅关系到课堂的质量和容量,也关系到能否让学生养成良好的预习习惯和与人合作的习惯。学生在学习任务中获得的收获生成了课堂学习提升的宝贵资源,应为他们搭建尽情展示的舞台,让获得成功的体验激起他们进一步学习的兴趣。有效的学习任务不仅能够帮助学生充分掌握课堂学习内容,还能让学生在完成导向任务的过程中不断提高自己的自主学习能力,锻炼自己的思维。教师要精心设计有效的学习任务,展开有效的过程监督,并与课堂教学进行有效联结,最大限度地发挥具有导向意义的学习任务的效用,这样才能切实提升学生的学习兴趣,提高学生的核心素养,促进学生的可持续发展。

(本节撰写:李润)

## 第二节　问题导向先学

### 一、概述

问题导向先学是指教师在授课之前根据《课程标准》要求,颁布学习主题,学生根据自己的学习经验、知识基础、学习能力和个人兴趣自主提出相应的学习问题,在课前完成探索与研究。在此过程中,学生积极主动完成并不断挑战自我,使得每个学生通过自己的努力能最大限度地提高自主学习能力,并最终实现全体学生学习素养的提升。

问题导向先学与以问题为中心的教学法不同的是:在问题导向先学中,问题呈现的时机先于学生所学的中心知识,引起学生的兴趣,帮助学生以问题为焦点,搜寻所需了解的知识与信息以解决问题。相对于传统讲授式课程中学生被动地接受知识灌输的学习方式,问题导向先学是以学生自己提出问题来提升学生课堂参与感,刺激学习者的思考,提供学生主动参与讨论的机会,并借助教师的回馈来协助学生学习新知。

问题导向先学以生为本,以教师提出的主题为原点,根据学生提出的问题向外延伸出多个方向,调动学生自己去发现问题,提升学生的学习积极性。每个学生的认知水平不同,发现问题的角度也就不同。在教师的引导下,学生在课堂上发表不同见解,再经过教师对知识的整合,整个一节课就体现了学生的主体地位。知识是学生自己总结出来的,而不是教师给出的现成的结论。这样的学习模式激发了学生学习的主动性和挑战性,学生理解记忆的能力大大增强,每一个学生尽可能地在各自原有的基础上发挥最大潜能,同时体会到成功的喜悦感。问题导向先学一定程度上促进了学生学习素养的提升,还能最大限度地激发学生的学习兴趣和学习主动性。

我校正进行以"支持儿童的差异性学习的课堂典型样态的建构"为题的南京市前瞻性项目,本研究内容"问题导向先学"的设计初衷就是把课堂交还给学生,以生为本,基于学生的差异将课堂指向不同的方向,赋予课堂更多的可能性。教师只是学生的"引路人",真正的学习产生于学生的脑海。从始至终,学生的思维始终处于活跃状态,迸发出创新的火花。让学生在课堂上自选预习任务,变"被动学习"为"主动学习",在学习实践中真正成为自主学习的主人翁。

## 二、问题导向先学的课堂呈现

【实用案例透析】

**案例一** (摘自刘海甜老师课例)

### 看月亮

**目标**:1. 通过观察月亮以及月相盒,知道月亮有不同的形状。

2. 通过观察月亮位置的变化,知道月亮也和太阳一样东升西落。

3. 愿意观察月亮,感受月相变化的神奇。

4. 通过了解人类观察月亮的科学史,感受科技的进步。

**重点**:通过画出记忆中的月亮,看月相盒以及观测实际的月亮,知道月亮有不同的形状。

**难点**:能够观察月亮的移动,知道月亮和太阳一样东升西落。

**学生材料**:画月亮的画纸、月相盒

一、导入

师:同学们,这节课我们一起来学习看月亮,在课前,刘老师已经下发了学习单,同学们完成得非常好,大家对月亮的了解也各种各样。其中就有一个关于月亮的小

故事,我们掌声欢迎解子轩为我们带来嫦娥奔月。(PPT出示"嫦娥奔月"图片)

学生讲述嫦娥奔月的故事。

师:其实除了中国古代有这样的神话故事以外,古希腊也有一位优雅的月亮女神,她手持弯月化成的弓箭,每天驾驶着银色马车在夜空之中奔驰。(PPT出示"月亮女神"图片)

师:对比嫦娥奔月以及月亮女神,这两张图片,你有什么发现?

生:月亮有圆有缺。

师:细心的小朋友们都发现了月亮的形状有些不同。在一个月内啊,月亮不停地变换着它的模样。同学们,除了我们看到的这两个形状(将"嫦娥奔月"和"月亮女神"图片中月亮的样子拓下来),你还看到过什么形状的月亮呢?

打开你们的抽屉,拿出你们的记号笔,在画纸上画一画。记得画完之后,在4人小组内交流,最后刘老师可是要请大家到台上来做介绍的。

学生活动:每人抽屉里有3张白纸、一支记号笔。3分钟作画讨论。

教师引导:请学生上台交流,选择一个小组贴在黑板上,其余同学发言补充,黑板上贴着许多月亮的样子。

师:这些我们看到的月亮的不同样子,我们都称之为月相。我们要研究的看月亮实际上就是看月相。

**二、新知学习**

师:有一些善于学习的小朋友们在学习单上给大家提出了一些问题,今天刘老师就选择其中三个来和大家一起研究。(PPT出示三个问题)

(一)月亮为什么有时圆,有时弯?

师:大家对这个问题都非常感兴趣,有14位同学提了这个问题,也有一些同学尝试着对此做出了解释。谁愿意先来说一说,为什么月亮有时圆,有时弯?(邀请在学习单上对此问题做出解释的孩子进行回答)

生解答讲解,教师拎取关键词(月亮本身不发光,反射太阳光)(位置变化导致)。

师:那究竟是不是同学们说的这个样子呢?刘老师这里有一张图片,你发现了什么?

带领学生认识月亮、地球、太阳三者之间的位置关系。

师:接下来代表月亮的黑白小球要动起来啦,同学们准备好,看一看。

**看月亮学习单**

姓名:＿＿＿＿＿＿

关于月亮,我想知道:1.＿＿＿＿＿＿?
我知道了:＿＿＿＿＿＿
＿＿＿＿＿＿
＿＿＿＿＿＿
＿＿＿＿＿＿

关于月亮,我想知道:2.＿＿＿＿＿＿?
我知道了:＿＿＿＿＿＿
＿＿＿＿＿＿
＿＿＿＿＿＿
＿＿＿＿＿＿

我还想向老师和同学们了解:＿＿＿＿＿＿?

师:原来地球、月亮、太阳三个星体之间位置的变化,真的会影响到月相的变化。那么这种变化是否有规律呢?你猜一猜。

学生做出猜测并判断。

师:刘老师也认为是有规律的,究竟是什么样的规律呢?如何才能发现一个月内月相变化的规律呢?

学生:我们可以实地观察月亮。

师:你能具体讲一讲你准备如何观察吗?

学生发言,教师提示提炼关键词(长期,每天同一地点,每天同一时间)。

师:长期的观察,的确可以帮助我们解决疑惑。但今天我们如何才能得到问题的答案呢?别着急,刘老师这里有一个秘密武器,它叫作月相盒。将灯光打开,向上拉起遮挡住标有"初一"小孔的黑色卡纸,眼睛靠近,记住形状之后,将黑色卡纸放回原处。之后按照箭头标识的方向依次查看,就可以清楚地观察到月相的变化了。

同学们想不想自己试一试?在活动之前我们先来看看活动要求。

1. 4人一小组进行观察,打开小灯泡。

2. 向上拉起遮挡住标有"初一"小孔的黑色卡纸,眼睛靠近,记住形状之后,将黑色卡纸放回原处。

3. 按照箭头标识的方向依次查看,观察月相变化。

4. 其中哪些形状是你没有画到过的?把它画出来。

学生活动:两人小组拿取月相盒,小组内活动,教师指导,最后收回物品,请学生上台补充月相的形状。

师:通过观察月相盒里的月亮,相信同学们已经对月相变化的规律有了初步的了解。刘老师来考一考大家,能否将黑板上的月相按每个月出现的先后顺序进行排序?提示:同学们再次利用月相盒进行验证。

月相的变化非常的神奇,通过观察月相盒,我们已然发现了它的变化规律,我们破解了一个难题,刘老师要给大家送上些掌声。

(二)太阳东升西落,月亮是如何运动的呢?

师:我们要继续研究啦,第二个问题是我们班李宇豪提出的,刘老师想问问他,你现在是否知道了答案?你是怎么样知道这个答案的?

学生发言、教师点评,展示30秒钟的时间。

师:我们发现,月亮的运动和太阳是一样的,也是东升西落。

(三)人类登上过月亮吗?

文字介绍阿姆斯特朗1969年7月21日登月,当然中国的探月计划也早已开启,并且有了丰硕的成果,我们一起看一看。

最初人们对月亮的了解从神话故事开始,随着科技的发展,人们越来越了解月亮的真面目,我们探究的脚步也不会停止。也许未来有一天小朋友们能自己踏上月球,欣赏它的广阔与美丽!

通过提前下发学习单,教师告知孩子们即将学习的主题为"月亮",并通过开放性的问题"关于月亮,我想知道什么内容?",让孩子们提出问题的同时给孩子们自学答题的机会,孩子们能够通过多种方式,比如查询资料、网络学习、求助父母来进行学习与了解,将得出的结论经过自己的加工记录在学习单上。当然,如果孩子们有疑惑且不能通过自学的方式得知答案,就可以在最后的一项提出问题:我还想向老师和同学们了解什么内容?

教师对回收的学习单进行分析,分析主要集中在以下几个方面:

1. 会收到多少已经解决的问题。
2. 出现概率最高的问题,对于这个问题孩子们有何理解,有什么不足的地方。
3. 将没有解决的问题进行分类,有哪些很有价值的问题、通过学习能够得出结论的问题以及课中还未解决的问题。

通过这些分析,教师选择出课堂上的教学重点,邀请学生上台成为"小老师"给其余同学做介绍,当然孩子们的话语可能并不清晰,这个时候就需要教师将"小老师"的介绍进行整合,加深孩子们的印象。

对于孩子们来说,自己熟悉的小伙伴成为课堂上的"小老师",这种身份的骤然转变是一种新奇的体验,学生在无意识的情况下变得兴奋,提升了课堂的专注度。与此同时,站在讲台上成为"小老师"的小朋友承受了台下学生"惊叹"的目光,有一种成就感。这就使得这节科学课的课堂参与度较高,大部分孩子的眼睛都能够专注于讲堂上"老师们"的身影。

**案例二** (摘自武昆老师课例)

## 简单的周期

**目标:** 1. 通过圈一圈、画一画等方法了解物体排列的周期规律。
2. 能够清楚地了解除法算式中商和余数所表示的具体含义。
3. 在学生的提问、讲述、交流中明晰彩灯中的周期规律。
4. 在小组互通过程中了解盆花、彩旗中的周期规律。
5. 通过学生的互相学习、教师与学生的相互学习,营造学习交流场,解决存在的数学问题。

**重点:** 周期规律,除法算式中商和余数的含义。

**难点:** 学习场域的营造,学习过程的引导。

一、引入

1. 知道今天我们要学习什么内容吗?(板书课题)是的,简单的周期。课前同学

经验重构：支持儿童差异性学习的创新探索

们已经完成了学习单。学习单上要求同学们提出问题，然后自己试着了解。一起来看学习单的统计数据。

2. 所提问题和盆花有关的有 17 个，和彩灯有关的有 26 个，和彩旗有关的有 22 个。看来同学们最感兴趣的是和彩灯有关的问题。那么我们一起先来研究和彩灯有关的问题，好吗？

**二、精学一种物体的周期规律**

1. 学生介绍

谁来说说关于彩灯，你提出了什么问题，又了解了些什么？（教师板书问题）

2. 厘清周期规律

首先，彩灯的排列是有规律的。怎么发现规律呢？周萱就在学习单上提出了这样的问题，请周萱说一说，怎样发现规律。请周萱上来圈一圈，同学们在学习单上圈一圈彩灯的周期规律。黎常琭，圈完之后你有什么发现？从某一样物体开始，依次不断重复出现，我们就把这样的规律叫作？（周期规律）

3. 利用周期规律解决问题

（1）有余数问题。要求第××盏彩灯的颜色，刚才同学说了道算式，再请同学说一说。（教师板书算式）

你能看懂这个算式吗？××组是什么意思？余数的××盏表示最后一盏彩灯是第几组的第几盏？（指名多说）

怎么知道第×组第×盏就是××颜色呢？

（2）这是除出来有余数的情况，还有除完后没有余数的情况，谁来给大家介绍一下？（学生介绍，教师板书）

没有余数说明最后一盏是第几组的第几盏？

阚若曦，你的学习单有小错误，你能说说原来是怎么认为的，现在又知道了些什么吗？祝贺你取得了进步！

**三、组学两种物体的周期规律**

1. 我们研究了彩灯排列的周期规律。学习单上还有盆花和彩旗，下面我们以小组为单位进行研究，请看研究要求。

2. 研究要求：

（1）小组里每一个同学都要发言。

（2）在小组里说说盆花和彩旗排列的周期规律是什么。在学习单上圈一

圈、画一画。

（3）在小组里依次交流和盆花、彩旗有关的问题，一个同学说完后其他同学可以补充。

（4）准备和全班交流。

3. 抽签决定交流的小组，一人主讲，组员补充。其余小组再补充。

4. 学习单上孙馨也曾出现过错误，孙馨，你能说说关于彩旗，原来你是怎样想的，现在又有了哪些新的认识吗？祝贺你取得了进步！

四、共学其他问题

1. 课前，在学习单上老师还让同学们提了一个没有答案的问题。老师选了3个很有意思的问题。

2. 这是来自熊启帆的问题：当花盆到60盆时黄花有多少？这不是求第几盆花的颜色，而是求黄花的总数。在学习单上张皓宇和赵文硕就回答了这样的问题，你们谁愿意解答这个问题？

像这样"你问我答"的还有张鑫睿的问题朱欣彤那儿有答案，朱欣彤的问题张雅萁那儿有答案，课后你还可以请教同学。

3. 再看来自袁乐妍和吴文尧的问题：在彩旗前面放一红一黄，计算方法变吗？你认为呢？

4. 这节课的最后一个问题来自郭桉逞和徐欣颜：周期问题有什么用？哇！这是个伟大的哲学问题，可如果同学们的答案只是可以解题，那我就太伤心了。有其他答案吗？

5. 是的，从周期问题中我们能够发现规律，然后用发现的规律推测更加复杂的问题。现实生活中，我们也要带着数学的眼光，如果发现规律并且能够用规律推测更加复杂的问题，那将能展示数学的力量。

课前，老师制定了学习单，要求学生自己提出问题，并试着了解知识。课堂教学就从学习单的学情统计数据开始。课堂中，老师准确地记住学习单上反映出的学情，有特别的方法，有优秀的示范，有错误的例子，都能适时地嵌入教学之中，使得学生的汇报、相互的交流、及时的补充相得益彰。

在这一节课中，我们为老师大胆的课堂设计所惊艳。老师采用小组学习的方式，利用抽签的形式随机选择小组进行汇报。这使得课堂的每一位学生都真正投入到学习和讨论之中。在学习单上，老师还留出了质疑的板块。"当花盆到60盆时黄花有多少？""在彩旗前面放一红一黄，计算方法变吗？""周期问题有什么用？"这些稚嫩却透着思维深度的问题完全来自学生。有的问题学生处自有答案，完全由学生讲给学生听；有的问题能够引发思维的碰撞，需要老师和学生共同讨论；有的问题深邃地触动数学的本质，需要学生的表达，更需要教师思维的领航。

问题导向先学给学生很大的提问空间,学生也提出了很好的问题,有的是推动教学进程的关键问题。我们在课堂上给学生一个提问的机会,同时也是给教师一个重新思考、再次提升的机会。

## 三、问题导向先学的实践思考

(一)问题导向先学设计依据

**1. 以课程标准为依托**

随着新课程改革的不断深化,全新的课程理念为教育工作者提供了更广阔的课程与教学时间、空间,这使得越来越多的教学方式走进人们的视野,可以说多元的教学方式为师生带来更多的教学体验。

《义务教育课程标准(2011年版)》指出:"关注学生的差异,用不同层次的问题或教学手段,引导每一位学生都能积极参与学习活动,提高教学活动的针对性和有效性。"

任何教学活动的主体都是学生,教师的教都是为了学生的学,教服务于学。无论是教师的教,还是学生的学,最终都要在学生那里得到体现。以学生提出的问题为导向的自主性先学,增加学习热情的同时,也锻炼了学习者的多方面能力。任何形式的课前自主性先学在教学中都是为达成课程目标而设置的,基于课程目标多元化的达成要求,问题导向先学的相关设计要求,其实从根本上来讲,其设计都是和课程标准相一致,以课程标准为依托。

**2. 以存在主义哲学与和合思想为支撑**

教育作为国家的"上层建筑",随着时代、科技的进步,教育目的则着重强调要释放学生的个性,尊重学生的差异,而不是为了打磨学生的棱角,把他们塑造成完全相似的人。存在主义哲学认为,对于教育来说,"首要的事情是改变教育的态度,不是将学生看作填充、评估的对象,也不是要将他们嵌入某个模子当中,而是要先将学生看作个体,允许他们在自己的教育和生活中起到主动积极的作用"。作为教师,我们应该把学生看作有血有肉的人,而不是"头脑呆滞的木头",教学需要使学生学会把握学习与生活之间的关系。以问题为导向的自主性先学,学生对于教师提出的主题,以自身认知与直接经验为基础,衍生出自己的疑问,并通过自己的努力寻得答案,从而积极主动地建构自身学习力和生活场的联系。

问题导向先学是差异性教学中较为重要的一环,而所谓和合思想,是指"承认事物之间的差异和矛盾,把彼此不同的事物统一于一个相互依存的'和合体'中,吸取各个事物的优长而克其短,使之达到最佳组合,由此推动事物的发展,促进新事物的产生"。这种思想恰巧与我校差异性教学的教学理念相吻合。寻找学生间存在的差异,分析其差异形成的原因及影响,是研究差异性教学的首要任务。然而,发现学生的差异特性并不是教学的全部教学目的,以差异促进全体学生的互补性自发生长才是差异性教学的终极任务。所以,在支持儿童差异性学习的实施过程中,教师除了要直面学生的差异性外,还需要思考如何用最贴切的方式全面而均衡地使学生适应差异的存在,并在培养个体学生差异的同时,有效地促进全体学生共同发展,建立平衡和谐的课堂关系。

问题导向先学立足于学生的差异,着眼于学生对同一主题的不同思考,遵循学生身心发展规律,求同存异,调动每位学生积极的思维活动,激发其潜能,并尽可能地超越已有经验和能力。教师在课堂上整体把握教学环节,指引方向。教师能够尊重学生差异的存在,并且教会学生如何灵活地运用自身差异特性,在集体中找到自己的存在价值,做到既有差别,又和谐地互助共生。

### 3. 以因材施教为原则

不同的时代,人们对因材施教原则内涵的理解也是不同的。传统意义上的因材施教原则,其含义是比较明确的。但是到了现代社会,随着现代教育体系与制度的完善、受教育者的复杂化以及教育内容的不断丰富,现代教育已经形成了一个庞大的有组织的、系统的教育体制。

我们这里的"材"主要指学习者本身。学习者本身之间存在着个体差异。这里的个体差异不仅指其生理和心理的差异,还包括其因社会生活环境不同所导致的文化差异以及个人学习风格的差异。因材施教的目的就是要使每一个学生都能接受良好的适合其发展的教育,从而使每一个学生都能够在自己的资质和才能的基础上实现自身潜能的最大化发展。因材施教原则的本质就是教育者根据每个受教育者之"材"而有针对性地对受教育者"施教",这实际上体现了教育关系的公正性,即反映了教育关系的合法性与正当性。

问题导向先学以因材施教为原则,目的是促进学生的持续发展,发挥学生在学习上的主体地位,调动学生的学习积极主动性,激发学习潜能,产生主观能动学习的动力,在学生的思维碰撞的智慧火花中,将学习与生活紧密联系,提升解决问题的能力。

### (二)问题导向先学设计模式

首先,问题导向先学的学习任务在立足于个体兴趣和个体能力的差异的基础上,也注重学习过程的递进以及课堂上的交流与整合,适合不同学习能力的学生,让每一个学生在原有的基础上得到最好的提升,促进学生全面而有个性的发展。

小学阶段的问题导向先学有着较强的学科特点,通常知识点明确的学科特点便于其实施。而在文学类授课过程中,教师与学生需要进行思想上的交流、情感上的沟通,才能取得良好的教学效果。

现行的问题导向先学多存在一个相同的误区:问题缺乏发散性,教师在课堂前提出一个或两个问题,学生围绕其进行定向研究,忽视了学生的自主性与差异性,学生会有推诿的想法,如"我不做,其他人也会去做"、"我上课听一听,就可以了",此类想法在一定程度上降低了学生的积极性。

我校教学实践的问题导向先学从教师提出的学习主题入手,每个孩子对这一主题有发散的思考,并沿着思考继续探究,在探究的基础上教师加以整合,从而助力学生个性化发展。教师鼓励学生将兴趣、生活与经验融入课堂,鼓励学生完成在课堂的"教学"分享,尊重学生个性化的选择。

### 1. 围绕学习主题的提问

教师在课前发布一个学习主题,学生通过自己的思考与方式自主学习。问题导向先学使得教师从传统课堂中的知识传授者变成了学习的促进者和指导者。这意味着教师不再是知识交互与应用的中心,但他们仍然是学生进行学习的主要推动者。当学生需要指导的时候,教师便会向他们提供必要的支持。自此,教师成了学生便捷地获取资源、利用资源、处理信息、应用知识到真实情境中的脚手架。

### 2. 围绕学习盲区的提问

问题导向先学使得学生成为学习过程的中心,在课堂中减少教师的讲授时间,留给学生更多的学习活动时间。他们需要在实际的参与活动中通过完成真实的任务来建构知识,这些学习活动基于现实生活中的真实情境,而这些任务源于他们对教师发布的内容的理解与好奇,教师并不干预学生的选择,因此他们解决的问题更具有多样性和发散性。

随着技术的发展,教育进入一个新的时代,一个学生可以进行自我知识延伸的时代。教育者可以利用多种技术工具高效地为学生提供丰富的学习资源,学生也可以在网络资源中获取自己所需的知识。学习中,学生成为自定步调的学习者,他们可以控制对学习时间、学习地点的选择,可以控制学习内容、学习量。这也就使得教学过程中出现了更多的可能性,并且能够让学生在交互协作中完成学习任务。将原先课堂讲授的内容转移到课下,在不减少基本知识展示量的基础上增强课堂中学生的交互性。最终,该转变将提高学生对于知识的理解程度。

### 3. 围绕学习延伸点的提问

学生的问题大致可以分为两个部分：针对本节课知识点的提问，针对本学科其他知识点的提问。其中针对本学科知识点的提问不一定在这节课中，属于"学习延伸点"的提问。如上述案例中学生对月亮上还有些什么的好奇，学生对学习"周期问题"有什么用的疑问，都不在本节课知识和技能的教学范畴内，却极具生命力。

学习是一个连续的过程，也是一个循环上升的过程。以问题为导向的自主先学正是呼应了学生核心素养中的"质疑精神"，提出一个问题远比解决一个问题重要得多。经过调查，中国的大学生和国外同级别学生相比，解决问题的能力并没有显著区别，而提出问题的能力却有明显的差距。从小培养学生质疑问难的能力，既保护儿童与生俱来的好奇心，更加着眼于未来学生的发展。

### （三）问题导向先学研究方向

在研究过程中，我们也切身地感受到一些问题，有一些思考伴随着研究的深入为未来提供了一些方向，有一些是我们必须直面的问题。

#### 1. 提问自信心的缺乏

随着科技信息的不断发展，小学生接收的信息越来越丰富，且每个学生的发展各有差异。虽然在小学阶段学生乐于表达，但学生难免有些不自信的心理。问题导向先学给予了学生高度的自主学习的空间，同时也对学生提出了很高的要求。如果缺乏自信，就没有站上台上成为"小老师"的积极性，自然也达不到预期的效果。学生由于缺乏自信，不敢与老师和同学共同讨论，这样下去，学生在课堂上的收获就会小得多。对此，教师要积极培养学生的自信心，鼓励缺乏自信的学生勇于发言，这也是素质教育的要求。

高尔基说："只有满怀自信的人，才能在任何地方把自己沉浸在生活中，并实现自己的意志。"首先，教师在课堂上或课后应从细节中培养学生的自信心，让学生相信自己一定能学好，让学生以饱满的热情投入到课堂中去。其次，要正确对待别人的评价。保持良好心态的人对于别人给自己的评价，一般都能够正确看待，不可不信，不可全信。受到表扬，不要趾高气扬、得意忘形；受到批评，也不要垂头丧气、一蹶不振。最后，要树立正确的价值观。教师要引导学生树立正确的个人价值观，使他们能够正确认识自己、评价自己。作为教师，要在课堂上引导学生正确地了解自己、评价自己、对待自己，树立自信心。

#### 2. 问题意识的欠缺

缺乏问题意识的学生在自主性先学中收获也甚少。问题意识主要是指学生具有自由探讨,积极思考,敢于发现问题、提出问题、阐述问题等自觉的心理活动。爱因斯坦认为:"提出一个问题往往比解决一个更重要。"提出新的问题、新的可能性,从新的角度去看待旧的问题,需要有创造性的想象力,而且标志着科学的真正进步。运用问题导向先学教学模式时,学生根据教师的主题提出自己感兴趣的问题,进行自主性先学。学生缺乏问题意识,讨论如何顺利进行?

如何才能培养学生提出问题的能力?首先,要有一个宽松、民主的课堂氛围,这有助于学生发散思维,使学生敢于提出自己的想法。我们的课堂不是"一言堂",而是以学生为主体的自主学习,教师要做好组织者,积极引导学生对学习内容深入思考、自主发问,这对他们的学习热情也有很大帮助。其次,教师可以通过设置良好的问题情境,使学生易于发问。教师可以设置合理的对比,让学生进行比较,发现其中的差异,从而提出问题、进行思考,这也激起学生强烈的学习愿望,使学生积极主动地投入到学习中来。最后,教师应该帮助和引导学生合理地提出问题。很大程度上,一个具有创造性思维与创造能力的学生通常会表现出善于提出问题和会提出问题。教师要合理引导,教学生如何提出问题和思考问题。长期在这样的课堂氛围中,学生的问题意识就会培养起来,思维能力也得到了锻炼,也能够在问题导向先学模式运行下的课堂有更多收获。

(本节撰写:刘海甜)

## 第三节　兴趣导向先学

### 一、概述

兴趣导向先学是指教师在授课之前根据《义务教育课程标准(2011年版)》要求,在尊重学生个体学习差异的基础上,通过设计不同层次的课前预习单或课前预习指导,让学生根据自己的学习经验、知识基础、学习能力和个人兴趣,能自主选择教师所提供的预习内容,积极主动完成并不断挑战自我,使得每个学生通过自己的努力能最大限度地提高自主学习能力,并最终实现全体学生共同发展。

兴趣导向先学不同于传统的自主先学的学习形式,坚持以生为本,以学生的兴趣为导向,在尊重学生学习差异的基础上,学生自主选择不同层次的预习任务,充分体现最近发展区理念,全面提高每位学生的学习潜能。

通过不同层次的分层预习作业,让学生根据自己的学习情况自主选择自己能完成的预习学习任务。这样的自主性先学任务是动态的,每个学生在不同时期可能达到不同的学习层次,激发了学生学习的主动性和挑战性,使每一个学生尽可能在各自原有的基础上发挥最大潜能,同时体会到成功的喜悦感。兴趣导向先学在一定程度上促进了学生学习能力的提升,又能最大限度地激发学生的学习兴趣和学习主动性。

我校正进行支持儿童的差异性学习的课堂研究,本研究内容"兴趣导向先学"的设计初衷就是把学习的"自主选择权"还给学生,预习任务的设计既要考虑学生的现有水平,也要考虑学生的潜在水平和兴趣爱好,让学生在自选预习任务中变"被动学习"为"主动学习",在学习实践中真正成为自主学习的主人翁。

## 二、兴趣导向先学的课堂呈现

### 【实用案例透析】

#### 案例一 (摘自朱丹老师课例)

### 古人谈读书

以《古人谈读书》教学课例的部分内容为例。

**【教学目标】**

1. 能够通过课前学习单的分享,了解古人,了解相关古人的资料。
2. 引导学习第一则文言文,通过反复诵读,借助注释,理解文意。
3. 小组合作学习,运用多种方法学习第二则文言文,联系实际生活谈启发。

分析:从教学目标来看,朱丹老师准备从学生的课前学习单的分享达到学生兴趣导向先学的目的。

从教学的实际过程来看,朱丹老师将课前学习单的运用放在了教学的导入环节,利用兴趣导向先学引入学生顺畅地进行第一则文言文的学习,具体教学过程是这样的:

导入

1. 今天我们就来学习《古人谈读书》。
2. 通过预习,我们已经知道,今天这一课是哪些古人在跟我们谈读书呢?
3. 好的,那么通过预习单,谁来给我们介绍你所了解的这位古人的相关情况?

**【自评或师评】**

新授

学习第一则文言文

1. 要想学好文言文,首先要做的就是读。请大家自由读第一则文言文,同桌再互读检测,读准易错的字音。

＊关于字音,有出现问题或发现了什么特别之处吗?你们是怎么解决的?

好(多音字)　知(通假字)　识(多音字)

贴板书:借助注释、联系上下文

2. 第一次读,很多同学读准了字音,那么第二次读,我们要注意停顿,特别是长句子。再读读看。

谁来试试这一句?"知之为知之,不知为不知,是知也。"(声断气连)

这句该怎么断句?你是怎么判断出来的?(借助注释,猜句子的意思,再读文言文)

3. 第三次请大家自己小声地读,借助注释,联系上下文,用自己的话说说每句话的大意。

适时点拨"默",联系上下文,以组词的方式猜。

4. 带着理解,我们再读一次,看来第一则《论语》告诉我们学习要(　　)、(　　)、(　　),……【积累背诵】

小结:看来我们学习文言文,方法可不少,既可以借助注释,又可以联系上下文。书读百遍,其义自见。反复诵读也是好方法。

集体交流。

① 敏而好学,不耻下问:指天资聪明而又好学的人,不以向地位比自己低、学识比自己差的人请教为耻。

第一句出自《论语·公冶长》:卫国有个姓孔的大夫,死后谥号为"文",这个谥号是对文人最高的肯定,于是孔子的学生子贡问孔子说:"老师,为什么孔文子的谥号为'文'呢?"孔子回答:"敏而好学,不耻下问,是以谓之'文'也。"——也就是告诉我们,读书的时候要——好问(虚心)(板书)。

② 知之为知之,不知为不知,是知也:知道就是知道,不知道就是不知道,不要不懂装懂,自欺欺人,才是真正的智慧。

学古文,读懂了意思就能读出味道,因为古文常常需要按意思来停顿。你能读好吗?

知之/为知之,不知/为不知,是知也。

③ 默而识之,学而不厌,诲人不倦:把所学的知识默默地记在心中,勤奋学习而不满足,教导别人而不疲倦。

＊(古今异义词)

＊＊厌:yàn　古义,满足。

今义,讨厌,不喜欢。

朱丹老师在本课教学后的教学反思中关于"我的实施途径"是这样说的:

本节课我主要体现的课堂样态是：自主性先学和开放性对话。

课前，我发放了课前学习单（见下图），孩子们了解与读书相关的名言，通过查找资料，了解本课中谈读书的古人。

课前学习单

| 课 题 | 25 古人谈读书 | 时间 | | 执教者 | 朱丹 |
|---|---|---|---|---|---|
| 我来想一想 | 1. 临写生字，把字写正确，写美观。<br>耻　海　谓　诵　岂<br>2. 搜集一句与读书有关的名言。<br>＿＿＿＿＿＿＿＿＿＿＿＿＿＿＿＿＿＿<br>3. 查找资料，了解本课中谈读书的几位古人，试着用一两句话来介绍。<br>＿＿＿＿＿＿＿＿＿＿＿＿＿＿＿＿＿＿<br>＿＿＿＿＿＿＿＿＿＿＿＿＿＿＿＿＿＿ ||||||
| 我来评一评 | 1. 自觉预习能力 ☆☆☆☆☆<br>2. 线上检索能力 ☆☆☆☆☆ |||||

预设中，第一则古文，我利用学生课前的自学经验，引导学生多次读。第一次读：读准字音；第二次读：读准节奏；第三次读：读懂句意。孩子们在三次读中，我和学生的交流中，巧妙地"扶"，在疑惑处启发，思维阻塞处疏导，词句关键处点拨。

第二则古文学习，我大胆"放"手，利用小组合作的形式，提出小组合作要求。孩子们自主质疑，协作解疑，了解古诗的大意；再进行汇报交流，并说清楚自己运用了哪些学习方法。这个教学环节充满了师生之间、生生之间的开放型对话。

课后，年级组在讨论该课的"实施效果"时，一致认为：课堂伊始，学生交流关于读书的名言和汇报古人资料，同学们准备得比较充分。第一个孩子交流的毛泽东的读书名言"饭可以一日不吃，觉可以一日不睡，书不可以一日不读"，令人印象深刻，震撼人心。在汇报古人资料时，学生能够从古人的生辰、字号、身份和作品等方面介绍。这样的学习效果得益于课前学习单的巧妙运用，教师将学生的学习兴趣充分调动起来了。

由此，学生在第一则古文学习时，能够在众多信息交流中，疏通古文的读音、节奏和意思，同时学得小古文的学习方法：借助注释、借助工具书、反复诵读，等等。

学习第二则古文时，学生自主合作探究的过程，也为之后迁移运用借助注释等多个学习方法，为学习第三则古文做好了铺垫。

两则小古文学习，教师利用一则课前学习单由扶到放，学生学习有梯度、有深度，实施过程中，教师还注重生生之间、师生之间的评价。

关于教学的"改进方向"，大家给予的建议是：学生可以利用课前学习单尝试读

"经典",把书读"厚"。教师应提高解读教材的能力,多多挖掘文本的"眼"。教学活动中提出的小组合作要求,需更精简、明确。评价层次应走向深层次,从"有模"到"无模",真正做到评价有目标、思维走向深度。

**案例二** （摘自胡凤菊老师案例）

## 玩转"3＋X"课堂——例谈小学高年级数学复习课的教学

**【案例背景】**

目前我校在探索研究"3＋X"课堂教学模式,"3＋X"课堂教学模式是支持学生在积极活跃的学习状态下进行"我能展示"、"我会合作"、"我来表达"的"三我"课堂样式,"X"意味着教与学还可以有更多的选择。结合我个人研究的市级课题"小学高年级数学复习课有效预习的案例研究",我于2017年12月19日在我交流工作的兄弟学校上了一节校内研究课"百分数的复习"。课后,该课的教学研讨触发了我们一线教师对小学高年级数学复习课的教学思考。

**【案例描述】**

### "我能展示"的精彩

2017年12月19日我在交流工作的兄弟学校上了一节校内研究课"百分数的复习"。课前我放手让学生预学,给每个学生制作了预习单,目的是让学生借助预习单的提示,重温学过的知识点,自主整理这一单元的知识点。下面是我设计的课前预习单。

| 课题名称 | 百分数的复习 | 梳理者 | |
|---|---|---|---|
| 复习目标 | 梳理本单元知识点,并能熟练应用相关理论知识,解决生活中的实际问题。<br>在探索、分析、交流的过程中,形成知识网络图。培养我们的逻辑思维能力,树立团队意识。<br>懂得依法纳税的重要意义,力争做一个守法的小公民。 | | |
| 重点、难点 | 百分数与分数之间的联系和区别,百分数应用题的分析。 | | |
| 知识点梳理: | | 知识结构图: | |

(续表)

| | |
|---|---|
| 自我检测 | 1. 37个0.01用小数表示是（　　），读作（　　）；用百分数表示是（　　），读作（　　）。<br>2. 由3个1、14个0.1和23个1‰组成的小数是（　　）。<br>3. 6.3‰,0.603,0.6363,…,60.3%,5/8这五个数中,最大的数是（　　）,最小的数是（　　）,相等的数是（　　）和（　　）。<br>4. 把10克盐放在100克水中,盐占盐水的（　　）%。<br>5. 甲数是乙数的4倍,甲数比乙数多（　　）%,乙数比甲数少（　　）%。<br>6. 王丽的月工资2400元,按照个人所得税税法规定,月工资超过2000元的部分按5%征税。那么王丽月工资实得多少元?<br>7. 小平看了一本书,已经看了40%,还剩90页没看,没看的比看完的页数多百分之几? |
| 预习评价 | 【自我评价】☆☆☆☆☆<br>【小组评价】☆☆☆☆☆ |

这样的预习作业不但节省了课上有效时间,也培养了学生自主学习的能力。这样的教学铺垫,也很好地为课堂上的小组合作学习服务。

我在正式上课时给予学生3分钟的展示时间,简单讲解自己的预习情况或预习中出现的困难。这次我请了班级中等水平的一个同学来做个人知识结构图的展示。他根据自己的复习单整理了展示图片。他讲解了自己都复习了哪些板块,并介绍自己通过复习知道了什么……其他孩子根据他的展示提出了自己的意见,有肯定的表扬,也有自己的补充。随后,我让孩子们根据自己的想法,把每个同学的复习整理单放在四人小组内交流,推荐出一份更符合小组意愿的整理单并进行进一步的完善,准备全班交流。

分析:从胡凤菊老师的案例可以看出,她利用课前预习单串起来了一节复习课。她在小组推荐学生整理的作品时"要求孩子们用一句话陈述自己小组的推荐理由",甲同学直接拿出了自己小组的两幅作品,通过对比,老师问:同学们,你们会选哪幅呢?

孩子们立即被他们小组甲同学的睿智折服,原来并不是写得多的就是整理得更好的,整理单元知识不仅要知识全面完整,还要考虑到简洁好记(见下图)。

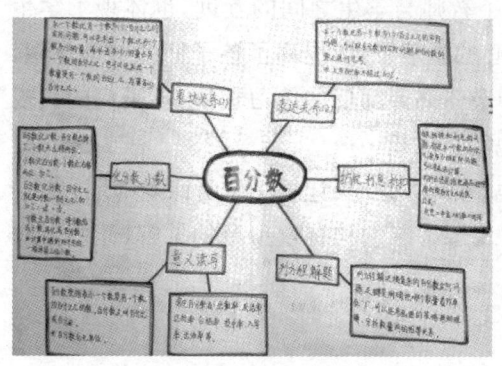

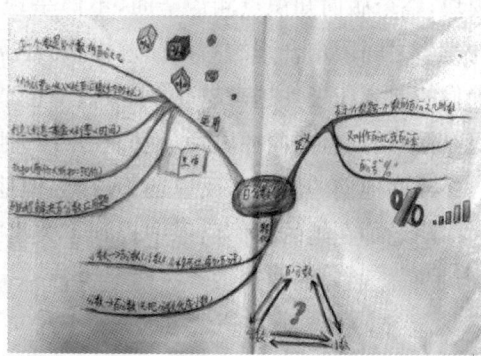

经验重构：支持儿童差异性学习的创新探索

随后，在孩子们的质疑补充中，老师进一步完善了单元知识整理还应关注知识之间的联系，尽可能让一个单元的知识形成一张知识网。

在孩子们的帮助下，胡老师逐渐完成了"百分数的复习"一课的板书（见下图），真正做到了同学们"X"的无限可能性。

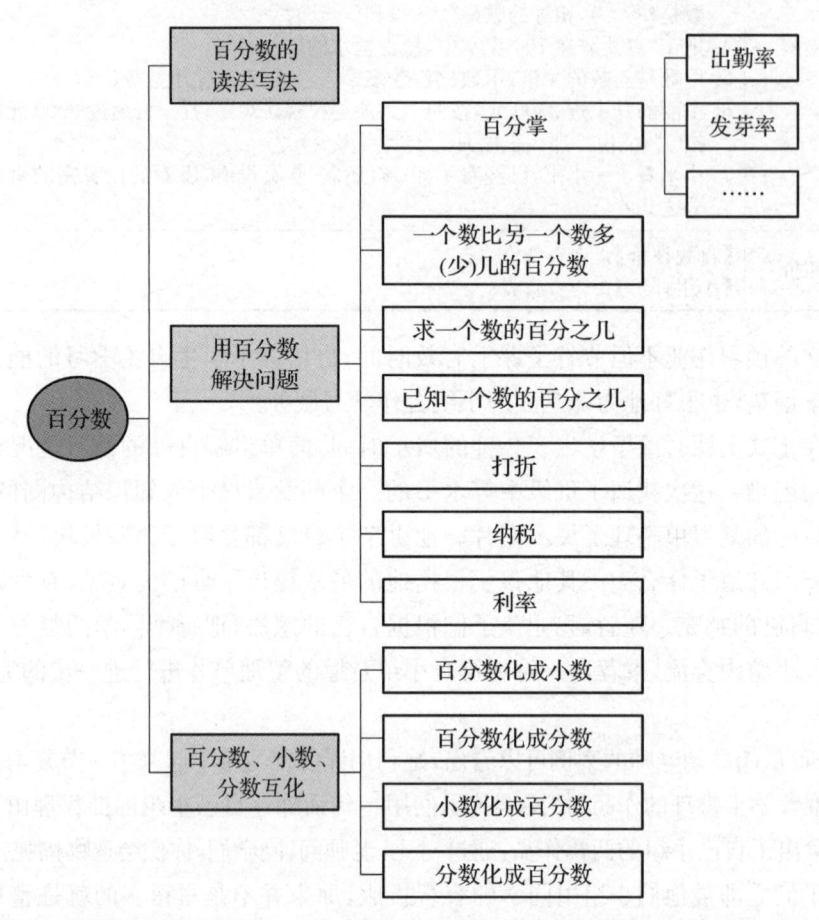

```
                              ┌─ 百分数的
                              │  读法写法
                              │                              ┌─ 出勤率
                              │              ┌─ 百分率 ──────┼─ 发芽率
                              │              │                └─ ……
                              │              │
                              │              ├─ 一个数比另一个数多
                              │              │  (少)几的百分数
                              │              │
                              │  用百分数    ├─ 求一个数的百分之几
                  百分数 ──────┼─ 解决问题 ──┤
                              │              ├─ 已知一个数的百分之几
                              │              │
                              │              ├─ 打折
                              │              │
                              │              ├─ 纳税
                              │              │
                              │              └─ 利率
                              │
                              │                              ┌─ 百分数化成小数
                              │  百分数、小数、              ├─ 百分数化成分数
                              └─ 分数互化 ──────────────────┤
                                                             ├─ 小数化成百分数
                                                             └─ 分数化成百分数
```

听完这节课的老师们反馈：从这节课的教学板书来看，教师只写了本单元的知识模块，整个版面知识点涵盖全面，不但呈现了教师与学生之间的互助，也体现了学生与学生之间团结合作的精神。这样独具匠心的板书设计，提高了孩子们的参与意识，他们的课堂积极性越来越高，学习效率也节节攀高。随后的练习板块，孩子们的表现更是精彩纷呈，他们在质疑，他们在反思，他们在成长……

或许他们的质疑与反思还不成熟，但他们的学习劲头让每一位听课老师动容！

胡老师在她的案例反思中提到了关于"3＋X"课堂和有效预习的见解，让笔者颇为认同。

066

## ❓ 案例反思

### "3＋X"课堂，基于儿童的课堂

我调查过班级中学生对于"3＋X"课堂的喜爱与接受程度，结果是出乎意料的满意度很高。为什么呢？深究其原因，无外乎我们把儿童放在课堂的"中央"，全程打造的教学都是为了儿童而设：儿童的展示，儿童的合作，儿童的参与……一切的关注点都是儿童！

"我能展示"要求每一位教师有意识地引领、指导儿童进行3分钟的展示，每一个儿童都拥有自我展示的权利。人人都拥有这样的"3分钟"，人人都有展示的权利，人人都可以选择自己喜欢的展示方式。这样的形式，爱炫的孩子们谁会不喜欢呢？

"我会合作"要求学生在学习中有了困难，一个人的能力难以解决，只有同伴互助才能解决问题时，教师组织小组合作学习；一个人有了学习的感受和体会后，需要通过交流得到不同的启发，引发思维的碰撞，这样的情境也适合小组合作学习。教师要在合作的过程中确保人人都在学习、人人都有收获，合作学习要在任务分工的驱动下形成学习的"合力"。

"我来表达"首先要求学生学会倾听，学会专注地听他人的表达，学会在什么时候发表自己的见解，学会对他人的尊重。其次，表达可以是一个词语、一句话，但随着学生年级的升高，认知水平、表达能力的增强，每一节课中都应该有部分学生有一段话的表达，低年段1—2句话，中年段3—5句话，高年段5—8句话，或者更多。另外，教师应在表达环节鼓励学生与学生之间直接建立"对话"，思维与思维之间直接碰撞，可以把学生的思维层面引领向新的高度。

"X"种可能指的是不同班级、不同学生，教师如何更有针对性地"点亮"每一个孩子的精彩？我们的课堂留给每位教师无限自主的可能。每一个儿童都是特别的存在，每一位教师也是特别的存在。我们相信每一位教师都有自己教学的主张，都有自己教育的理念。将自己的教学理念付诸课堂行动，实现教学的无限理想。

### 有效预习，立足儿童的成长

《义务教育数学课程标准（2011年版）》指出："有效的数学教学活动要培养学生良好的数学学习习惯，使学生掌握恰当的数学学习方法。"联合国教科文组织国际教育发展委员会前主席埃德加·富尔曾指出："未来的文盲不再是不识字的人，而是没有学会学习的人。"而学会学习的基本途径是善于自学。自学是人一生中最好的学习方法，它是一种以独立学习为主获取知识的活动。培养小学生的自学能力，不仅是当前科技迅速发展的迫切需要，更是小学数学教学改革的基本方向。如何使孩子们在小学高年级的数学复习课中学习更加有效?我尝试着这样去做。

从教师的层面来说,精心设计复习课的预习作业,确保孩子们"我能展示"有话可说。教师对教材内容、教学大纲认真研读,精心设计与教学内容相关的预习,使学生对预习的内容感兴趣,唯有兴趣才是促动学生去预习的最大动力。日常布置的预习作业方式有"读例文,圈重点",此方法适合低层次学生复习常用,就是让学生阅读例题中的文本,圈画重点,力求细读慢读、读熟读懂,有图的例题,还要把图中的信息说一说。"想问题,说想法",此方法适合中等层次学生常用,就是让学生思考文本中出现的问题或老师提出的问题,和家长说说自己的预习完成情况。"理概念,晒亮点",此方法适合中等以上层次学生在数学复习课上常用,就是让学生整理数学概念,做成"图式"后晒在班级QQ群中。"做手工,建模型",此方法适合学生在数学操作类单元复习课常用,就是让学生根据课堂需要完成一些手工操作,初步形成数学模型思想。在众多的预习作业中,更吸引学生的往往是老师精心设计的预习题目。

从学生的层面来说,明确自己的学习任务,确保自己"我会合作"、"我来表达"。首先,小组成员之间要明确自己在课堂合作环节要做什么、怎么做、什么时候做、做到什么程度等。其次,小组成员通过合作学习后有什么收获,有什么新的思考,或者说又出现了什么新的问题,由小组成员走上讲台共同向全班同学汇报,并与他组成员之间进行互动交流,促使学习走向更高的阶段、更深的层次。最后在评价环节,要了解:解决问题了没有?怎样解决的?给你带来哪些思考?有没有产生新的问题?或者思考:他们是如何合作的?有哪些值得你学习的地方?对他人的合作提出赞赏、提出问题、提出质疑,对自己的合作进行反思。

在同学们有表达时,其他同学首先要注意倾听,其次是教师应鼓励学生与学生之间进行对话。因为学生之间的对话意味着他们会互相倾听、互相学习;对话意味着学生的学习不会停留在教师教的层面,更注重的是自我学习;对话意味着学生的思维在不断地发展、丰富、深刻。教师要对这样的"对话"点赞,并在合适的契机进行点拨,激起学生思维的火花,把学习的进程引领向新的境界。

"3+X"小学高年级数学复习课课堂模式,就是支持儿童在数学复习课学习过程中自由选择预习材料、自主实践预习计划、自能探索复习要点,促进儿童的差异性的学习成长。立足三尺讲台,打造课堂教学新样式,就是为我们所面对的每一个孩子提供更好的成长机会,让我们的教育尽可能适合于每一个孩子的发展。

让学生在"3+X"的体验和思考过程中,在感悟和认知的冲突中,主动去发现、构建新知识。在这样的体验中,学生将逐渐地学会用数学思维的眼光来观察身边的生活,用数学意识的头脑去思考和分析周围的一切,数学学习的能力自然会逐渐地提高,不再感到数学学习是困难的、枯燥的,反而会觉得数学学习是有趣的,数学知识是有用的。对教师而言,也就达到了事半功倍的效果,真正体现了课堂的有效和高效,适应了教学改革的要求,从而达到叶圣陶先生所说的境界:"凡为教,目的在于达到不需要教。"

## 三、兴趣导向先学的实践思考

### (一)兴趣导向先学设计依据

**1. 以课程标准为依托**

《义务教育课程标准(2011年版)》指出:"关注学生的差异,用不同层次的问题或教学手段,引导每一位学生都能积极参与学习活动,提高教学活动的针对性和有效性。"

任何教学活动的开展都是以教学目标为导向,并以实现教学目标为最终追求;任何形式的课前自主性先学在教学中都是为达成课程目标而设置的,基于课程目标多元化的达成要求,兴趣导向先学的相关设计要求,其实从根本上来讲,其设计都是和课程标准相一致,以课程标准为依托。

**2. 以最近发展区学习理论为支撑**

维果斯基的最近发展区理论指出,学生的发展有两种水平:一种是学生的现有水平,指独立活动时所能达到的解决问题的水平;另一种是学生可能的发展水平,也就是通过教学所获得的潜力。两者之间的差异就是最近发展区。维果斯基认为,每个孩子的学习水平及最近发展区都有一定的不同,教师需设计不同层次及水平的学习任务,以便适应每个孩子的最近发展区,从而让孩子朝着更高层次的台阶迈进,收获成功的喜悦。

当下许多的课堂教学具有同一性,学生的学习过程、达成目标是一个模板。教师更善于用"同一把标尺"衡量不同的学生,有的可能相对较高,有的相对较低,能力较弱的孩子会在高标准中屡战屡败,进而迷失学习方向;能力较强的孩子会在低标准中原地踏步,丢失学习的热情。学生在自己的"最近发展区"中缺乏学习的主动性和自我挑战力。

兴趣导向先学着眼于学生的最近发展区,根据学生差异设置贴近"最近发展区"的目标,为学生提供有层次、有选择的预习学习任务,调动每位学生积极的思维活动,激发其潜能,并尽可能地超越已有经验和能力,让每一个学生在自己的"最近发展区"内得到不同层次的发展,并在不断的目标达成对比中体验成功的乐趣。

### 3. 以学生持续发展为宗旨

小学课堂教学的设计要尊重学生的差异性，关注学生的学习兴趣、学习能力的不同，以促进不同学生的全面发展。在兴趣导向先学的设计体系中，预习内容、预习类型、预习的完成方式等都可以由学生来自主选择，学生可以根据自己的兴趣爱好和能力需求，合理选择自己需要的预习任务。预习任务的设计，既要能围绕着课堂教学重难点，完成课程目标的基本要求，也要促进学生更高层次的持续发展。

兴趣导向先学的宗旨是促进学生的持续发展，发挥学生在学习上的主人翁地位，调动学生的学习主动性，激发学习潜能，产生主观能动学习的动力，在学生的"最近发展区"内进行分层预习作业设计，给孩子自由选择的权力和机会，培养学生思维的发散性，提升学生的学习力。

### （二）兴趣导向先学设计模式

兴趣导向先学的预习任务既要注重个体兴趣和个体能力的差异性，也要注重学习过程的递进性，才能适合不同学习能力的学生，让每一个学生在自己的最近发展区内得到最好的提升，促进学生全面而有个性的发展。

传统的预习任务存在两个问题：一是模式相对单一，"一刀切"的预习单不能及时反映学生能力发展的动态变化；二是预习任务的设置标准忽视学生的自主性和差异性，完全由教师决定，并且层次划分带有显性分层特点，把学生分为学优生、中等生、学困生，在一定程度上影响了学生的学习积极性和自尊心。

我校实施的兴趣导向先学的预习任务设计从学习方式的多样性角度入手，注重学生个性特长的发挥，内容上将基础、提高、兴趣拓展相结合，给予学生弹性的选择空间，尊重学生个性化的选择。

### 1. 预习任务注重学生个性特长的发挥

兴趣导向先学的预习任务紧扣该课的学习基础，注重学生个性特长的发挥，既要考虑落实教学目标中最基础的部分，让每位学生可以选择并能够完成预习学习任务；又要考虑到学生个性特长之间的差异，让每位学生可以有不同的选择并能够发挥自己的兴趣特长等。这是预习任务设计体系中必须考虑到的两个不同部分，基础性设计的内容是相对统一的，是基本的衡量性任务，应该针对的是教学内容的重点，相对容易而必须理解的知识点，其设计的原则是以课程标准为准。

个性特长型的任务部分，学生可以根据自己的个性特长选择完成不同的预习任务并进行自我评价。学生在选择预习任务之前需先了解自己对该课的重点知识的掌握程度，了解并找到适合自己兴趣特长的最近发展区。教师和学生通过选择不同的预习任务,发现问题,查漏补缺,发展自我个性。

**2. 预习任务彰显学生学习方式的多样性**

兴趣导向先学的预习任务主要以提高兴趣和拓展提优为主,提高兴趣主要是不同兴趣点的板块模式;拓展提优主要是针对学有余力或者乐于挑战的孩子进行的提优模式。对于预习任务,学生不一定全部完成,可以根据自己的学习兴趣和学习能力,以及对本节课的知识掌握程度,自主选择完成的部分即可。

提高兴趣的预习任务不拘泥于学生学习方式的呈现模式,侧重于学生的兴趣特长是否能够充分表达出来。学生可以通过不同的学习方式,选择适合自己的兴趣表达模式来完成预习任务,例如喜欢信息技术与口头表达的学生,选择每日的课前"灵动三分钟",用"说"和"演"的模式,让自己和同伴对基本的概念、重点知识能有更为清晰的认识与理解。喜欢画画的学生,将自己英语课上的情境"画"出来,用"画英语"的形式复述自己学过的知识。喜欢音乐的学生,将自己需要背诵的古诗文,用"说唱古诗文"的模式进行背诵。而喜欢写作的学生,则通过"文包诗"的方式进行古诗文的释义。

即使是基础稍微薄弱的学生,独立选择完成契合自己的兴趣的预习任务,其难度也不是很大,这样的预习任务其设计目的是帮助学生在掌握基础知识的同时,把预习难点知识逐一分解,查漏补缺,思维不断递进,从而促成教学目标的达成。

拓展提优的预习任务主要针对学有余力或者善于挑战的学生,锻炼他们的知识迁移能力。这部分任务难度相对大些,但只要熟练掌握基础知识,都可以尝试选择完成,是基础部分的进一步延伸。这些预习任务通常有挑战性或趣味性,激发学生的学习兴趣,用所学去解决实际问题,体验学习的成功感,培养学生的学习兴趣和探究精神。我校创设的"新体育"、"轮滑"、"围棋"和"魔方小站"等,都是针对在体育方面和数学逻辑方面学有余力或者善于挑战的学生设立的。这些有别于课堂学习知识的课外预习任务,对一部分学生来说是最好的学习方式。

以"魔方小站"成员参加的一次校级活动为例。2019年5月30日下午,滨江小学四楼阶梯教室举办的"'魔'力无限,'方'显不同魔方大赛"活动吸引了我校中年段的70多名同学参加。比赛分为三个环节:第一个环节是三阶魔方的一面还原以及两层还原,选手们充满自信地上台,经过紧张的比赛,分别产生了一、二等奖;第二个环节是三阶魔方的整体还原,这些同学经过一次次的尝试、练习,可以说是自信满满,随着一声令下,只听见魔方拧动的声音,魔方在每个学生的手中飞速旋转着……学生在赛场上的紧张与自信都写在他们的笑脸上,他们在体验魔方的变化无限与想法多变中,真正感受到数学学习活动的乐趣。

经验重构:支持儿童差异性学习的创新探索

(本节撰写:胡凤菊)

# 第四章　开放性对话

## 总　论

### 一、开放性对话的名称解读

#### （一）"对话"的含义

著名特级教师孙建锋对于"对话教学"颇有研究。他是这样理解"对话"的：对话是一种生命的内在诉求；对话是一种语言的诗意馈赠；对话是一种心灵的深度倾听；对话是一种分享的存在讲和；对话是一种人权的良性恢复；对话是一种唯美的精神相遇；对话是一种艺术的生命唤醒。他将"对话教学"提升到很高的层面。

有关"对话教学"含义比较丰富，有以下几种理解：

（1）对话是一种教学关系，它以参与者持续的话语投入为特征，并由反思和互动的整合所构成。

（2）教学对话是师生基于互相尊重、信任和平等的立场，通过言谈和倾听而进行双向沟通、共同学习的方式。

（3）对话教学是将师生、生生交互对话作为教学的表征与载体的一种教学活动。

（4）对话教学至少有两个方面的含义：一是技术操作层面，即把对话作为一种教学艺术，这以苏格拉底与孔子的教学为代表。二是理念层面，即把教学作为一种理念与精神，教师与学生在相互尊重、民主平等的基础上，以语言与非语言为中介而进行的话语、精神、思想等方面的双向交流，旨在达成互相沟通与互相理解的教学形态。

（5）对话教学是以师生平等为基础，以学生自主研究为特征，以对话为手段，在教师的引导下，通过教师与学生、学生与学生的相互启发和讨论，领会学习。

（6）对话教学是相对于传统独白式教学而言的，是以沟通性的对话为其本质的教学，究其实质是指师生在真正民主、平等、尊重、信任、宽容和爱的氛围中以言语理解、反思等互动方式在经验共享中创生知识和教学意义，提升人生品位、境界及价值的教学形态。

（7）对话教学是师生基于关系价值和关系认知，整合反思与互动，在尊重差异的前提下合作创造知识和生活的话语实践。

（二）开放性对话的含义

综合以上界定，我们研究的"开放性对话"是在师生之间、生生之间以及师生与文本之间强调一种多样性、辩论式、动态生成性的对话旨趣；是以师生平等为基础，以学生自主研究为特征，以对话为手段，在教师的引导下，通过教师与学生、学生与学生之间的相互启发和讨论，领会学习。

## 二、开放性对话研究的意义

（一）课堂教学改革的需要

新课程改革倡导"自主、合作、探究"的学习方式，唤醒学生的主体意识。而课堂中的开放性对话是建立在真正的民主、平等、尊重的基础上，是师生精神层面的相遇与对话，是为着人的发展。

（二）教学实践中"对话"的缺失

在传统教育体制下，教师是知识和权威的化身，教师掌握着课堂上的话语权，学生则处于失语缄默的状态。教师更注重知识传授的数量和效率，忽视了学生作为人的价值追求。即使是"对话"受到较高关注的现在，在教学中却仍有走偏的倾向。在课堂教学中一味追求对话的形式，而不太重视对话的内容和效果。课堂教学很容易由"满堂灌"变成"满堂问"，至于对话教学的效果是否通过提问的方式实现，学生是否真正参与到课堂对话的过程中不得而知。还有一种走偏的情况就是为了体现学生的主体地位，甚至把课堂完全还给学生，这样做，学生是能够充分参与到课堂中来，但如果没有师生精神层面的相遇与对话，无法实现真正的课堂对话。

## 三、开放性对话的特征

（一）平等性

"开放性对话"倡导一种新型的对话理念，强调了师生之间的民主与平等。对话之间的首要特点是平等，只有在平等的氛围里学生才能畅所欲言，各种思维的碰撞才能产生智慧的火花。

## （二）开放性

开放性是相对于传统教育而言的，师生、生生对话的开放性首先在于双方心灵的开放。在对话中师生是平等的关系，共同拥有课堂话语权，在民主、融洽的对话氛围中，师生才能不受束缚，以开放的心态倾听、接纳对方，进行自由的表达，最终实现精神的相遇。

开放性还在于对话内容、对话形式的多样化。对话的内容要涵盖科学世界与生活世界，它包括科学与人文、历史与文化等方面；师生可以采用多种形式进行对话，不拘泥于问答法，可以采用小组汇报的方式、一人回答其他人跟进的方式、辩论的方式等形式，教师可以根据对话内容灵活选择对话形式。

## （三）生成性

创造性是对话的基本特征，哪里有真正的对话，哪有就有创造。可以说，创造性寓于对话之中，在对话中充满了"创造的快乐"。与传统教育强调知识的传授不同，对话更强调知识的建构与生成。换言之，对话具有生成性，教师与学生在融洽的氛围中围绕开放的内容进行对话，由此实现思想与思想的碰撞，不断生成新的意义。教师不再以传道授业为职责，而是引导学生在对话中不断超越原有的认知水平，对知识进行不断的探究，最终生成新的意义。

我们研究的"开放性对话"分为三个方面，分别是发散式对话、辩论式对话、生成式对话。下面我们就每一方面具体进行阐述。

（本节撰写：阚书平）

# 第一节 发散式对话

## 一、概述

### （一）发散式对话的名称解读

对话理论是对话式教学的支撑依据。在课堂中，学生可以通过自己的独立思考、理解，不断学习，扩展自我。这就是对话的意义。同时也要认识到对话在实际课堂运用中的潜在难题，如学生参与度的不足、过程性评价操作困难等等。而这些难题又都聚焦到学生的发散对话上来。

发散式对话常常是从一个问题出发,沿着各种不同的途径去思考,以探求多种答案。课堂中我们通过小组合作的形式,就一节课中的主要问题展开谈论。这样的形式往往具有更大的主动性和创造性,思维的方式是向外发散的,让学生积极探索未知,求得各种可能的答案。

(二)发散式对话的特点

**1. 流畅性**

流畅性是指个人面对问题情景时,在规定的时间内产生不同观念的数量的多少。该特征代表心智灵活、思路通达。对同一问题,想到的可能答案越多,表示思维的流畅性越高。

**2. 变通性**

变通性即灵活性,指个人面对问题情境时,不墨守成规,不钻牛角尖,能随机应变、触类旁通。对同一问题,想出不同类型答案越多者,变通性越高。

**3. 独创性**

独创性是指个人面对问题情境时,能独具慧眼,想出不同寻常的、超越自己也超越同辈的方法,具有新奇性。对同一问题,提意见越新奇独特者,其独创性越高。

(三)发散式对话的课堂价值

古人云:"夫和实生物,同则不继。以他平他谓之和,故能丰长而物归之;若以同裨同,尽乃弃矣。"差异且平等,谓之和,和则物生之;整齐划一,谓之同,同则尽乃弃。每一个学生都有着不同的生活、文化背景,他们的认知风格和思维方式各不相同,因而面对同一个问题时,每个人都可能产生不同的想法。这些不同的想法对学生思维的拓宽、深化、提升都有着重要的意义。思维只有在民主、平等的氛围中才可能充分展开,而有时因各种原因,我们的课堂中对话的主体并没有实现真正的平等。

戴维·伯姆指出:"对话仿佛是一种流淌于人们之间的意义溪流,它使所有对话者都能参与和分享这一意义溪流,并因此能够在群体中萌生新的理解和共识。"多元化的视角来自课堂上老师构造的情境和问题所展开的发散式对话,这些发散式对话能够引发学生开放性的思路、个性化的策略和多样化的结论。

## 二、发散式对话的课堂呈现

【实用案例透析】

案例一 （摘自阚书平老师案例）

### 从"理在中央"到"人在中央"
——以小学数学《商中间或末尾有 0 的除法》计算教学研究为例

【案例背景】

这是一节苏教版三年级上册的《商中间或末尾有 0 的除法》计算教学课。对于计算教学，我们常说要"理解算理，掌握算法"，重点是理解算法背后的算理问题。通过提供多元化的学材，展开发散式对话，满足不同层次学生的需求，让学生成为课堂的主人。

星光小学432名女生表演团体操，每4人托起一个花环，一共需要多少个花环？

**片段 1：学材的设计与数形结合思想的渗透**

432÷4

尝试计算，展示典型竖式

师：谁对谁错呢？错，错在哪里？对，你能说出它的道理吗？你能通过操作来说明吗？老师给你提供两种材料，分别是点子图和小棒。

我会合作：
画一画：在点子图上圈一圈、画一画，表示出结果。
分一分：用小棒分一分，表示出结果。
想一想：结合刚才的操作活动，说说你的想法

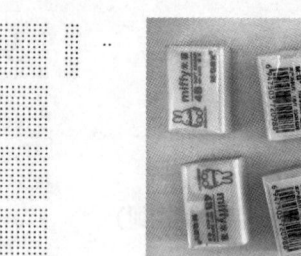

学生操作活动7分钟，汇报方格图画法。

生1：(带着学习单)我先分的是4个百，平均分成4份，每份是1个百；再分32，平均分成4份，每份是8；1个百和8个一合起来是108(用手比画)。

师：根据他的回答，刚才的三道竖式中，哪一道是错误的？

生：第一道。

轻轻地划去第一道竖式。

### 汇报小棒分法

生2：(边说边操作，师相应板书竖式)先分4个百(一块橡皮代表一个百)，每份1个百。

师：再分什么？

生2：再分3个十，不够分？

师：什么叫不够分，你们听明白了吗？

生3：每份分不到1个十。

师：也就是说十位上不够商1，商0(板书：不够商1，商0)。

生2：将十位上的3和个位上的2合在一起，平均分成4分，每份是8。(陈述在前，操作紧随，操作中带着思考)

师：(指着后两道竖式)这两种都是正确的，你觉得哪种表达方法更好一些？

生4：第二道竖式更简洁一些。

**片段2：巧用前测错误资源，感悟计算算理**

师:这是我们在上课之前做的检测,老师选取了四种典型错题,我们采用小组合作的方式来研究,先看合作要求。

> 小组合作要求:
> 1. 先独立思考错误原因
> 2. 小组内按 1—2—3—4 的顺序交流,一人说其他组员听,可以提建议
> 3. 准备小组汇报
> 
> 小组汇报,其他学生随时做补充。

1号同学:(指着1号作品)2个十平均分成7份,不够商1,应该商0。请问大家有什么要补充的?

生1:我来补充。如果十位上不写,那就等于14了,14×7=98,不等于七百多,所以要在十位上写0占位。

师:她还会用验算的方法检查答案是否正确,非常棒。

2号同学:(指着2号作品)它十位上写0占位了,但十位上的数没有和个位上的数8合在一起继续除。

生2:也就是它相当于少了20,用708÷7了。

3号同学:(指着3号作品)十位上不够商1就商0,哪一位不够商1就商0才对。

4号同学:(指着4号作品)它结果是对的,只是不够简洁,2÷3不够商1就商0,不需要再用0×3=0,2-0=2了。

## ❓ 案例反思

数学课堂的对话大多是围绕特定的话题而展开的,具有张力的话题对话能够激发学生的探索欲望和交流欲望,将对话活动引入更深的层次,从而点燃课堂激情。对话的发散源于学习资源的发散,上面的课例中都出现了发散的学习资源,不同的学习资源背后是不同的思维水平,教师根据教学目标和学情实际,设计出有价值性、趣味性、启发性、层次性的话题。现代心理学明确指出:有意义的学习过程是原有知识同化新知识的过程。也就是说,教学活动必须建立在学生的认知发展水平和已有的知识经验基础上。这节课教师一个个问题的引导,激发学生不断地思考,给学生提供了更加多元发散的对话空间,从已知信息出发,让不同层次的学生在交流中获得正确的结论,在对话中蕴含创新,在对话中思维碰撞。在真实的学习中,学生学有所得;在深度的对话中,学生一题多解。对话,是教学内容之间的交流过程,让学生不仅知其然,还要知其所以然,让学生进行自主知识的建构,真正促进学生的成长。而高质量的数学课堂对话可以让学生迸发出思维的火花,成就课堂的高效。本节课采用小组合作

的形式,在小组内可以通过生生交流加深了解,而随后的小组汇报形式与学生对话是有思考的,这样的课堂是灵动的、有生命力的,比被动地接受知识要有效得多,能达到事半功倍的效果。由前测错误资源引发的发散式课堂对话,在生生交流中,学生对于算理的把握会更加到位。充分体现了学生自己独立解答,动手操作分析,结合分析表达,进行发散式对话的特点。

**案例二　（摘自张瑞如老师课例）**

### 将尊老思想融入道德与法治课的实践与思考
—— 以中图版道德与法治《温暖老人心》一课为例

**【案例背景】**

《温暖老人心》这课是本册教材中"爱让世界更温暖"这个单元中的一课,在这一课的教学中,需要教师通过丰富的活动让学生了解家里的老人有着丰富的经历和经验智慧,值得学习。并意识到老人们因为身体衰老而造成生活不便,因此要理解体谅老人,主动关心老人,力所能及地为他们做点事,让他们感到温暖。对于教师而言,我们其实对自己家的老人可能关注得都不够,对于三年级学生来说那就更难了,他们年龄还小,并没有关注老人身体和心理因衰老带来的变化,因此平时没有意识到要理解老人、主动关心老人。通过这一课的学习,引导他们在理解老人的基础上学会关心老人,并把关心落实到自己平时点滴的行动上。教师通过课前的调查,发现班级有将近一半的学生是没有和老人同住的,那么他们对于老人其实是不了解的,也可以说是没有关注的。基于此,如果课上教师只是一味地去谈老人的困难、他们需要我们去关爱、我们的社会给予了老人哪些关爱,等等,学生是不会有直击心灵的触动的。

基于以上情况,教师在认真分析了这课的教材以后,首先在授课班级进行课前调查。通过对学校三年级5个班的学生的调查,发现有44.3%的学生是和父母单独居住,但是这部分学生中有近一半的学生平时还是由老人接送,只是不生活在一个屋檐下。而有55.7%的学生是和老人生活在一起的。在对全年级100多名和老人居住的学生的问卷调查中发现,有近60%的学生表示不喜欢和老人生活在一起,那也就是有小部分学生是喜欢和老人生活在一起的。

结合课前了解到的这些情况,教师就要关注到和老人同住与不和老人同住的这两部分学生对老人的了解,以及学生们喜欢和老人同住与不喜欢和老人同住的原因。在充分了解了学情以后,设计思路就定位聚焦在关注自己家老人身体上的变化、关注自己家老人心理上的变化,在充分了解他们的难处后发自内心地想为他们做一些事。在调查学生情况基础之上再理思路,设计活动,不仅为本课的教育目标实现奠定了良好的基础,也是实实在在地对学生进行美德教育。

**片段 1：多种感官体验，聚焦老人身体变化**

为了让学生感受到自己家老人因年龄的增长，身体在慢慢发生变化，教师设计了两个体验小活动。

活动一：听

① 请同学们学着这位姐姐，将两个食指塞进我们自己的耳朵里，我们来听一段语音。（为人子，方少时。亲师友，习礼仪。香九龄，能温席。孝于亲，所当执。）

② 什么感觉？

预设：模糊，只听见有声音，但是听不清在说什么。

③ 现在把手拿下来，再来听一遍。你听到了什么？

④ 刚才我们用手指塞耳朵听声音的感觉就是一些老人听声音吃力的感觉。

这个体验活动旨在让学生体会耳朵听不清外界声音的那种感受。

活动二：看

① 我们继续体验：老师给大家带来了一段文字（此段文字是经过特殊处理的比较模糊的文字）

② 看了之后有什么感觉？

③ 预设：很模糊，看不清，看得吃力。

④ 现在再看，有什么感觉？（将原文字呈现）

⑤ 刚才我们看不清的感觉就是好多老人年纪大了看东西吃力的感觉。

这个体验活动旨在让学生体会眼睛看不清、老花眼的那种感受。

在两个体验活动中，学生们参与度都较高，兴趣盎然，在看似热闹的背后，了解了自家老人看不清、听不清的痛苦，从而理解他们生活中的那些不便以及烦恼的原因，从而真正地理解老人们身体的变化并不是他们自己决定的，而是衰老的表现。

**片段 2：观看视频体验，聚焦老人心理变化**

观看公益广告，然后四人小组内组织讨论：

① 这位老人现在是什么心情？

② 看完这则公益广告后你有什么想说的？

③ 老奶奶的儿女有没有为她做些什么？那她为什么还这么孤独？

生1：这位奶奶肯定觉得很孤单，心情应该比较孤单寂寞。

生2：我的爷爷年龄大了，眼睛老花，今后我要做他的小眼镜，帮他读报。

生3：自己的事情自己做，就是对爷爷奶奶的关心。

生4：我觉得爷爷奶奶年轻的时候照顾了爸爸妈妈，现在又在照顾我，很辛苦，所以我要孝敬他们。放学后或者周末的时候要陪他们出门转一转，可以去公园锻炼身体，也可以给他们做一份简单的早餐。

生5：外公这周生日，我给他准备了一个小惊喜，预订了一份有我们全家照片的蛋糕和我自己亲手做的贺卡。

教师给予了学生鼓励性的评价:你很棒,有了你这个小眼镜,爷爷再也不用为老花眼烦恼啦!你真是个懂事的好学生,外公有你这样的乖孙女,真幸福。

## ❓ 案例反思

这节《道德与法治》的课例中,老师创设的对话机会兼顾了不同层次的学生,让学生都能参与到对话中,给予各个层次的学生以平等的感性引导。对学生来说,单纯的听讲很容易忘记,只有亲身探究的才能更加深刻。而共同探究生活中的现象,思考生活中的问题,使学生感到课程是真实的、真切的、可以触摸的,这样在对话中可以更加的丰富。在小组合作交流中,生生之间就问题进行发散性的对话,互相质疑、思考、探究,从而获得丰富的感性经验,提升思维能力。让学生置身于一种"合作"氛围中,来自他人的信息为自己所吸收,自己既有的知识被他人的视点所唤醒和激活。比如,第一个片段中教师就相当于"助产士",促进了有效且有意义的学习。通过体验活动,帮助学生体会老人身体衰老的不便。在层层对话中了解老人生活的困难,进入情境,为接下来的学习奠定基础。在两个体验活动中,学生们兴趣盎然,在组内成员的高参与度、讨论度下,了解老人们看不清、听不清的痛苦,从而理解他们生活中的那些不便以及烦恼的原因,真正地理解老人们身体的变化并不是他们自己决定的,而是衰老的表现。在发散式的课堂对话中,关注老人,理解老人,尊敬老人的情感在悄悄萌芽。同时,教师鼓励学生评价方式的运用符合学生的特点,调动了学生学习的积极性。多主体、开放性的作品评价,激励了每一个学生讨论表达对话的热情。

**案例三** (摘自胡珺老师案例)

## 复述三部曲
### ——让儿童成为快乐的表达者

**【案例背景】**

复述作为一项重要的综合性语文训练,在小学教学阶段贯穿始终。《语文课程标准》第二学段中要求"能复述叙事性作品的大意,初步感受作品中生动的形象和优美的语言,关心作品中人物的命运和喜怒哀乐,与他人交流自己的阅读感受"。开展复述训练,不仅能促使学生加深对课文的理解,提高口头表达能力,还能发展学生的逻辑思维能力,在课堂训练的有效时间内,组织学生以小组形式的练说,最大限度地保证学生对话的空间,让每个孩子都能提高表达能力。在执教四年级上册《普罗米修斯盗火》一文时做了尝试,通过"列提纲引领"、"关键词紧扣"、"留白处想象"三部曲方法来指导学生复述课文,并在课堂上给予学生充足的时间练习,展开与文本的对话。

**片段1：**

教学《普罗米修斯盗火》一文，需要抓住复述的特点进行教学设计，有意识地和学生交流复述课文，帮助学生一起归纳复述要点。

有学生回答：要把故事说清楚。有学生说：复述的时候要注意语言的通顺流利。根据学生的回答，教师适当点拨并小结，复述时将文章故事的顺序思路说清楚说明白，抓住每一部分的提纲。（出示板书贴纸"列提纲引领"）讲到这里，指一生来说一说，这篇课文叙述的顺序、提纲是什么。

在学生叙述课文的顺序时，教师随机小结板书：无火——盗火——受罚——获救。当学生脑海中形成这条故事的主线，搭起了框架，再往里填充、丰富内容就显得容易些。

再深入阅读文本，体会普罗米修斯形象产生的过程，学生找到"沉重的铁链"、"锁"、"悬崖绝壁"、"凶恶的鹫鹰"、"啄食"这些词语时，教师随即提点，这些就是具体描写的关键词，在复述的时候可不能遗忘。方法小结："关键词紧扣"。借此加深学生印象，起到强化作用。在理解"烈日暴雨"之处时，则追问："大太阳下是什么样的？寒风里又如何？"引发学生的联想。"凶恶的鹫鹰每天啄食"离学生的实际生活体验较远，于是出示补充的资料和啄食图片，设问：你仿佛看到了什么？听到了什么？这些情境的创设，帮助学生插上想象的翅膀，实现了对课文内容留白处更深层次的理解，这就是"留白处想象"。

**片段2：**

学完课文，再次回顾所学的"列提纲引领"、"关键词紧扣"、"留白处想象"三种复述方法，提出复述要求：用上述三种方法，复述课文。小组内用自己喜欢的方式自由复述，认真倾听，相互给予补充或评价，合作时间四分钟。再汇报：

A组生1："现在由我们小组来给大家复述课文，我们小组四位同学每人分别复述一段。首先由我来说，在很久很久以前，地球上没有火种，那时人类生活在困苦中，没有火烧烤食物，只好吃生的东西；没有火来烧水，就只好喝冷水；没有火来抵挡野兽的袭击，就只好躲在山洞里；没有火照明，就只好在无边的黑暗中，度过一个又一个漫长的夜晚。这时一位勇敢而极富同情心的神，普罗米修斯，不忍看到人类继续受苦，决定帮人类盗取天火。"

A组生2："普罗米修斯准备了不易熄灭的茴香树树枝，藏在衣服里，然后悄悄地躲在门口，当太阳神阿波罗的马车经过时，他小心地将枝条插进烈焰中，成功偷取火种。从此人类过上了有火的生活，男人们用火来打造兵器、捕捉野兽，女人们则用火来炖煮美味的食物，孩子们喝着热腾腾的肉汤，高兴地围着火堆跳舞玩耍，人间到处一派幸福的景象。"

A组生3："主神宙斯得知是普罗米修斯触犯了天规，大发雷霆，决定要狠狠惩罚他。宙斯派天神用沉重的铁链把普罗米修斯锁在高加索山的悬崖绝壁,不能躺也不能坐,每天只能直直地站立着,脚都被尖锐的岩石磨破了。电闪雷鸣之际掉落的石块都砸在了普罗米修斯的身上。可宙斯还觉得不解恨,又派了一只嗜血之鹰,每天去啄食普罗米修斯的肝脏。天空中不时传来鹫鹰尖利的叫声,而普罗米修斯满身是血,痛苦呻吟。更可怕的是每当鹫鹰啄食以后,普罗米修斯的肝脏又会奇迹般地复原,这样的痛苦日复一日,年复一年。"

A组生4:"火神很敬佩普罗米修斯,悄悄地对他说,只要你向宙斯承认错误,归还火种,我一定请求宙斯饶恕你。普罗米修斯摇摇头,坚定地说,为人类造福,有什么错!我可以忍受各种痛苦,但决不会承认错误,更不会归还火种!终于有一天,他的精神感动了赫拉克勒斯。赫拉克勒斯取出弓箭,把那只残忍的恶鹰一箭射落。然后他松开锁链,解放了普罗米修斯,带他离开山崖。人类的大英雄终于获得了自由!"

### ❓ 案例反思

复述对学生来说是学习的难点,但是复述训练却必不可少,它与学生理解表达能力的提高乃至书面表达紧密相关。通过"列提纲引领"、"关键词紧扣"、"留白处想象"这三部曲方法的指导,让学生习得方法,掌握要领,完成复述能力的内化。

《义务教育课程标准(2011年版)》强调,教学是教与学的交往、互动,是师生双方的相互交流、相互对话、相互补充。在这个课例片段中,老师合理地组织学生进行小组合作探究,发挥主导作用。因人制宜,因课制宜,保证每一个学生都有表达、对话的权利。行之有效的小组合作学习提供了一个鼓励学生才能发展的环境,提高了学生学习语文的主动性和探究性,使学生乐于交流和分享,实现了优势互补。这样的复述练习课堂最大限度地保护了学生与生俱来的表达天性,保证每一个学生都有不同层次的表达机会和时间,组内同伴相互提醒、学习、分享、评议,这样每一个孩子在课堂中表达能力都会提升,更培养了学生的发散式思维。

## 三、发散式对话的实践思考

### (一)发散式对话,由"点"到"面"的渲染

**1. 把握细节,唤起生活体验**

激发学生的对话欲望是教师的一个课堂追求。教师要了解把握儿童的学习特

点,走进儿童的世界,设计适合他们的课堂学习活动。比如在张瑞如老师的课例中,先设计"听、看"这两个活动,学生自主感悟体验。以角色转换(假如你是他)的预设来帮助学生切身感受到老人生活的种种不便,为接下来进一步的深入学习做好铺垫。在这样的课堂中,教师以学生为中心,交换身份,引导学生交流对话,唤起他们已有的体验和经验,同时在全班交流中互相得到启发,环环相扣,有利于与学生产生心灵共鸣。

**2. 营造氛围,发展对话层次**

叶澜教授曾说:"教师要尊重学生,倾听学生,善于捕捉学生回答中的闪光点。"教师作为对话的设计者和组织者,要力求为对话注入活力,捕捉有意义的细节,构建开放性、生成性、创造性的对话空间。课堂上可以以小组合作的方式,让学生充分自主、高效合作、精当探究。生生合作的形式,可以淡化教师"领导者"的"主导"地位,使学生的主动性和主体性在小组内得以最大限度地发挥,从而为实现真正意义上的交往互动奠定基础,可以达到"兵教兵、兵练兵、兵正兵"的效果,使课堂表达由一个人的表达辐射为更多人的表达。课堂教学中多个学生上台展示,多个小组上台汇报,一方面让更多学生参与对话和学习,另一方面让更多不同的表达风格相互碰撞,起到互补的作用。

**(二)发散式对话,由"局部"到"整体"的弥散**

**1. 与文本对话,发展思维**

一千个读者眼中有一千个哈姆雷特。对文本的解读仁者见仁智者见智,优秀的解读往往出自注重细节的学生之手。课堂上教师应鼓励学生用自己的情感、经验、眼光、角度去体验作品,作出有个性的反应、富有想象力的反应,培养学生创造性思维能力,鼓励学生积极地、富有创意地建构文本意义。而课程实施过程中,受课程时间限制,无法让每个学生独立发言,这时小组合作的优势就体现出来,组内通过明确分工,在组长的带动下人人都有发表观点的机会,当一个人说得不足或者表达不够完整时,其他组员还可以补充,最后形成一个更加完整的观点。

**2. 与人对话,发展语言**

发散式的对话既指教师与学生之间的对话,也指学生与学生之间的对话。教学中,就一个问题,不同小组汇报学习成果,其他小组根据其内容进行点评补充,全班互动,构建了平等的对话关系。教师能更全面地了解学生的学习情况,而小组与小组间也能碰撞出思维的火花。如案例三《普罗米修斯盗火》一课的复述练习片段2中,在习得基本的复述方法之后,全班学生以小组合作讨论的形式,在组内展开分工明确的复述练说。充分练说后,以小组合作形式汇报,提升了学生的参与度,体现了课堂的主人翁地位。一个小组的表达一定存在局限,当一个小组表达之后邀请其他小组进行点评和完善,这是发散式对话最常见的教学样态。通过这样的发散式对话,可以使"局部"的认识变得更加完整,可以使"片面"的认识变得更加全面,可以使"完美"的表达锦上添花。在小组互评中,充分发挥每个学习小组展示、讲解的积极性和创造性,师生点评、生生点评既解决了课堂中的难题,同时在对话过程中也促进了每个人的发展,培养了解决问题的能力,提高了课堂教学效率。

学生生活环境、思维理念等存在较大的差异,导致不同学生对同一个问题具有不同的理解,因此课堂中的对话要鼓励全员参与,让那些不敢说的心里话被勇敢地表达出来,让那些不被注意的细节被挖掘出来,从问题的启发到深入探讨,将多名学生的观点整合到一起,可以得出更加完善丰富的观点。同时还能促进各个层次学生之间的交流,形成学习共同体,推动所有学生共同成长。在发散式课堂对话中让学生成为课堂真正的主人。

(三)发散式对话,由"模仿"到"创新"的变革

**1. 善于倾听,学会模仿**

模仿是人类的本能。……不仅初入学的儿童爱模仿,就连中学生、大学生以及成人在学习新东西时,也离不开模仿。首先,学生拥有的知识储备与认知水平不足,因此在学习过程中,教师要培养学生学会倾听的习惯。同时,教师还要给学生提供有效借鉴的对象和创造的依据,教给他们一定的方法和技巧,从同伴的发言、教师的讲解中得到启发,及时让学生进行模仿,形成自己的观点。大胆表达自己的观点,在对话过程中,不仅要与同伴合作交流,还要仔细倾听他人的观点,才能有的放矢。如数学课中由一个例题的学习延伸到同一类型问题的解决;语文课上进行的仿写练写,有时仿写的题目对有些同学稍有难度,刚拿到手的时候有点迷茫,而表达能力较好的同学很快就能完成,通过这类学生的发言给更多的学生带去启发,也更符合学生这个年龄段的思维模式,更容易模仿。因此,模仿不只是对文本的模仿、对老师的模仿,更是对同伴的模仿。通过不断的模仿,尝试表达,使语言运用练习成为有源之水、有本之木,才能取得显著效果。

**2. 勇于表达,努力创新**

叶圣陶先生说过:"教材无非是个例子,凭这个例子要使学生能够举一反三,练习表达的技巧。"发散思维常常是从一个问题出发,沿着各种不同的途径去思考,以探求

多种答案。所谓自主创新,是指学生从自己的生活实际、思想实际和心理特点出发,在拓宽视野、丰富感知的基础上运用语言文字反映客观现实,自由表达个人真情实感的一种综合训练。发散式对话的过程就是让学生倾听和模仿的过程。比如部编版语文五下第二单元的四大名著主题,学完课文,学生对选文中的人物形象形成了清晰的认识,此时可以抛出一个问题:"你还了解关于他的哪些故事?"告知学生本月阅读主题为四大名著,将在月底进行故事交流会。一石激起千层浪,大大激发了学生对于经典文学的探索兴趣。通过构建这样的对话场域,学生就能够由倾听到模仿,接着学会思维,进而学会自主表达。这是一个学习、生存、生长、发展、创造所必须经历的过程,也是一个人的能力、智慧发展的内在需要。教师要用更多耐心和智慧去等待孩子发散式思维的成长,这样的课堂才能有许多新的生成,而这些新的生成会使我们的课堂更加精彩,培养学生的创新精神、发展能力。

总之,我们要在课堂中营造发散式对话的条件,给予孩子表达的空间,凸显学生的学习主体地位,培养学生的探索精神和自主学习能力,在自由、活跃的氛围中积极主动地感知、探究,真正成为学习的主人。

(本节撰写:胡珺)

## 第二节 辩论式对话

### 一、概述

(一)辩论式对话的名称解读

辩论式对话是课堂教学形式的一种体现。这种教学互动是以学生为主体,由个人或小组或全班成员针对一件事物的两种观点或者特定的论题进行辨析。在辨析的过程中,学生各抒己见、互相学习。这种对话形式不仅可以锻炼学生的反向思维和发散思维,而且能让学生在辩论过程中主动获取知识、明晰道理。

(二)辩论式对话发生的必要性

新课标强调教师要引导学生质疑、探究,在实践过程中进行具有个性化的自主学习。因此教师最重要的使命不只是传授知识,同样也包括创设来自生活的教学情境,组织学生开展真实生成的学习活动,调动学生的学习积极性,营造一个民主、宽容、和谐的课堂,辩论式对话正是积极、民主、和谐课堂的一种教学形式。

在这个教学形式中,教师为学生创造了一个广阔的舞台,让学生成为舞台的主要表演者,而教师则退居幕后,担任"引导"的角色,在不影响学生自由表达的前提下,把控教学的大方向。课堂中的辩论式对话,能实现教学的平等和民主,能激发学生强大的学习内驱力,能成为学生自由生长的重要舞台。

(三)辩论式对话的主要特点

1. 互动性强

辩论式对话是基于课堂产生的一种师生、生生之间的多边对话,这样的对话形式可以促进个体与个体、个体与群体、群体与群体之间的交流和发展。

在这个过程中,学生不是被动地、机械地接收教师灌输的知识,而是主动地、积极地去获取知识,之后再将获取的知识内化,向老师、同学输出自己的想法和观点。而存在于这个学习场域中的教师和其他学生也可以对他人的观点进行反驳或补充说明。这种包含多种观点碰撞、多维交流、多向沟通的对话形式,具有很强的互动性。

2. 生成性强

辩论式对话可以围绕教师预先设计好的一个话题展开,也可以是在课堂教学中随机生成的话题;辩论式对话可以产生于教材文本之中,也可以产生于课堂之外的任何场景。这样的对话过程是充满未知、充满活力的,学生之间思维和思维的碰撞会激发无限的灵感,因此这样的课堂是无法预设的,每时每刻都有新的生成和创新的想法。

3. 合作性强

辩论式对话在课堂中营造了一种竞争气氛,这种竞争可以激发学生内部学习需要和动机,同时也会促进学生之间的合作交流:相似观点的学生会自动形成组合,构建"辩论团队",在这样的过程中,团队的思维可以碰撞出更绚丽的火花,让课堂变得更加生动多彩。除此之外,学生还会自主整合现有的资源,利用多门学科知识对自己的观点进行阐述。因此辩论式对话不仅增强了生生之间的合作,也增强了各学科之间的贯通。

## 二、辩论式对话的课堂呈现

【实用案例透析】

案例一 （摘自吴莹老师课例）

### 坐井观天

【教师的课前思考】

《坐井观天》是一篇大家耳熟能详的寓言故事,相信大部分小朋友在学习这篇课文之前已经听过这个故事,对这个故事的人物、语言、表达的道理都已经有了自己的了解,如果老师在课堂上提问:你觉得青蛙和小鸟谁说得对？相信绝大多数的孩子都会异口同声地回答:"小鸟说得对！因为青蛙说天只有井口那么大,它的目光短浅,太自以为是了！"多么标准的答案呀,这在卷面上一定能得到满分。

但是我们细细想想,这只青蛙说天只有井口那么大,仅仅是因为它"坐井"吗？恐怕没这么简单吧！可以肯定的是,这只青蛙一生下来就被"遗弃"在井底,从来没有看见过井外世界。尽管它的弹跳力很出色,但仅凭它自己的力量是无论如何也跳不出这"暗无天日"的深井的！因此,它一再坚持"天只有井口那么大"也是合乎情理的,完全是它所处的井底环境造就了它的"无知",是这一口深井害了它！井底之蛙真是不幸啊！

如果教师换一种眼光和思路来教学这篇课文,是否能颠覆学生对青蛙的看法？是否能让他们跳脱出固有的、标准的思维,通过对问题的思考和辩论,从不同的角度去阅读这个故事呢？

【片段1】

#### 大失所望——一片祥和的课堂

第一次试上《坐井观天》,一切进行得很顺利,同学们对这样一篇短小有趣的寓言故事很感兴趣,课堂上的气氛十分活跃,可以说,这是一节师生尽欢的课了。于是,在临近下课的前10分钟,我在课件上出示了两句话:

青蛙:天不过井口那么大。

小鸟:天无边无际,大得很哪！

接着,我抛出了那个自以为能引发讨论的问题:你觉得青蛙和小鸟,谁说得对呢？

"唰唰唰",原本端坐着的学生们立刻举起了小手。我微笑着示意他们先把手放下:"别急着举手,好好想一想,说出你的理由哦！"

有的学生迟疑着放下了手,有的孩子愣了一下,紧接着一边向我投来热切的目光,一边把手举得更高了。我在稍稍等待了一会儿以后,请了一位同学回答。他胸有成竹地站起来,声音响亮地答道:"我觉得小鸟说得对!因为天就是无边无际的!"

这回答完全在我的意料之中,我继续循循善诱:"有没有不同的想法呢?"

又一位学生举起了手:"我也觉得小鸟说得对,我们都见过蓝天,就是看不到边的!"

"你的回答和刚刚的同学一样,有没有觉得青蛙说得对的呀?"

"唰唰唰",原本高高举起的小手,出奇一致地全部落了下去。

看着这十分和谐的课堂,我却感到大失所望:为什么所有人的答案都是一样的呢?

【片段2】

### 百花齐放——充满争议的课堂

结束了这一堂"十分和谐,毫无争议"的课,我开始进行反思:都说一千个读者就有一千个哈姆雷特,可班级里有35个读者,怎么只有一种读后感呢?

我拿出教案,细细研究,最终,决定将教学中答案比较封闭的问题删去,设计一些更加开放性的、需要学生结合实际或进行实践后能产生个性体验的问题。

再一次走进课堂,我有些期待也有些忐忑,不知道这一次是否能够如我期待的那般,能听到一些不一样的声音呢?

问题1:青蛙说,天只有井口那么大。它说的是真话还是假话?

这个问题一出,立刻有学生喊出了声:"是假话!"

接着另一个声音也响起来:"是真话!"

叽叽喳喳的讨论声在教室中蔓延开来,我没有阻止这种破坏课堂纪律的行为,相反,我还有些高兴。

小强是第一个站起来回答问题的:"青蛙说的是假话!天怎么可能只有井口那么大?天是无边无际的!"

小夏同学也不甘示弱:"青蛙说的是真话!因为青蛙只能看到井口那么大的天,它没有撒谎!"

小倪同学立刻高声附和:"对呀!你们看窗户外面,我们能看到的天,也只有窗户那么大!"

这可真是个意外之喜,竟然有同学能将课文内容与生活实际联系在一起,帮助同学们更加直观地进行理解和思考。于是,我赶紧趁热打铁,对学生们说:"和我一起把书卷成筒状,透过它看看屋顶,你有什么发现呢?"

同学们纷纷将书卷起,对着屋顶看起来:哇,屋顶只有一点点小啦!

问题2:你觉得青蛙和小鸟谁说得对?

生1:我觉得青蛙说得对,我们刚才试着用书卷起来看房顶,原来,房顶真的只有书卷起来那么大,那青蛙看到的天空也就真的只有井口那么大!

生2:我觉得小鸟说得对,因为在我们的世界里,天就是无边无际的。

生3:我觉得他们俩说的都有道理,因为青蛙在井里,看到的天只有井口那么大,小鸟在天上,它看到的天是没有边际的。

问题3:小鸟特意托我给大家捎来一封口信,它希望大家都来同情这一只青蛙、关心这一只青蛙、帮助这一只青蛙。你们知道这是为什么吗?

同学们回答问题的热情持续高涨,课堂更加热闹了起来。

生1:青蛙说"天只有井口那么大",它说的是真话,没有吹牛,它很诚实,值得我们帮助。

生2:这只青蛙很有礼貌,见到陌生人就跟他们打招呼。

生3:这一口枯井太深了,青蛙那么小,光凭它自己的力量,怎么跳得出去呢?我们要帮助弱小的动物。

生4:青蛙太可怜了!井底没有丰富的食物,只能吃一些不小心掉进来的小虫子,有时还要饿肚子。

生5:这一只青蛙一生下来就待在这一口枯井中,没有亲人,没有同伴,太孤独太寂寞了。

生6:它永远也无法享受外面精彩的世界。

生7:青蛙整天坐在井里就不能成为庄稼的卫士、害虫的天敌。

生8:青蛙为什么见识短浅?是因为它天天坐在井里,生活的范围小,看到的东西少,见识就少。是这一口枯井害了它呀!

……

叽叽喳喳,课堂上到处是充满生命力、充满不同色彩的声音。

## ❓ 案例反思

《坐井观天》这篇文章内容简单,理解难度不大,学生也能够很轻易地接收到其中想表达的道理。但是教师依然希望能在这样一篇没有争议的文章中,寻找一些能让学生积极思考的问题,让他们在辩论的过程中,收获属于自己的独特的阅读体验。

课例片段1中,教师尝试抛出问题,希望引起学生的讨论,但是学生的答案却出奇的一致,这是因为课堂的前半部分缺乏相应的铺垫,学生的思维还没有被激发,依然在按照老师铺就好的道路进行惯性思考。

课例片段2中,教师吸取教训,结合儿童的认知特点,先后抛出三个问题:"青蛙说,天只有井口那么大。它说的是真话还是假话?""你觉得青蛙和小鸟谁说得对?"

"小鸟特意托我给大家捎来一封口信,它希望大家都来同情这一只青蛙、关心这一只青蛙、帮助这一只青蛙。你们知道这是为什么吗?"这三个问题层层递进,引发了学生的激烈辩论,在你一言我一语之中,学生不知不觉学会了换个角度看待问题,学会了辩证地思考问题。

其实部编版的教材中有许多经典的篇目,教师可以结合教材的特点以及学生感兴趣的问题,设计随堂互动话题,让学生进行辩论式的对话,这样更加有利于调动学生学习交流的积极性。提出思考问题,发动辩论对话,展开自由表达,进行师生、生生对话,等等,都是非常好的课堂互动形式,能够极大限度地提高学生思考的积极性。

一堂生动的、精彩的、有所得的课,一定是充满各种声音的,学生在课堂上能做到人人都思考、人人想表达。在这样的课堂中,每个学生的个性都能够得到发展和完善。长此以往,课堂将不再是教师的"一言堂",充满个性的学生会愿意在课上发表自己的见解和想法,思维和思维之间的碰撞将会生成一个百花齐放的课堂,这就是辩论式对话在课堂中的闪光之处!

**案例二** (摘自朱玉娟老师案例)

## 角的度量

**【教师的课前思考】**

《数学课程标准》指出:为帮助学生真正理解数学知识,要组织开展实验、操作、尝试等活动,引导学生进行观察、分析,抽象概括,运用知识进行判断。"量角"是本课的一个难点,学生对于量角的方法不能正确掌握,首先需要教师通过示范,让学生去观察倾听,抽象概括出量角的方法,再通过说一说、动手量一量,在实践操作中感受量角的方法,最后设置了两个关键的问题,引发思辨,让学生在探讨辩论中理解如何读角的度数,升华学习。

**【课例片段】**

在量角环节,我设置了差异性的活动要求。对于量60°角的探究设置了如下活动要求:

(1) 四人小组探究,会量的同学先示范量角,边量边说。

(2) 听懂的同学,说一说量角的方法,并尝试量一量。

(3) 量角有困难的小组可以使用老师的智慧锦囊。

[小组1——组长示范量角]

生1:我在预习时了解了量角,大家请看,把量角器这样摆,一条边对准0刻度线,顶点对准中心,然后看右边刻度60度。你们有什么问题吗?

生2:你怎么读出60度的呀,怎么看呢?

生3:你为什么对准右边的0刻度线?

生1：你们看，量角器上有许多1度角，我们得看这个角里有多少个1度角。

小组1在探究、质疑、辩论中继续着……

思考：

1. 这个角另一边所对的刻度有两个，一个内圈一个外圈，度数到底是多少？你是怎么想的？

2. 量角什么时候读内圈刻度，什么时候读外圈刻度？关键看什么？

生1：我觉得应该看外圈度数，因为外圈的度数是从0—180，符合顺时针的顺序。

生2：我不同意你的说法，如果只看外圈的刻度，为什么还要画内圈刻度呢？

生3：我觉得应该根据角的另一条边来决定看内圈还是外圈的度数，我来给大家演示一下……

**案例反思**

这个课例片段中，教学重点是实践量角。教师采用了小组合作交流的形式先进行组内的实践和沟通交流，接着教师又抛出两个问题，让学生在动手实践之后进行深入的思考。

在这个教学过程中，无论是小组合作学习还是全班共同解决问题，都充斥着辩论式对话的身影。在小组中，各个组员既可以是示范者的身份，也可以是质疑者的身份，更可以是释疑者的身份，无论是哪种身份，都将促进组员之间的思维碰撞。而在全班共同解决问题的部分，发言就更加精彩纷呈了，一个学生提出了观点，另一个学生驳斥，其他学生补充说明……通过这样开放性的、辩论式的对话，让课堂呈现出了一种充满生长力、充满积极思考的学习氛围。这就是辩论式对话在课堂中的生长潜力！

**案例三** （摘自武昆老师案例）

## 扛着"锄头"向前走

【教师的课前思考】

这是一次普通的校内教研，我执教的是苏教国标版四年级下册的《乘法分配律》。这是一个有很多"范例"的课题，常见的设计结构是由问题情境引入，得出解决同一问题的两道不同式子，诸如$(65+45)×5$和$65×5+45×5$。经过计算，它们的得数相同。然后让学生举出类似的例子，通过计算，验证算式的得数是否相同，由不完全归纳法得出乘法分配律。新授部分的教学重点是知晓乘法分配律的这一概念。

课前我在思考两个问题：第一，随着时间的推移，有一天学生忘记了这个知识怎么办？第二，如果学生遇到类似的知识，没有老师指导的情况下，他能很好地进行学习吗？

**【课例片段】**

在得出乘法分配律的字母式子之后，我并没有进入到常规的巩固练习，而是抛出了4个字母式子：$(a-b)\times c=?\ a\times 99+a=?\ a\div c+b\div c=?\ a\div b+a\div c=?$ 请学生选择一个式子进行研究。先猜一猜这个式子可能等于什么，再举一个例子来进行验证。独立思考和组内交流之后，学生走上讲台，进行汇报。

学生对第一道式子的汇报如下。

生1：我猜想$(a-b)\times c=a\times c-b\times c$。我举的例子是$(15-5)\times 10$ 和 $15\times 10-5\times 10$，经过计算，它们的结果都是100。

师：你赞成他的结论吗？

生：赞成！

师：刚才在学习乘法分配律的时候，除了计算之外，我们还通过算式的意义来解释算式为什么相等。

有学生举手。

生2：左边的算式表示10个10，右边的算式表示15个10减去5个10，同样是10个10，所以它们相等。

孩子的回答简洁、明快，极有说服力。

接下来，对于第二道式子的讨论和由此产生的课堂生成是我远远没有料到的。

生1：我猜想$a\times 99+a=a\times(99+a)$。我举的例子是$1\times 99+1$ 和 $1\times(99+1)$，经过计算，它们的结果都等于100。

（一片窃窃私语的议论声）

生2：我认为这个结论不对，我举个反例就能证明他是错的，$2\times 99+2=200$，可是$2\times(99+2)=202$，它们不相等。

生3补充：$a\times 99+a$ 应该表示99个$a$加上1个$a$，那就应该是100个$a$。

师：你觉得他说的有道理吗？（不少学生纷纷点头）

生4接着补充：我知道生1的猜想错了，但计算得数为什么都等于100，因为他举的这个例子很特殊，$a$就等于1，所以应该等于$a\times(99+1)$，他把1换成$a$同样成立。如果$a$不等于1，算式就不成立了。

瞧！根本不需要教师的任何介入，理越辩越明。

**案例反思**

这节课，教师想要教的，绝不仅仅是乘法分配律这个知识。而是在探索这个知识的过程中学生会用到的猜想、验证、归纳、反证等数学思想和数学方法。在这个教学片段中，孩子对别人举例的一道算式进行了大胆质疑，并且能够举出反例，有力地进行驳斥，其他学生能够将所学过的内容清楚地阐述出来，作为自己的论据。这场辩论做到了"有理有据",而在这场辩论中的生成是远远超出教师的预设的,在这节课中,孩子们让大家听到了一种能力"拔节"的声音。

一节数学课,并非教师精心预设之下学生配合老师对知识进行膜拜的过程。教师不是为知识而服务,而是为学生。我们需要适当减少预设,将课堂的话语权还给学生,让学生在发现—质疑—辩论之中,将所学的知识内化,这就是辩论式对话对学生知识掌握的强大推力!

## 三、辩论式对话的实践思考

### (一)抓住关键,巧设辩论点

**1. 找准切入点**

在课堂中,如果出现了辩论式对话,那么这样的课堂一定是充满激情、充满求知的课堂。但是,并不是所有的教学内容、所有的问题皆可采用辩论式对话的方式,有的问题结论是显而易见的,再去为辩而辩,只能是走过场的形式主义,效果甚微。为此,开展有效的辩论式对话就必须抓住关键,找准切入点。这个切入点可以是在旧知向新知迁移的过程中找寻,也可以是在知识形成过程中,为了突出重点、突破难点,我们选择辩一辩的方式让学生辩个明白,来实现知识的自主构建。合适的切入点还可以是在知识的实际运用阶段,为了检查学生对知识的理解情况,对知识进行拓展延伸,用辩论对话的方式有助于让悟得不深的学生在辩论中树立知识,形成正确的认识。

**2. 选择好题目**

选择好的、合适的问题让学生进行辩论,能引起学生探究知识的欲望,激发学生的积极思维,并让他们的情绪处于最佳状态,这就有利于他们在积极动脑、掌握知识、发展智力的同时还能培养自己的能力。所以辩论时选择的问题既不要太深,但也不能太浅,需要根据学生的实际水平、年龄、认知特点和心理特点进行选择,也要关注不同层次学生的能力,注意设置问题的难易程度,尽量让每个学生都能主动参与到辩论式对话中来,这样才能充分发挥其思维能力与创造能力,让每个学生根据自己的水平在不同的层面上找到思维的乐趣。

**3. 从教材出发**

在实际操作中,如果教师想将辩论点落实于教材文本,那么教师首先应该沉下心来咀嚼教材,发现、选取学生能理解的,有共同感应的,而且是值得一辩的内容让学生进行辩论式对话。这样才能击中学生思维的兴奋点，激发他们的参与热情，他们才会想说、想辩。具体选择可以参考以下三点：

（1）抓住教材的空白处和启发处

教材设计中的空白之处为辩论对话提供了广阔的天地，让学生能够基于已有的知识铺垫，充分发表自己的独特见解。而启发性的内容则能够帮助学生打开思路，发展创造型思维，促使学生走进知识，领会知识的含义，再通过辩论式对话的形式，将知识进行整合和内化。

（2）抓住文本设计的矛盾处

在语文教材中，有许多耐人寻味的矛盾之处是作者有意安排的点睛之笔，抓住这些矛盾处展开辩论，将会在课堂中达到"一石激起千层浪"的效果，让学生的思维与思维产生碰撞，擦出智慧的火花。

（3）抓住学生有价值的质疑处

抓住质疑，从而引起学生的探究兴趣，激发辩论，而且一旦解决，他们就会有"柳暗花明又一村"的感觉，在精神上得到极大的满足，也引起进一步的探究欲望。如上文所举的乘法分配律，学生在举例说明时产生疑问，从而引起辩论，而这场辩论将会让这个知识更深地印刻在学生的脑海之中。

（二）教师引领，发挥大作用

要想让辩论式对话在课堂中发挥作用，教师必须在课前做足功夫，充分进行预设，否则学生的辩论式对话将会流于表面，或者难以触及知识的核心，甚至会滑向不可控制的方向，那么这样的辩论式对话就是无用且浪费时间的。

而辩论对话的引导员是不好当的，因此教师必须在课前认真充分地备教材、备学生、备生成。备教材就是要备内容、备目标、备重难点、备知识体系；备学生就是要备年龄特点、备认知水平、备学习习惯、备经验积累；备生成就是要根据前两"备"去充分考虑学生在辩论对话的过程中可能出现的各种辩论观点、生成性资源、论点论据等，在辩得不深、辩得不透时还要思考如何去"推"一把，将辩论对话引至核心关键点。作为教师，尤其要关注到学生在辩论式对话中的内容表达，不能满足于浮于表面的表述，而缺少个性化的、深层次的、多角度的分析。

（三）和谐氛围，学生大胆辩

选准了辩论的主题，让学生有感而辩，这还不够，还应该让他们有话可辩。这就需要教师组织学生对教材的内容深入掌握，让学生有个性化的理解，并引导学生进行积累，使课本中的知识转化为学生自己的知识。在学生理解教材内容、掌握教材内容的基础上再抓住契机展开辩论式对话。

### 1. 民主和谐的教、学关系

当然,要想让学生敢辩乐辩,民主、和谐的师生关系是不可少的。在平时的教学过程中,教师需要转变传统的教育观念,将"满堂灌"转变为"多倾听",将"被动学习"转变为"自主学习",这样教师不光可以把自己从疲惫的讲学中解放出来,同时也能够促进学生积极思考。此外,教师还应注意自己的教学语言、肢体语言,注意保护学生的自信心与自尊心,若老师一直处于强势地位,缺乏宽容之心,学生就会容易紧张,这种氛围下是无法开展真正有效的辩论式对话的。

### 2. 认真细致的听、讲过程

而一旦辩论式对话开始,教师一定要学会仔细倾听,注意总结,适时引导。小学生的思维活动往往容易走向片面化、绝对化,让学生去辩论,不是非要作出非此即彼的是非选择,而是要在对立统一中寻找确切、新颖且有价值的答案,富有创造性的思维亮点,养成良好的思维品质。因此教师一定要舍得花时间让学生在课堂上去表达自己的想法,呈现自己的思维。不会倾听的教师将错过学生精彩的思维闪光点,不注意总结鼓励将挫伤学生学习的积极性。

### 3. 机智有效的课堂引领

组织学生开展辩论式对话更需要教师的课堂机智,课堂中的生成不是做足功夫就一定可以预见的,面对突如其来的生成,教师要有能力引导学生辩得柳暗花明又一村。

总之,如果想要让学生在课堂上敢辩、乐辩,那么就一定要积极为学生创设和谐、宽松、愉悦的课堂氛围,使师生关系变得民主平等,这样才能消除学生在学习中的焦虑感和紧张感,最大限度地缩短师生间的心灵距离。

### (四)方法引领,学生辩有所得

对于小学生来说,要想辩论对话是有效的、有闪光的,就需要教师教给他们一定的方法和技巧。首先要让他们明白,辩论式对话就是根据质疑的问题,充分发表自己的观点,可以用教材中的内容或者联系生活中的实际经历来说服对方。在对话过程中,不仅要与同伴合作交流,还要仔细倾听他人的观点,才能有的放矢;而且在表达的过程中要音量适中、口齿清楚,最好有感情上的变化,这样会使自己的表达更加生动,从而增加说服力和鼓动性。

### (五)合理评价,激发积极性

课堂中组织辩论式对话的主要目的就是让学生学会学习,发展思维能力,提高认知,从而达到教师预设的教学目标。因此,教师在对学生的辩论对话进行评价时,应当尽量选择带有鼓励性的评价语言,避免降低学生辩论对话的热情。另外,对于某个不具备唯一答案的问题,如果教师早早就作出终结性的评价,那么必定会扼杀孩子们创新思维与发散思维的火花。在课堂中运用延时评价,就可以避免禁锢学生的思维,让更多的学生扩散思维,拥有自己的个性思考,从而呈现出一个百花齐放的课堂。

总之,在课堂中合理使用辩论式对话,会更凸显学生的主体地位,有助于培养学生多方面的能力,让课堂彰显其独特魅力,让课堂充满生命活力。

(本节撰写:吴莹)

## 第三节　生成式对话

### 一、概述

(一) 生成式对话的名称解读

建构主义认为,学生不是被动接受知识的容器,而是学习的主体,通过对外部世界实施选择、加工和处理,学生能积极主动地进行自主学习和意义建构,而教师则是学生进行意义建构的支持者、合作者和促进者。

"生成式教学"是指在课堂教学中,教师不是机械地按原先设定的思路进行教学,而是在当时课堂特定的生态环境下,根据师生、生生互动的情况,教师因势利导,创造性地组织适合学生参与、自主、创新的教学活动,让学生获取知识的同时,也产生自己的学习经验,获取丰富的情感体验。简单地说,即教师根据课堂中的互动状态及时调整教学思路和教学行为的教学形态。

"生成式对话"就是指通过言谈和倾听进行双向乃至多向沟通,进行意义建构、学习的过程,在民主的氛围中互动,在经验共享中创生知识,达到融会贯通的目的。

(二) 生成式对话的意义

1. **学生发展的需要**

生命是不可预测的,学生的发展有太多的可能性。但我们的传统教育却善于设计:学生的人生目标、生活目标、学习目标都设计得好好的,这种过度的设计反而是对人的一种控制、一种支配,最后可能是对人的发展的一种摧残。

学生是有主观能动性的,所以为了让学生的发展有无限的空间和丰富的可能性,我们必须给他创设一个开放、宽松的教育环境和可自由发挥生成性特征的教学课程,而课堂中的"生成式对话"正是提供了这样的展示平台。

### 2. 教学改革的需要

现代教育理论认为,课堂教学是一个让学生在学习过程中不断生成性发展的过程,课堂教学是一个动态的、双向的或多向的学生自主参与的交流过程,是一个激发、鼓励学生不断提升和促进自我发展的过程。

传统的课堂太关注教学任务的完成而对学生的能动性重视不够,而生成式对话打破了沉闷枯燥、一成不变的教学过程,使得课堂极具生命力。课堂教学从预成性教学到生成性教学的转换,将是教学方法的大变革,而这种变革正是理念更新的结果。

## 二、生成式对话的课堂呈现

【实用案例透析】

**案例一** (摘自阚书平老师课例)

### 小数的加法和减法

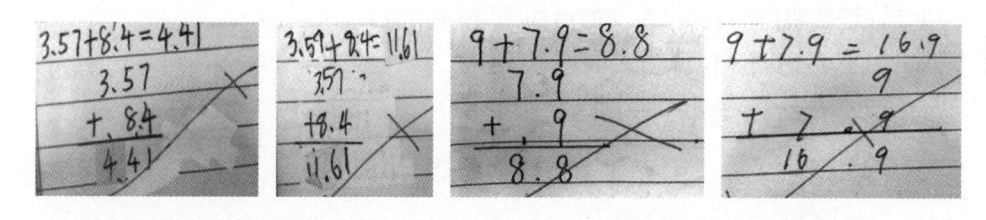

如何利用前测错误资源,通过"对话"展开,让教学更具效率,更适合儿童的发展?我以一节公开课——苏教版五年级上册的《小数的加法和减法》第一课时为例来研究。这是我们在上课之前做的检测,老师选取了四题典型错题,我们采用小组合作的方式来研究,先看合作要求。

---

小组合作要求:

1. 先独立思考错误原因

2. 小组内按 1—2—3—4 的顺序交流,1 人说其他组员听,可以提建议

3. 准备小组汇报

小组汇报,其他学生随时做补充。

1号同学:(指着1号作品)它数位没对齐,4应该和5对齐,8应该和3对齐。请问大家有什么要补充的?

生1:我来补充。7表示7个0.01,4表示4个0.1,它们的计数单位不同,不能直接相加。

2号同学:(指着2号作品)4应该写在十分位上,用5加4得9,3加8得11,得数是11.97。

生2:7和4的计数单位不同,应该用4个0.1加5个0.1。

3号同学:(指着3号作品)数位没对齐,9表示9个0.1,9表示9个1,应该将9写在这里。

4号同学:(指着4号作品)它的计算结果是对的,但你看这里9表示9个1,这里的9表示9个0.1。请问大家有什么要补充的吗?

生3:(激动地)我觉得它不对,你看,9加9得18,怎么是对的?

师:他说的计算结果是对的是什么意思?

4号同学:它的答案是16.9。

生4:它数位没对齐是错的。

师:它是把相同数位的数相加,但形式上怎么样?——数位没对齐。

生5:我可以提个问题吗?(指着3号作品的9)可不可以在前面加个0?

生6:不可以,这样9就表示9个0.1,而这里的9表示9个1。

师:你想添0占位是吗?可以在哪里添0?

生5:(恍然明白的表情)在9的后面添,添成9.0。

掌声欢送他们回座位。

### 案例二 (摘自阚书平老师课例)

## 小数乘整数

这节课以苏教版上册的《小数乘整数》为载体聚焦"开放性对话"样态的实践。

1. 用你学过的知识说明答案是2.4元。

2. 完成一种方法后,想一想有没有其他的方法说明。

3. 有困难的同学可以看书P55的提示。

4. 完成后,在小组里交流你的想法。

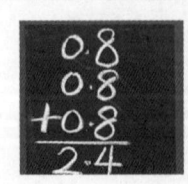

师：刚刚老师巡视了一下，大家都有自己的想法，老师选取了几种典型的想法（板贴），请同学介绍自己的想法，大家也可以对他的想法进行纠正、补充。

1号同学：（指着1号作品）大家看，0.8×3，我们没学过这样的乘法，但我知道它是3个0.8相加的意思，所以把它转化成了加法计算。请问大家有什么要补充的？

生1（思维非常敏捷）：我来补充。我觉得你这种方法有局限性，如果换个数字，你这个方法还行得通吗？

师：他想得真长远，非常棒。那这一题我们可以用加法解决吗？（生默许）用已经学过的知识解决了新问题，很了不起。

2号同学：（指着2号作品）0.8元等于8角，3个8角就是24角，也就是2.4元。

生2：如果碰到三位小数，这种方法就不好用了。

师：是的，在这题中将元转化成角来解决，也能解决这个问题，很好。

3号同学：（指着3号作品）我是用画图的方法解决的，把1个正方形平均分成10份，表示其中的8份，就是0.8，一共有3个这样的0.8。

生3：（指着3号作品）我认为他这样画不是很好，应该把3个0.8合在一起，这样很容易看出答案是2.4。

生4：我认为画图太难了，你的方法太繁了。

师：数形结合方法是数学中一种很常见的方法。你能看出这几种方法之间有什么联系吗？

生5：都用到了8×3。

生6：我在图上能找到8,8可以指8角，可以指8个0.1。

......

### 案例三　（摘自武昆老师课例）

## 乘法分配律

这是一次普通的校内教研，教的是苏教国标版四年级下册的《乘法分配律》，教授完乘法分配律的字母式子后，笔者没有进入常规的巩固练习，而是抛出了4个字母式子：$(a-b) \times c = ?$　$a \times 99 + a = ?$　$a \div c + b \div c = ?$　$a \div b + a \div c = ?$　请学生选择一个进行研究。先猜一猜这个式子可能等于什么，再举一个例子来进行验证。独立思考和组内交流之后，学生走上讲台，进行汇报。

学生对第一道式子的汇报如下。

生1：我猜想$(a-b)\times c=a\times c-b\times c$。我举的例子是$(15-5)\times 10=15\times 10-5\times 10$，经过计算，它们的结果都是100。

师：刚才在学习乘法分配律的时候，除了计算之外，我们还通过算式的意义来解释算式为什么相等。

生2：左边的算式表示10个10，右边的算式表示15个10减去5个10，同样是10个10，所以它们相等。

孩子的回答简洁、明快，极有说服力。

接下来，对于第二道式子的讨论和由此产生的课堂生成是我远远没有预料到的。

生1：我猜想$a\times 99+a=a\times(99+a)$。我举的例子是$1\times 99+1$和$1\times(99+1)$，经过计算，它们的结果都等于100。

（一片窃窃私语的议论声）

生2：我认为这个结论不对，我举个反例就能证明他是错的，$2\times 99+2=200$，可是$2\times(99+2)=202$，它们不相等。

生3补充：$a\times 99+a$应该表示99个$a$加上1个$a$，那就应该是100个$a$。

师：你觉得他说的有道理吗？（不少学生纷纷点头）

生4接着补充：我知道生1的猜想错了，但计算得数为什么都等于100，因为他举的这个例子很特殊，$a$就等于1，所以应该等于$a\times(99+1)$，他把1换成$a$的时候同样成立。如果$a$不等于1，算式就不成立了。

第三个式子，学生猜想$a\div c+b\div c=(a+b)\div c$。他举的例子是$100\div 5+20\div 5$和$(100+20)\div 5$都等于24。这个例子得到了很多同学的认同，不过在解释算式意义的时候一时无法解释，其他同学也没有很好的例子。于是我提出了一个问题情境，比如我有一大一小两块蛋糕，都需要平均分成5份。我可以分别平均分，也可以把两块蛋糕摞起来，像双层蛋糕一样进行平均分。这个例子得到了同学们的认可。

到了第四个式子，大家都面面相觑，不敢上台发言。原因是无法提出合理的猜想，更加没有办法有力地说明自己的猜想。于是我抛出一个问题：乍一看，$a\div b+a\div c$应该等于$a\div(b+c)$。是这样吗？学生纷纷表示不同意，并且立即有学生举出了反例，证明这个算式不成立。

我提出另外一个问题：有同学能从算式意义的角度进行解释吗？立即有一个孩子回答："就用你刚才的例子，把两块同样的蛋糕一个平均分成2份，一个平均分成4份，并不代表将一块蛋糕平均分成6份。"精彩的回答赢得了一片掌声。

为什么这样设计？课前我在思考两个问题：第一，随着时间的推移，有一天学生忘记了这个知识怎么办？第二，如果学生遇到类似的知识，没有老师指导的情况下，他能很好地进行学习吗？

## 三、生成式对话的实践思考

（一）学生的倾听表达能力在"生成式对话"中提升

儿童都是在错误中学习的。我们不但不需要惧怕错误，而且要用一种欣赏的眼光来看待它，将它看成难能可贵的资源。错误的产生源于对知识的困惑，是孩子认知的盲区。好的数学教学应该从解决学生学习的困惑出发，推动并帮助学生取得认知的成功。

我们的课堂应该是个充满思辨的课堂，当各种想法涌现时，我们不能堵住"错误"，而是搭建平台，让大家在研讨的氛围中自然地化解"矛盾"，突破难点。错误其实提供了一个了解儿童的渠道，如能合理地利用好，定会为课堂增色添彩。

本课巧妙利用前测典型错误资源，通过小组合作、小组汇报、其他学生补充的方式进行。基于对算理的把握，每个人都有表达的欲望，在生生的交流中，思维碰撞，精彩纷呈，对算理的把握更加明晰。

当1号同学发言时，他从数位对齐的角度来阐述，而随之补充的学生从计数单位的角度来说明，不但角度不同，理解得也更为到位。4号同学的发言引发更多的表达欲望，当学生说不清楚的时候，需要教师及时介入矫正方向，分辨有价值的部分在哪，哪些地方需要注意。有了轻松愉快的氛围，学生自然提出自己的疑问，他想用0占位，但在哪占位不够清楚，这时需要教师敏锐地捕捉到"要想占位，可以在哪里添0"这样的问题。

第4幅作品引发了更多的对话，4号同学说他的计算结果是对的，但上面的"9"表示9个1，下面的"9"表示9个0.1。立刻有学生说，9加9应该得18，怎么可能是对的。问题的焦点在于，理清什么是对的、什么是错的。通过讨论，大家达成了一致：他是用相同的计数单位相加、减的，计算结果是正确的；但没能做到数位对齐，同时也体会到只有数位对齐，相同计数单位的数加、减起来才方便。正所谓理越辩越明，学生的理解会更加深刻。

（二）学生的思辨能力在"生成式对话"中增强

看得出来，课例2的"对话"可以使人集思广益而不拘泥于自己的思维模式，他呈现的观点可能反映多个视角。比如当1号同学说自己用加法解决了0.8×3的问题，用已知的知识解决未知的问题，是非常棒的方法；可有同学在认可的前提下做了自己的补充，他一眼看出了方法的局限性，如果换个数字的话将变得非常复杂，可能行不通。3号同学采用画图的方法来解决，有同学对他的画法进行了修改完善，提出了自己的见解；而有的同学则觉得画图的方法太繁了。作为教师，既要肯定同学的做法，也要指出画图这种数形结合方法在数学中的意义和价值。在相互的观点的碰撞、交流、补充中,学生的视野被打开了,正因为教师的鼓励与肯定,越来越多的学生参与到课堂交流中,专注力、倾听能力、表达能力都得到提升,学生成为课堂的主角,教师起着引导的作用,整个课堂散发出生命的活力。

总之,正是通过生成式对话,生生之间的主动、多向交流,学生的学习更深入,学生的表达、倾听能力也得以增强。学习不再是只以教师传授的方式开展,而变得极具生命力,实现了人的发展。

(三)学生的主动探索精神在"生成式对话"中被激发

以前课堂的主宰是数学知识,但当数学知识越来越多,会发现自己的脑子不够用了。所以《义务教育教学课程标准(2011年版)》将"双基"修改成"四基",明确提出了对于积累数学活动经验、渗透数学思想方法的要求。

《乘法分配律》绝不仅仅是乘法分配律这个知识,而是在探索这个知识的过程中我们所用到的猜想、验证、归纳、反证等数学思想和数学方法。通过给予学生充分的时间和空间,学生的自主探索的欲望被激发。当孩子质疑别人想法的时候,他能够举出反例有力地进行驳斥;当孩子阐述自己想法的时候,他能够将老师举出的例子为己所用。正是在这种平等、民主的氛围中,学生的潜能被调动,学习在这样的课堂中真正在发生。

(四)对教师素养的要求

从"生成式对话"课堂实践来看,课堂气氛更融洽了,学生的表达能力提高了,课堂的效果也很好,学生对知识理解的深度和广度加强了,特别是学生上课的精神面貌和对学习的态度有了很大的变化。

**1. 理念的更新**

鼓励"生成式对话"教学是一种教学方法,更是一种理念。它让更多的学生融入课堂、享受课堂,参与课堂建设。教师依据学生的学习情况,灵活调整教学过程,生成新的与原计划不同的教学流程。也许这样的生成式对话打乱了原有的教学节奏,但对于学生的发展却是有益的。

**2. 正确处理好预设与生成的关系**

鼓励"生成式对话",强调课堂的生成,并不是要让教师、学生随意地进行教学活动。课堂的生成离不开教师的精心备课,教师要对教学的重难点有清晰的认识,什么样的环节适宜展开"生成式对话",教师课前要有充分的预设,在重难点处展开合适的对话会达到事半功倍的效果。这也要求教师在设计时为学生留出充分的时间和空间,为"生成式对话"提供必要的条件。

### 3. 敏锐的洞察力

要想拥有精彩的"生成式对话",对教师的职业素养提出了更高的要求。教师不仅要有扎实的专业功底,还要有多方面良好的素养,特别是捕捉学生生成性资源的能力和临场应变的能力。在动态生成中,教师要用自己的双眼和对课堂的感觉,敏锐地察觉稍纵即逝的生成资源,这样的课堂才是有生命力的。

比如片段3武昆老师的课例中,有一个学生的回答在学生中引起了很大的反响。他是这样说的:"我猜想 $a\times99+a=a\times(99+a)$。我举的例子是 $1\times99+1$ 和 $1\times(99+1)$,经过计算,它们的结果都等于100。"这显然是错误的,教师并没有及时纠错,而是让生生的对话继续,在对话的展开过程中学生越辩越明,达到了意想不到的效果。还有一个环节,在解释 $a\div c+b\div c=(a+b)\div c$ 这个式子的时候,学生一时无法解释。这时教师举出一个比较适宜的情境,在后面的环节中学生就有机会主动运用。在这样的教学中,能听到学生拔节的声音。

(本节撰写:阚书平)

# 第五章　多样性练习

## 总　论

"练习"在词典中的解释为：① 为达到熟练而反复学习；② 为巩固学习效果而安排的操练等。就当下小学教育的现状而言，我们的练习正是建立在这种以教师为主导，反复"操练"的行为模式下。其实这种模式的弊端是显而易见的：

其一，老师是练习设计和选择的主体，学生是被动的接受者。练习设计主体单一，意味着练习设计的视野受限。

其二，大部分练习不是教师设计的班本练习，而是现成发行的练习，教师对教辅资料的依赖意味着练习缺乏"以生为本"的个性化创造。

其三，练习大多是书面完成基本识记，并且存在重复练习的现象，重练习轻讲评，形式较为单一。

其四，练习统一难以满足分层要求。不能真正落实"以生为本"，兼顾学生学力的差异性；学生间学力的差异不能通过练习而改变。

其五，现行的练习更多的是一个人的"单打独斗"，学生间缺乏交流，更没有合作。

……

在南京市第九期个人课题研究过程中，我们曾针对小学中年段的学生做过一个有关语文练习设计现状的问卷调查，其中有一个问题是请学生选择自己喜欢的练习类型(见图5.1)。答案出人意料：

原本以为学生会喜欢内容较为活泼、形式较为开放的练习，但是学生眼中喜欢的练习中，排名前五的是：背诵、练习、抄写、阅读、复述。究其原因，是因为这样的作业较为机械，所需调动的感官少，相对较简单。从调查中我们可以感受到，学生把作业当作一种任务去完成。那么，如果我们的学生对此感兴趣，是否就意味着我们要继续给他们提供这种类型的练习呢？

著名教育学家、心理学家杜威先生对此提出了反驳，他说："有人捍卫和赞美愚笨的手段和无畏的联系，因为'儿童对于这类东西是有兴趣的'，是的，这正是最糟糕的；

## 第五章 多样性练习

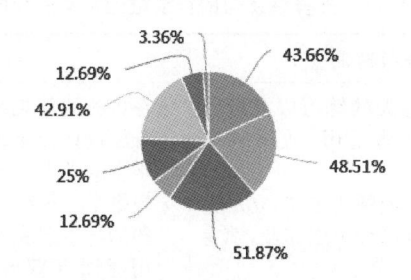

[饼图数据：3.36%, 43.66%, 48.51%, 51.87%, 12.69%, 25%, 42.91%, 12.69%]

■ A.抄写生字和词语、抄写课文段落、听写词语　　■ B.完成练习册、订正作业错误　　■ C.背课文、背古诗、朗诵课文
■ D.写作文、写日记　　■ E.用自己的话将课文的故事告诉家人　　■ F.阅读课外小故事并和家人或同学说说自己的想法
■ G.制作手抄报、书签、灯笼，以及一些手工制品　　■ H.其他

**图 5.1　语文练习设计现状调查**

人的心理不让它用于有价值的事情……就降低到让它随便做什么的水平,而且必然对狭隘的和阻碍生长的经验发生兴趣。"所以,我们要做的不是一味地顺应学生的"兴趣",而是要引导他们充分发挥自己的主观能动性,朝向更具认知挑战性、审美鉴赏力、合作探究化的多样性练习。

多样性练习,是针对传统的以巩固和延伸课堂教学为目的,保证教学成绩的"机械式练习"而提出的一种"有意义的练习"。其目的是使学生通过练习,获取知识的巩固和发展,获得主动参与和积极挑战的能力,促进良好练习行为和意志品质的形成。多样性练习是一种典型的自我调节的学习,自主学习认知学派的代表人物之一的齐默尔曼认为:在完成练习的过程中,学生需要通过自我调节设置练习目标、选择恰当的策略、保持动机、监控过程并对结果进行反思。

在"自我调节"的多样性练习行为模式的支撑下,我们的多样性练习分为自选式练习、自编式练习、自鉴式练习三种形态。自选式练习是基于学生差异的一种练习设计,教师在教育教学中根据班级中学生发展的差异性、不平衡性设计分层作业供学生自由选择,使学生获得最大限度的发展可能性。自编式练习则是以学生为设计主体的一种练习形式,旨在使学生在自编题目的过程中获得知识的巩固和能力的提升,开阔视野,树立学科学习的"大局观"。自鉴式练习是通过学生对自我学习过程和效果的鉴定形成的一种评价性练习,是一种自我认知的反馈,是更具认知挑战性的练习形式。依托于这三种多样性的练习形式,我们又进行了进一步思考,结合实际经验,搭建了如下行动框架(见表5-1)。

这样的多样性练习行动框架是从教师的角度,从知识点学习的角度,聚焦于学生主体的练习行为,而制定出来的。在实践过程中,我们逐步形成了关于多样性练习设计一些原则。从中我们可以看出,这样的多样性练习对学生发展存在着积极的意义。

表 5-1　多样性练习的行动框架及实施原则

| 练习形态 | 练习特征 | 应用情境(例) |
| --- | --- | --- |
| 自选式练习 | • 练习频率:每天的练习以及阶段的复习练习都适用,适用频率较高<br>• 练习主体:以教师为主体,立足学生的差异性,设计分层作业,学生自主选择<br>• 练习难度:较低,兼顾学生能力差异<br>• 完成时间:因年级、学科不同而异,最长不超过一个小时<br>• 练习反馈:教师的及时反馈 | • 在各科的常规练习中,根据练习量和练习难度设计分层,学生自主选择练习,侧重于学生的学力差异<br>• 根据学生思维方式、学习方式的不同,学力弱的学生解决问题,学力强的学生拓展运用,侧重于获得知识的思维过程,数学、科学学科中运用较多<br>• 根据学生的认知风格、兴趣爱好的不同任其自主选择完成练习的方式,说、写、画、唱等都可以,侧重于学生的情感体验,多用于语言、艺术类学科 |
| 自编式练习 | • 练习频率:练习的方式较为灵活,阶段复习适用较多<br>• 练习主体:学生为主体,自主出题<br>• 练习难度:有一定的挑战性<br>• 完成时间:因练习内容覆盖范围的大小而存在差异,可分时间完成<br>• 练习反馈:教师的评价指导,学生的相互练习 | • 课堂上"举一反三"的练习,在完成一个知识点的学习或者订正完一类题目后,可以让学生自己出类似的题目,使其知其然,更知其所以然<br>• 用于单元复习的自主出题。让学生站在练习设计者的角度思考问题,宏观地了解所学的知识,把握练习的题型,让学生能够更主动地投入到练习中<br>• 思维导图、小报的形式也是一种自编式练习。将教材内容与生活实际相联系,练习充满了学生的个性化色彩,是学生自己建构的经验,更能获得成就感 |
| 自鉴式练习 | • 练习频率:指向学生某一种能力的练习设计,具有针对性,练习频率灵活<br>• 练习主体:教师提供量表工具,学生自主完成<br>• 练习难度:有一定的难度<br>• 完成时间:可能需要长期的坚持<br>• 练习反馈:通过学习的实际效果体现 | • 学生经历学习过程后的一种自我测评练习。比如,在学生自主预习或复习后,教师可以给学生提供"自主预习卡"、"自主复习卡"等评价工具,使学生通过完成卡片,形成对这一过程性学习的自我鉴定<br>• 在综合学科中,往往以课堂练习、口头练习或者实际操作练习为主。那么我们可以给学生提供练习要素,让学生能够清晰而真实地了解自己的学习评价感受 |

● 控制练习的时间,让各学科练习彰显均衡。

纵观我们的多样性练习,有基础性练习、拓展性练习、发展性练习等,看似练习的种类十分繁多,有人一定会产生疑问:在大力倡导减负的今天,这样的练习是否会加重学生的负担呢?答案当然是否定的。首先,我们多样性练习实施的第一原则就是严格控制时间。以我们平时的经验来看,学生完成练习时间过长的因素其实很多,比如学生个体的差异性。有些孩子知识掌握不牢,习惯不好,动作慢,自然耗费时间过多。而我们针对差异性的分层练习设计,正是解决这样的学力差异,降低一些学习困难的孩子完成练习的难度，缩短练习的时间。其次，在练习的布置上，老师之间要学会合作，按照教育主管部门的规定控制好自己学科的练习时间，如果这一天某一科的练习量比较大，应该和其他的任课老师做一个沟通，寻求一个平衡。最后，我们的多样性作业中有一些是长效机制的，那么如何分配练习完成的时间，老师应该有具体的规定和指导。同时，在设计基础练习和发展练习、平时练习和复习巩固练习时，要注意根据我们的学习目标，做到精准设计，简单易获得的知识点不重复练习，以免增加学生的负担。同时，我们要和家长做好沟通，了解孩子平时在家练习的情况，帮助家长了解我们练习的目的，可以尊重家长的意愿，指导家长适当地"加餐"，而不要"过度喂养"。

说到练习，在我们的认识中，往往就是指语、数、英三门主学科，为了巩固和提升学生成绩而设计的练习。其实这是很狭隘的，每一科都需要通过课堂或者课后的练习，获得知识的掌握、技能的形成、智力的发展。我们的孩子往往更喜欢综合学科的课，却不重视这些学科的练习，因为在他们的观念中多少受到成人的影响，选择的价值标准过于"功利"，这是我们练习中亟须解决的问题。体育课总是孩子们每周最期待的课程，但是对于老师布置的身体素质练习、跳绳练习等，往往就会忽略。然而，我们要培养的绝不是一个刷题的机器，而是一个身心健康、乐于探究的孩子。许多孩子很喜欢科学课，但是对于老师布置的观察记录的练习则缺乏完成的耐心，有时甚至会有家长代劳的情形，因为这样的作业费时费力，在成绩上的体现却很小，所以得不到足够的重视。综合学科的老师们也费尽心思设计了"为儿童学习"的多样性练习，我们理应在练习时间中为综合学科留出空间。

- 关注学生的心理，让学生为自己的练习负责。

我们的多样性练习是以学生为主体的练习形式。这就意味着老师们要对学生的心理发展和认知水平有着更为清晰的认识，能够充分发挥学生的主观能动性，使练习成为一种主动、建构性的学习过程。小学生自主练习的内部动机主要是自我效能感的获得。自我效能感是指个体对自己是否有能力完成某一行为所进行的推测与判断。班杜拉对自我效能感的定义是"人们对自身是否利用所拥有的技能去完成某项工作行为的自信程度"。所以，面对老师设计的练习任务，当他们觉得自己能够完成时，他们主动完成的意愿才会足够强烈；当他们对结果充满期待时，他们愿意挑战的愿望就可能被激活。

那么我们如何使学生的"自我效能感"得以发挥呢？这就需要给予他们更多的空间，鼓励学生用擅长的方式完成练习。比如，三年级上册《航天飞机》一课的课后练习是"根据课文内容，为航天飞机写一段自我介绍"，这种课后作业设计的目的即是让学生学会转换人称介绍，并复述课文。于是我给了学生这样几个选择：① 在作业本上写一段航天飞机的自我介绍；② 给航天飞机做一个名片，可以图文结合；③ 做一段自我介绍给爸爸妈妈听,让他们猜一猜你是谁,可以请爸爸妈妈帮你录下来;④ 想象你是一架航天飞机,一个小朋友遇到了你,你会怎样介绍你自己呢? 找一个小伙伴演一演。写话一直是孩子们比较畏惧的练习形式,所以在这里我给了他们更多呈现作业的方式,并鼓励他们去展示自己,孩子们也倍感新奇。②③④三项虽然看起来不需要写,但是在完成时却需要更多的思考和演练。设计可以唤起他们艺术的灵感,演说和表演可以使他们焕发神采,变得灵动。难易、喜好都可以选择,充分实现了练习的自主,着眼于学生的"最近发展区",使练习能够唤醒学生发展的内部驱动力。加德纳多元智能理论中提到:"每个学生都有可以发展的潜力,只是表现的领域不同而已。对于一个孩子最重要、最有用的教育方法,是帮助他寻找到一个他的才能可以尽情施展的地方,在那里他可以满意而能干。"

同时,我们认为练习在小学阶段,特别是低年段,更是一种学习习惯和学习品质的养成过程。练习很大一部分是需要在家完成的,这是一个没有老师监督的环境,可能还会有环境因素的干扰,所以在极大程度上要求学生的自觉自律。并且练习是日复一日的,需要坚持的品质、坚定的意志、高度的责任感。能够明白练习的意义,对自己练习负责的学生,一定是学习的主人,能够走得更远。

多样性练习的愿景是期待学生的百花齐放。在自选式练习中,我们希望能够解决一些学生面对整齐划一的练习时所产生的实实在在的困难,让他们能够自然地获得学习的乐趣和信心。我们更希望的是让更多的孩子获得发展的可能性,差异性分层不是否定某一类学生,分层也不是固化的、一成不变的,我们对每个学生都抱有期望,期望他们能够"跳一跳,够得到"。我们希望学生都能够选择富有挑战的层级,不仅着眼于任务的完成,更是成为更好的自己。在自编式练习中,老师需要带领学生走出"只见树木,不见森林"的局面。我们要引导学生去发现,我们的练习不只是ABCD,我们的学习目标不仅是会做题,我们更需要学会如何去思考。让学生自编题目,就是换一个视角去发现问题、思考问题,希望他们在出题的过程中能够主动尝试对知识点进行关联,与生活进行链接,发现练习中的秘密。这样,当学生们在做题时,视野就会更开阔,也会觉得容易很多。在自鉴式练习中,我们希望学生能够亲身参与评价活动,更清晰地了解自己的学习情况,明确自己的学习所得,发现自己的优势和不足,继而能够以更积极主动的姿态投入到自主练习当中。

自主性是多样性练习的重要属性。自主性又是人作为主体的根本属性。多样性练习的自主性,重在强调有效管理自己的练习行为,认识和发现自我价值,发觉自身潜力,成就出彩的思维,发展成为有积极精神、坚毅品质的人。这注定是一场属于我们的缤纷多样的旅程,老师们会是最真诚的同行伙伴。

(本节撰写:魏舒阳)

# 第一节 自选式练习

## 一、概述

自选式练习是指教师根据《课程标准》要求并在尊重学生个体学习差异的基础上,通过设计不同层次的练习,让学生根据自己的学习经验、知识基础、学习能力的不同,能自主选择教师所提供的练习内容,积极主动完成并不断挑战自我,使得每个学生通过自己的努力能最大限度地提高学习能力,并最终实现全体学生共同发展的一种练习设计模式。

自选式练习模式突破了传统的"一刀切"、任务型练习形式,坚持以生为本,在尊重学生差异的基础上设计梯度明晰、有层次可供选择的练习,充分体现最近发展区理念,全面提高每位学生的学习潜能,通过灵活动态的分层练习,让学生根据自己每次课堂的学习情况自主选择自己能达到的练习阶梯,这样的分层练习是动态的,每个孩子在不同时期可能达到不同的层次,激发了学生学习的主动性和挑战性,使每一个学生尽可能在各自原有的基础上发挥最大潜能,同时体会到成功的喜悦感。自选式练习一定程度上促进了学生学习能力的提升,又能最大限度地激发学生的学习创造性和主动性。

我校正进行着支持儿童的差异性学习的课堂研究,本研究内容"自选练习"的设计初衷就是在练习内容上把"弹性选择权"还给孩子,练习的设计既要考虑学生的现有水平,也要考虑学生的潜在水平,让学生在自选练习中变"被动做"为"主动做",在不断的努力中真正成为自主学习的主人翁,努力完成各自的学习目标。

## 二、自选式练习的课堂呈现

【实用案例透析】

案例一 (摘自张青云老师案例)

### 基于儿童差异性的小学英语分层练习设计探究

1. 张青云教师课堂练习设计

片段呈现:

译林四年级下册 Unit 7 What's the matter? 一课中,要求学生会用 How are you? What's the matter? 等句型询问他人健康状况。考虑到这些内容与日常生活息息相关,笔者在设计练习时,将练习分成三个层次:C组学生基础较为薄弱、反应速度较慢,笔者为他们设计了简单的对话情境,将重要信息抠空,要求他们根据情境需要补充完整,再进行角色配音。对于英语基础扎实、语言感知能力较好的A组学生,笔者利用多媒体给他们创设各种情境,让他们以小组为单位,观察语境和人物表情,充分发挥想象力,组织对话并进行角色扮演。而B组学生在C组学生的简单情境对话的基础上进行表演,将所学的语言用于实践中,凸显语言的功能性。同时,也鼓励学生在完成本层次练习的同时,根据自己的能力水平选做其他层次的练习。教师可以设计类似"练习自选超市"的形式,将练习由易到难、由浅入深分为三个等级,允许学生自主选择,鼓励他们积极完成。其中初级是"必做题",二、三等级练习可选做其中的一项,选做完成的可以得到适当的奖励。同时完成二、三等级练习的学生,则可以免做初级练习。通过这种方式,可以提高学生做练习的积极性。

2. 张青云教师的设计理念

张青云老师觉得,"在小学教育阶段,练习的设计是课程设计中的一个非常重要的环节。有效的练习设计不但能帮助学生及时巩固所学的语言知识,还能激发他们学习英语的兴趣,进而形成一种动力,逐步促进他们合作、探究、自主学习能力的发展。教师在对学生进行教育的过程中,应强调因材施教,充分考虑到学生的差异性,针对不同类型的学生制定不同的学习目标和任务,运用分层设计的方法,提高练习的有效性,促进学生的学习。""教师在设计、布置分层练习时,需根据不同层次学生的各种情况,如课堂表现、掌握程度、已有水平等,设计出不同目标、不同内容、不同要求并适合各类学生的练习,从而帮助、促使不同层次的学生都能有效完成,它可以使学生在原有水平上都能获得发展。不同层次的学生决定了教师对每个学生目标达成度的要求不同。为了做到因材施教,教师必须倾心倾力设计不同层次的练习。"

张青云老师的自选式练习分为初级和二、三等级,有必做题和选做题,给予学生更多的选择空间,练习的由浅入深,能让学生依据自身的意愿和能力来选择自己的练习任务。通过自选式练习进行练习分层选择,让学生有自主选择的权利,能够充分调动学生的主观能动性。教师也可以给予适当的引导,让学生在寻找到适合自身能力的练习内容后,鼓励学生进行更多的挑战尝试。另外,选做类练习为学生提供多元性的选择,增加了练习的趣味性,同时也能更好地调动学生学习的积极性。由此,我们可以在尊重个体差异的基础上,让学生主动地学习,取得进步。

案例二 (摘自朱玉娟老师案例)

## 私人订制 让每个孩子C位出道
——以苏教版四年级上册"角的度量"一课为例

朱玉娟老师认为,"课堂练习的设计是教学活动的延伸,是学生巩固新知、形成技能、发展思维的重要途径。这样的练习既要注重学习能力的差异性,也要注重学习过程的递进性,才能适合不同学习能力的孩子,让每一个学生在自己的最近发展区内得到不同层次的发展,促进学生全面而有个性的发展。"

1. 朱玉娟教师两种课堂练习模式

**片段1:"一刀切"的题海练习**

师:老师这里有许多角,试着量出它们的度数。

交流时大部分孩子回答很积极,在动手操作环节,我请了王艳同学回答问题,我发现她一直在低头测量,上台展示时,她的量角速度很慢,不停地更改,很长时间才量完角。眼看下课时间到了,我请王艳回座位,便进行课堂总结。

师:孩子们,你们会量角吗?

我们班的一些小机灵大声说着:太简单了,老师再来点难的考考我。但我也观察到了一些孩子附和着说,会量。

课后,我找到了王艳,轻声问:"王艳,你能和老师说说量角的方法吗?"

她怯怯地说出了量角方法,说得还算对,我便鼓励她下次速度要加快点。她点点头,又鼓起勇气对我说:"老师,题目多,我自己不熟练,怕写不完。"我发现这样的练习对她居然是个负担,一边是"吃不饱",一边是"吃不了",我不由得反思起来。

**片段2:自选式练习——分层定制"练习大餐"**

在练习环节,设置了三个层次的量角练习:基础题、拓展题、探索题。

师:看,这些角。独立完成红色角;蓝色角,可以交流分享;绿色角,根据自己兴趣完成。

红色角,相对基础的角。特意请了几位之前启用智慧锦囊的孩子回答,回答得很好,孩子们的掌声顿时响起。

蓝色角,对基础角的进一步巩固,呈现不同开口位置的角。我发现大部分孩子非常愿意去尝试,甚至同桌之间不自觉地互相探讨。有个胆小的孩子在我巡视时,还悄悄与我分享:"老师,我是这样量的……"

绿色角,有挑战性的角。我选择了一些特殊的角:边特别短的角、被遮挡一部分的角、没有对准0刻度线的角。我们班的小机灵乐呵呵地说:"老师,这角也太奇怪了吧,我是这样量的……"有的孩子听完大喊:"咦,我也会了,有趣!"相信下次更多的孩子也会乐于尝试挑战。

不同能力的孩子,去选择自己想做的题,同时可以挑战自我,练习题不再是负担。整节课,每个孩子都认真享受着这份私人订制的大餐。

2. 朱玉娟教师设计理念

基于片段1的教学,朱玉娟老师静心反思,有了如下的内心独白:

## 三省吾"课"——"关注"VS"忽视"

一省作业设计是不是满意？我的教学目标基本符合课程标准，重难点我也认真分析了，课堂上我也很注重与孩子的互动交流，但课堂反馈出孩子们的能力没有得到最大的发展。反省自我，首先我就忽视了孩子们的学情和差异性，统一标准难以满足所有的孩子们。

二省孩子们是不是接受了新知？从一开始量角器的介绍，孩子们看似发言积极，但有的孩子人云亦云，有的孩子静观其变，他们到底了解多少，他们有学习的内在需求吗？接着，在量角环节，我让孩子们自主探究新知，觉得是给空间思考，而忽视本课中大部分孩子生活中缺乏量角经验，数学不仅是学知识，更多的需要积累经验，这样的无效探究导致孩子们被动接受量角方法，缺乏主观探究愿望，他们真正学到了多少？练习环节，更是一碗水端平，题目混淆练习，"吃不饱"VS"吃不了"。

三省如何支持儿童学习？静心思考，课堂中应关注儿童差异性并结合本课重难点进行教学，注重孩子学习经验和学习能力等的不同，设计有差异的教学目标和教学活动，让不同学习能力的孩子都能达到各自的目标。于是我又再次展开了探究之路。

回顾课堂片段2，朱玉娟老师的自选式练习让每个孩子享受着私人大餐。《角的度量》一课中朱玉娟老师设计了梯度性的练习题，包括基础题、拓展题、探索题。基础题，面向全体学生；拓展题，是孩子在熟练掌握基本量角的方法后，大部分孩子还能根据角的不同位置灵活量出度数，有困难的孩子可以在尝试交流中提高思维水平；探索题，激发学有余力的孩子或爱探究的孩子的积极性，即使挑战不成功也无所谓，经历就是一种好的数学体验。这样的练习关注差异，对于不同经验、不同能力水平的孩子，让他们在选择和挑战中收获成功的乐趣，让每个孩子的学习潜能都在原有的基础上得到充分的发展。

## 三、自选式练习的实践思考

### （一）自选式练习设计依据

#### 1. 以课程标准为依托

《义务教育课程标准（2011年版）》指出："关注学生的差异，用不同层次的问题或教学手段，引导每一位学生都能积极参与学习活动，提高教学活动的针对性和有效性。"同时，"教师是学生学习活动的组织者、引导者与合作者，要根据学生的具体情况对教材进行再加工，有创造地设计教学过程，要正确认识学生的共性和差异性，因人施教，使每个孩子都能展现其特长，发挥其潜能，进一步得到提高和发展，要让学生获得成功的体验,树立学习的自信心。"

所以任何教学活动的开展都是以教学目标为导向,并以实现教学目标为最终追求,任何练习在教学中都是为达成课程目标而设置的,基于课程目标多元化的达成要求,从根本上来讲,无论自选式练习的相关设计要求以何种形式呈现,其设计都和课程标准相一致,以课程标准为依托。

### 2. 以理论支撑为基石

维果斯基的最近发展区理论指出,学生的发展有两种水平:一种是学生的现有水平,指独立活动时所能达到的解决问题的水平;另一种是学生可能的发展水平,也就是通过教学所获得的潜力。两者之间的差异就是最近发展区,维果斯基认为,每个孩子的学习水平及最近发展区都有一定的不同,教师需设计不同层次及水平的练习,以便适应每个孩子的最近发展区,从而让孩子朝着更高层次的台阶迈进,收获成功的喜悦。

当下许多的数学课堂具有同一性,学生的学习过程、达成目标是一个模板。教师更善于用"同一把标尺"衡量不同的学生,有的可能相对较高,有的相对较低,能力较弱的孩子会在高标准中屡战屡败,进而迷失学习方向;能力较强的孩子会在低标准中原地踏步,丢失学习的热情。学生在自己的"最近发展区"中缺乏学习的主动性和自我挑战力。

自选式练习着眼于学生的最近发展区,根据学生差异设置贴近"最近发展区"的目标,为学生提供有层次、有选择的学习目标,调动每位学生积极的思维活动,激发其潜能,并尽可能地超越已有经验和能力,让每一个学生在自己的"最近发展区"内得到不同层次的发展,并在不断的目标达成对比中体验成功的乐趣。

### 3. 以学生发展为宗旨

围绕新课程理念,小学练习的设计既要尊重学生的差异性,以实现面向全体学生,又要关注学生的学习兴趣、学习能力等,以促进学生的全面发展。在自选式练习的设计体系中,练习内容、练习类型、练习完成方式等都可以由学生来自主选择,学生可以根据自己的能力需求,合理选择。练习的设计,既要能围绕着课堂教学重难点,完成课程目标的基本要求,也要促进学生更高层次的发展。

自选练习的宗旨是促进学生的最大发展,发挥学生的主人翁精神,调动学生的积极主动性,激发学习潜能,产生主观能动学习的动力,在学生的"最近发展区"内进行分层练习设计,给孩子自由选择的权力和机会,夯实课堂学习的知识基础,培养学生思维的发散性,提升学习力。

## （二）自选式练习设计模式

练习的设计是教学活动的延伸,是学生巩固新知、形成技能、发散思维的必要手段。这样的练习既要注重个体能力的差异性,也要注重学习过程的递进性,才能适合不同学习能力的学生,让每一个学生在自己的最近发展区内得到最好的提升,促进学生全面而有个性的发展。

传统的分层练习存在两个问题:一是练习模式相对单一,"一刀切"的练习题不能及时反映学生能力发展的动态变化;二是练习层次的设置标准忽视学生的差异,完全由教师决定,并且层次划分带有显性分层特点,把学生分为学优生、中等生、学困生,在一定程度上影响学生的学习积极性和自尊心。而我们自选式练习的设计从多层次的角度入手,分为必选和自选搭配,内容上将基础、提高、拓展题相结合,给予学生弹性的选择空间,优化练习层次的设计模式。

### 1. 必选练习夯实基础

必选部分练习内容就是基础题,是自选式练习体系中最基础的部分,是教学目标最基础的达成,是每位学生必须选择并完成的练习,这是练习体系中最不可或缺的部分。这部分的练习设计的内容是统一的,是基本的衡量性练习,应该针对的是教学内容的重点,相对容易而必须理解的知识点,其设计的原则是以课程标准为准。

在必选的基础题部分,学生可以根据自己必选练习完成的具体情况进行自我评价,了解自己对重点知识的掌握程度,了解并找到自己的最近发展区。教师和学生通过必选练习,发现问题,查漏补缺,夯实基础。

### 2. 自选练习拓展提优

自选部分练习内容主要以提高题和拓展题为主,提高题主要是基础题的进一步提升,以及难点的分解;拓展题主要针对学有余力或者乐于挑战的孩子进行提优。自选部分学生不一定全部完成,可以根据自己的学习兴趣和学习能力,以及对本节课的知识掌握程度,自主选择练习完成。

自选部分的提高题是针对独立完成必选部分练习的学生,而进一步设计的巩固提高型的变式练习,能使学生对基本的概念和重点知识有更为清晰的认识、理解,能更加熟练地运用基础知识。即使是基础稍微薄弱的学生,大部分都能独立完成部分提高题,提高题的设计目的是帮助学生在掌握基础知识的同时,把难点知识逐一分解,查漏补缺,思维不断递进,从而进一步促进必选练习教学目标的达成。

自选部分的拓展题主要针对学有余力或者善于挑战的孩子,锻炼他们的知识迁移能力,这部分题目难度相对大些,但只要熟练掌握基础知识都可以尝试选择,是基础题和提高题的进一步延伸。这些题目通常有挑战性或趣味性,能激发学生的学习兴趣,用所学去解决实际问题,培养学生的创新意识和探究精神。

(三)自选式练习的设计意图

课堂自选式练习是学生巩固新知识、形成知识技能、发展数学思维的重要手段,是课堂教学的延展。课堂练习并不是单一的就题做题,设计这样的题,不仅考虑学生的学习认知能力差异,更要思考能给学生带来怎样的思维进阶。课堂自选式练习的设计要有指向性,突出相应的差异性教学目标和重难点;练习设计要有梯度性,使不同能力的学生都有所突破;练习设计要有开放性,能拓展学生的思维能力,激发学习兴趣,发挥学生的创造力。让每一个学生在自己的最近发展区内得到不同层次的发展,促进学生全面而有个性的发展。

自选式练习基于学生的差异性,呈现不同学习目标要求,照顾了不同的学生。必选题即"基础题",面向全体学生,是必须掌握的知识。自选题即"进阶题"和"探索题":"进阶题"大部分学生能自主选择完成,有困难的学生通过交流合作也能豁然开朗;"探索题"可供学有余力或者乐于挑战的学生选择完成,经历数学的美好探究过程。在这样的课堂自选式练习中,不同学习经验、不同能力水平的孩子都有一个追求的目标,甚至在课堂氛围的带动下尝试更多的挑战。兴趣是一种最好的学习动力,学生们在自主的选择和挑战中收获成功的乐趣,每位孩子的学习潜能都在原有的基础上得到充分的发展,这是我们期待的课堂效果。

(本节撰写:朱玉娟)

## 第二节 自编式练习

### 一、概述

自编式练习是指以学生为练习设计主体,根据学习目标的要求、所要考核的知识点,联系生活实际,运用自己喜欢的题型进行练习编写的形式。其根本目的是提高学生的自主学习能力。

在传统的练习中,教师的角色一直是"出题人",学生是"答题人",无论老师怎么"以生为本"地精心设计,练习的主导权毋庸置疑地掌握在老师手里。学生完成老师提供的练习,无论是主观还是客观的题目,脑子里只有一根线:寻找正确答案。"完成"和"正确"是促使孩子进行练习的两大驱动,也正对应了老师一支红笔判对错的评价方式。在这样的练习活动中,学生的思维是单一的、情绪是被动的。那么,在我们的练习中,比"完成"和"正确"更重要的是什么呢?在我们的自编式练习中,我觉得最有价值的就是看得见学生的思维发散。出题是从提问开始的:我的考察目标是什么?我的题目可以有哪些形式?为什么运用这样的形式?如果老师出题,他会怎么想?如何在题目中设置小小的陷阱?怎样设置开放性的题目?皮亚杰指出,只有儿童自我发现的东西,才能积极地被同化,从而产生深刻的理解。一连串的问题正是我们练习中最有价值的思考。学生在这样的出题过程中,有内在动力的支持,挑战精神被激发,有积极的感情投入,以及不同于往常练习的新鲜感。

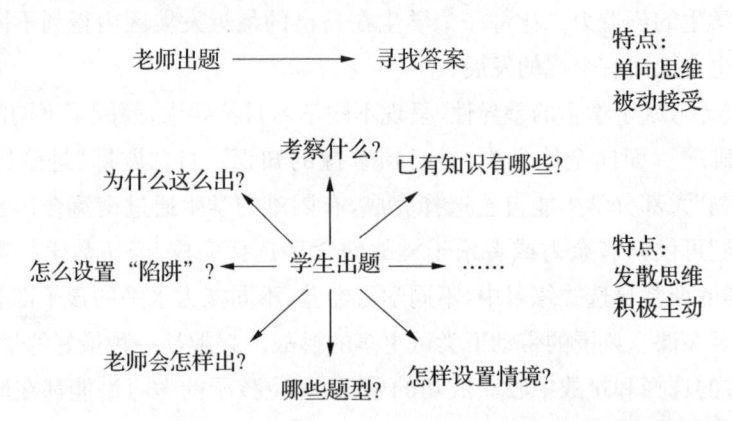

```
老师出题 ——————→ 寻找答案          特点:
                                   单向思维
                                   被动接受

           考察什么?   已有知识有哪些?
  为什么这么出?   ↖  ↑  ↗
                                   特点:
  怎么设置"陷阱"? ←— 学生出题 —→ ……   发散思维
                   ↙  ↓  ↘          积极主动
  老师会怎样出?  哪些题型?  怎样设置情境?
```

　　脑科学的研究已发现,"只有情绪才能为我们提供足够多的热情来达到目标"。自编式练习让学生不仅是练习的"主体",而且成为练习设计的"主体",扮演老师的角色。学生参与学习目标的研制,积极思索解决问题的策略,在学习过程中更具积极性,从中获得更大的成就感。"情境教育运用角色转换原理,让儿童更深地体验角色的语言、行为,连同进行模拟操作,来培养儿童的实践能力。这种'有我之境'可产生一种巨大的无形的导引效应。教育教学活动随着角色的活动进入沸腾状态,促使儿童由习惯上的教学过程中等待接纳的被动角色,转变为积极参与的主动角色,从而积极思维,生动地进行相关符号学习和模拟操作等丰富的活动。"

　　成为练习设计的"主体",可以提升学生学习的视野,老师们也要建立学科教学的"大局观",领着学生宏观地去看教材,思考练习的题型,学习如何将知识分类,探寻知识价值。中国学生发展核心素养的框架也正式提出了"问题解决"的关键词,要求学生善于发现和提出问题,具有在复杂环境中行动的能力。希望学生学会学习,在学习意识形成、学习方法选择、学习进程评估调控等方面有较好的综合表现。所以以学生为主体的自编式练习,正是着眼于学习中问题的发现和提出,让学生成为练习设计的主人。

## 二、自编式习题的设计原则

自编式练习并不意味着老师放任不管,在自编式练习的设计中,我们要充分考察练习的应用情境,引导学生有方向、有方法地去思考,这样有精准目标的练习,才能更好地走向学生充分自主、思维发展的最终目标。为此,我们思索出以下三条原则。

（一）考量知识的系统性

自编式练习,无论是为了突破难点而进行的练习的自编,还是为了复习巩固而进行的阶段性练习的自编,首先要让孩子明白的是练习的目标是什么。如果没有这样一个宏观的认识,那么孩子们出题就是我们熟悉的练习题的仿写,甚至有些孩子会"偷懒",把购买的练习当作资料,这样就失去了自编练习的意义和价值。我们必须明白,不是为了出题而出题,而是为了学会学习而出题。

自编式练习不如传统的练习那么简单,学生有着颇多的经验,在践行自编式练习时是需要逐步推进的,因为这是一个逆向思维的过程。平时孩子们就好像是一个个"食客",接受来自老师的供给。现在需要他们变成厨师,那么应该先告诉他们厨房的规则。以语文的自编式练习训练为例,可以从一篇课文开始自编练习,引导孩子们去思考:语文作业中第一题往往是什么？答案是字词和字音。从已有经验出发,可能出怎样的练习？例如看拼音写词语、选择正确的读音、给加点字注音、生字扩词等。接着应该思考什么？这节课我们会考哪些字词,孩子们能够找出本课易写错的生字、易混淆的字音、新出现的新鲜的词语等。针对不同的问题,再来选择合适的练习形式。这样就形成了语文自编式练习的一个简单思路:确定练习点→寻找知识点→选择练习形式。"一定二找三选"就是自编式练习思维的关键词。同样是字词的考察,相较于传统的完成看拼音写词语,在自编看拼音写词语的过程中,识字认字的思维过程就由"看不见的抽象"走向"可视化的具象"。以往我们只能看见他们会与不会,很难了解他们是如何识字的;现在我们从学生自编的练习中,可以较为清晰地看见他们对这些汉字的认知和理解。自编式练习让学生对知识的认知"可视化"。

除了教会他们方法,我们还可以为他们的自编式练习提供支架,比如我们的教学目标。我们可以尝试和孩子们分享教学设计中的目标,这样可以让他们更清楚地明白我们这节课要学习的是什么,要考察的知识点有哪些,我们可以给学生提供借鉴(见表5-2),并给出一些建议方式评价。这就是自编式练习的初级阶段,久而久之就会变成学生们自己的思维模式,在不断的练习中形成对语文学科的知识建构,这样的自主认知模式比我们反复地灌输训练所获得知识更为牢固,收获的又远不止是知识。宏观认知是自编式练习的最佳视角。

表 5-2　三上教学内容评价指标表

| 教学内容 | 本课评价指标 | 建议评价方式 |
| --- | --- | --- |
| 1.《让我们荡起双桨》 | 1. 会读、会写生字"桨、塔、周、墙、洒、悄、偷、排",正确率为100%;能在不同语境中认出生字"爽"。 | 听写、辨析、运用、阅读中生字查询 |
| | 2. 能运用联系上下文和借助词典、字典、生活积累的方法解释"环绕"、"飘荡"、"凉爽"、"尽情"的意思;并区别运用"映"与"应"、"漂"与"飘"、"轻"与"青"等字的形义。 | |
| | 3. 阅读课文,初步了解课文内容,感受到新中国少年儿童生活的丰富多彩、幸福美满。 | 填写关键词语;口头说一说 |
| | 4. 读懂诗句,理解课文内容,知道课文中的"红领巾"指少先队员,"阳光"指党和人民对少年儿童的关怀。 | 填空 |
| | 5. 能正确背诵课文,正确填写"美丽的白塔、绿树红墙、愉快歌唱、尽情欢乐"等关键词语。 | 填空 |
| | 6. 正确、流利、有感情地朗读诗歌,读出对祖国、对生活、对党的热爱。 | 课堂读 |
| 2.《学会查"无字词典"》 | 1. 会读、会写生字"查、词、典、聪、突、烈、涛、岸、岩、音",正确率为100%;能在不同语境中认出生字"蹦、释、撞、嚷"。 | 听写、辨析、运用、阅读中生字查询 |
| | 2. 能分角色读好聪聪和爸爸的对话。 | 课堂和课后读一读 |
| | 3. 通读默读,初步了解文章的内容,懂得学语文不仅要从书本上学,还要从生活实践中学。 | 课堂上说一说 |
| | 4. 联系上下文和生活实际理解"骄阳似火"、"惊涛拍岸"的意思,知道"有字词典"和"无字词典"的意思。 | 填空 |
| | 5. 用"骄阳似火"一词描写夏日天气的炎热。 | 习作 |

(二)联系生活的实用性

　　自编式练习的特点之一就是宏观地去看我们所学的知识,这是一种视角的改变,是我们对练习这一形式的崭新思考,改变的是学生的练习行为,更是老师的设计思维。老师们在出练习时,其目的明确,使知识得到最大限度的考察,研究的是知识本身。但对于学生来说,他们的知识生长点又是在哪呢? 我们认为一定是贴近生活的学以致用。

　　可以让学生们自编习题的原因之一就是孩子们都是有经验的人,这种已有经验不仅指他们做过很多的练习,而且他们有属于自己的生活经验,个体不同的生活体验就是最宝贵的相互学习的资源,也是更具有实际意义的学习。在数学学科中,我觉得这点体现得尤为明显,数学知识的学习总是离不开与现实生活的联系。

我曾听过二年级的一节数学课《复习100以内两位数的加、减》，课上老师首先让学生们说一说："你觉得生活中什么场景用到数字计算最多？"有的同学说菜场，有的同学说超市，有的同学说吃饭，有的同学说坐车的时候……孩子们的认知里大部分的数字运用和钱的使用有关，很多孩子还和大家分享了自己帮助爸爸妈妈买东西的经历。老师在他们叙述的同时，鼓励他们列出相关的加减法的算式，可以看出二年级的孩子对于自己能够帮助父母做事情，能够在生活中运用到自己所学的数学知识，充满了自豪。交流中，孩子出题和答题的热情瞬间被点燃了。接着，老师又让学生们在这些情境中投票选择自己最感兴趣的场景，学生们当然对吃更有兴趣，于是老师趁势出示一张肯德基的餐单，即使是看着这些图片和名字，就足以吸引所有孩子的关注。老师提出了本节课活动的内容：如果给你100元，你会想吃些什么呢？学生们听了满脸兴奋，似乎真的手里拿着100元走进了肯德基。学生们通过小组讨论，将每个人的点餐编成了不一样的情境，老师鼓励学生们用通顺的语言把自己小组如何配置购买的方式表达出来，并列出算式，相机展现在黑板上。题目有连加连减，有分步列式，再请其他小组的一位同学当收银员进行计算，主动参与到活动中的积极性似乎瞬间提高了计算的正确率。有一个小组的孩子们想吃的太多，超出了100元，引得其他孩子捧腹大笑，老师顺势引导学生，即使遇到自己喜欢的东西，也要适可而止地选择，要在自己的能力范围内实现，这就需要好好计算。一节课有趣，更有效。

相信如果学生们下次在练习中能够看到有关肯德基的题目，计算起来也会更加有劲。如果我们的学生能够在生活和数学之间灵活穿梭，感受数学源于生活又高于生活，他们的数学能力才更值得肯定。生活是我们自编式练习的最好素材。

（三）凸显思维的创造性

自编式练习是为了在练习中凸显学生对学科的理解而存在的练习形式，是学生对于学科知识、练习题目的个性化理解，带有个人经验的色彩是其标签。当然，这并不是每个学生与生俱来的能力，所以对常见练习的模仿是其起步的初级阶段，也是积累的过程，但是我们绝不能走入模仿的误区。不能套以自编的外衣，变成"拿来主义"的实质。我们一定要清楚地认识到，练习本身并不重要，重要的是学生思索的过程，凸显思维创造性的自编式习题才是有价值的。

在数学的"课前三分钟"分享中，有一位男生和大家分享了一个经典的营销案例：一家牙膏厂产品滞销，连续亏损，厂长做出一个大胆的决定，谁能想出好办法解决滞销问题，奖励一万元，这在当时是一笔巨款。一个工人提出，把牙膏的端口做大一些，由原来的0.4 cm改为0.5 cm，这样人们每天挤出的牙膏就更多一些，牙膏的使用期就比原来缩短了，销量就上去了。一个人的智慧拯救了一个厂。这是他感兴趣的一个故事，他分享给大家，并提出思考：这一小小的改动能使每一家一年多用几支牙膏呢？阅读并带有探究性的思索，就生成了一道鲜活的自编式练习。班里的同学们听后也很感兴趣，大家进行了激烈的头脑风暴：① 假设端口是规则的圆柱体，高度为 2 cm，进行列式计算。② 可以运用我们数学中可爱的"单位1"来进行计算，假设原来的端口体积为"单位1"，计算出现在的端口体积是原来的多少倍。③ 也有学生基于生活的实际提出，挤牙膏的力度不同，出来的膏体大小是有区别的，这是来自现实的干扰因素。这是多么有意思的探讨，比起数学应用题中的牛羊吃草、水管进水、修路工程等题型似乎更具有生命力；比起数学经典例题中不断工作的甲乙丙丁，更能激发起学生对数学的好奇。

充满思维思辨式的数学自编式习题很有魅力，而兼具美术学科审美功能的英语自编小报同样令人眼前一亮。我校的英语组就一直尝试与单元主题相关的自编小报创作，搭建了学生自主创作的五彩缤纷的"小花园"。

生活是创造对话的素材，图文并茂的表达方式生动有趣、直观形象。在自编小报的过程中，学生们需要调动多种感官，而冷冰冰的字母符号变成学生自己建构的经验，更有助于他们知识的习得和巩固。更重要的是，创造的过程是快乐的、充满成就感的。与众不同的成果体现是自编式习题最好的情感体验。

## 三、自编式练习的设计样式

　　自编式练习的实践主要还是语、数、英三门主学科,因为这是与练习紧密联系的学科,是有着考试压力的学科。在任务式的练习之外,尝试学生的自主发展,是十分有意义且必要的。自编式练习设计有其一定的特点和原则,但是最重要的还是学生的投入程度。当学生在自编过程中呈现出积极的状态,愿意全力以赴时,那么必然会给我们带来惊喜。而老师们所要做的,就是给予学生广阔的创作空间,发现他们的亮点并予以适时的肯定和鼓励。所谓"教学相长",在以学生为主体的自编式练习尝试中,确实让我们也有了发现和思索的快乐。

### 【实用案例透析】

案例一

#### 自主发展有担当　　核心素养在生长
——二年级语文期末复习自编习题案例

　　期末复习的最后一天,有四节语文课,加上午自习的时光,闷热的教室里孩子们有点像失了水分的花朵,但是仍在努力地坚持着。心疼学生们的不容易,觉得此时再布置一些练习就是对彼此的折磨了。于是和年级组的老师们交流后,决定把复习的自主权交给孩子们,给他们自由的时间,用他们小小的脑袋去猜一猜,这次的期末考试我们会考点什么。这个想法我自己都觉得有点意思,为了增加活动的趣味性,也给孩子们增添一些动力,我还承诺他们,如果押中了考试的题目,可以获得小小的奖励。教室里顿时热闹起来,一扫之前的沉闷。

　　趁热打铁,我给孩子们布置了任务,每大组负责两个单元,整理自己觉得容易错的知识点,编成自己觉得会考的小题目。话音刚落,孩子们便雀跃起来,纷纷申请拿白纸,那种迫不及待,让我甚至有点怀疑他们是否有认真听我的要求。然而热情如火般被点燃,我也就适时地选择了先观望。一分钟内就有同学提出能不能和小伙伴合作,得到我的允许后,孩子们瞬间分好了组,当然也有小朋友比较犹豫,他们在担心署名的问题,因为这关系到结果的奖励。突然发现他们的小心思还很多,一些孩子不做题时脑子就显得特别灵活。

　　又过了一会儿,又有孩子提出能不能对整理好的内容进行装饰(结果证明这才是他们的乐趣所在),我说可以时,我看到了很多的小眼睛在一闪一闪亮晶晶。学生们拿出了复习这几天来最投入的状态。所以偶尔地放纵,让孩子们"自主发展"真是十分必要且有意义的,看着他们如此专注地思考、态度认真地做事,我觉得其实考试的成绩也就没那么重要了。也许未来考试的形式也是可以改变的,不再是老师来考学生,而是让学生自己来考自己。考试的形式无论怎样变革终是机械的,而统筹知识、分析问题的能力才更为宝贵,看看他们整理的内容,即使他们才二年级,即使他们并没有什么经验,我觉得他们也是有自己的想法的,这点十分令人欣喜。

很久之前我就一直在想,如果再给我一次机会去高考,一定可以考得很好,因为跳出埋头复习的桎梏,再回看高中的课本,会觉得其实高中三年所学的知识是有限的,是有规律可循、可总结的,然而在高中阶段是看不穿的。所以我觉得我们一定要建立语文教学的"大局观",能够领着学生宏观地去看我们的课本,分类知识,积累语言。

当"核心素养"这几个字响当当地叩开教学之门,开启教育3.0时代时,怎样培养"全面发展的人"值得我们深思。"核心素养"带着教育变革的使命,是那么重大而让人感觉激动,而落到平常教育中却应该是我们的时时刻刻。就如今天这样一次"自主复习",我可以看见——

一、社会参与——合作意识的内化

在我分配任务的伊始,并没有合作的要求在里面,我觉得他们是可以独立思考的,也许独立思考更有效率。但是孩子们有自己的想法,他们爱合作、想合作,就如他们的每一节的课间一样,总是和自己的小伙伴一起奔跑、游戏,享受着属于自己的隐秘的快乐。在合作中,他们有分享的喜悦,有相互的依赖,有碰撞的火花,有群体的欢乐……你会发现,在小组内,有主要担当,负责执笔;有策划担当,负责出谋划策;四人小组中,还有人负责查字典,负责纠错。在小小的群体中,关系是和谐的,分工是明确的,职责是清楚的,这不就是属于他们的小小的"社会参与"吗?更难能可贵的是,这是他们自觉的一种意识,可见他们已经慢慢地从小小的个人融入集体,学会交往、学会负责,让人觉得骄傲。

二、自主发展——审美情趣的建立

纵观学生的整理作品,从分类方法的选择,到板块的设计,再到装饰,每一份都是独一无二的,孩子们有着自己独特的审美品位。

**装饰标题:**

小报：

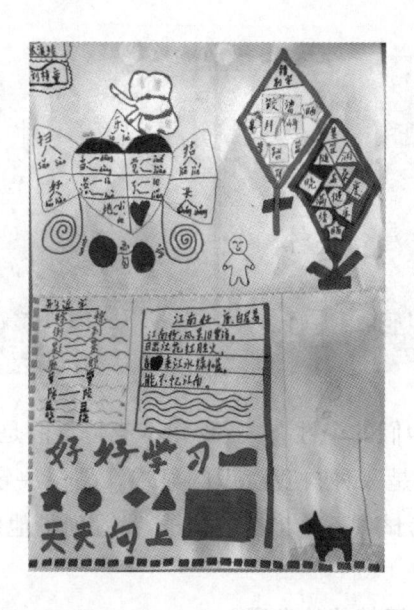

结合课文内容的绘图：

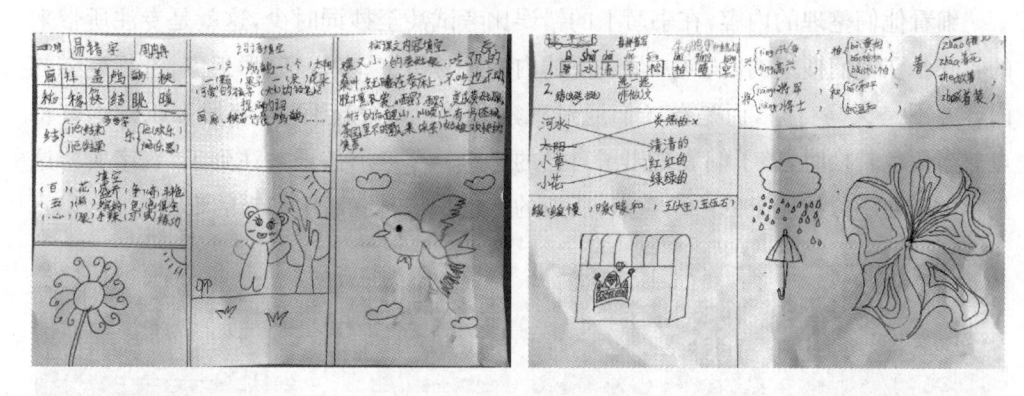

创意黑板：

**简单务实的：**

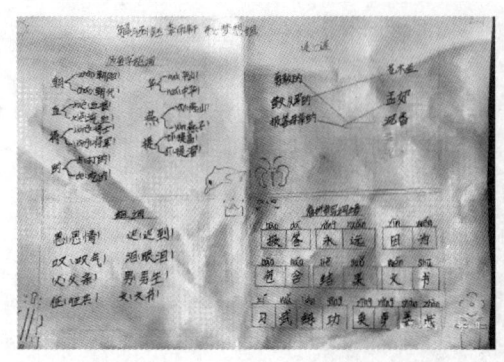

他们的创作是否与他们的个性有关，我并不清楚。但是我觉得这种自主的审美情趣的建立和发现，一定是一种自我意识的显现。品位决定品质，这也是另一种能力。特别是对于一些在考试中不算出色的孩子，我看到了他们的潜力，找到了引导他们的方向和契机。

### 三、文化基础——知识技能的发展

细看他们整理的内容，在书写上的错误比考试甚至抄词时少，这就是专注所带来的收获。在他们搜集的内容中，最主要的内容是易错字、多音字、形近字，选择这样的内容并不是天马行空，而是孩子们通过观察和学习，总结出的本年段知识的固有特点。当角色转换时，孩子们展现出了自己的思想。有三个孩子关注到了"查字典"，这是本学期在学习技能上的一个重点，所抓的字也是平时练习中易错的难点。

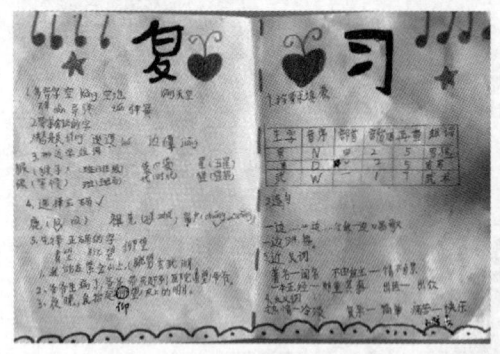

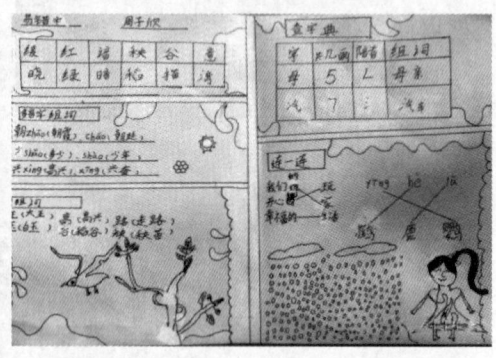

当角色互换时，对学生的错误也会多一些理解和包容，甚至在想，如果到高年级再让他们出题，可能我做起来也未必能得到满分。有些孩子选择了"古诗"、"农谚"，正是他们所负责单元的特色。在每一份题目中，他们都多多少少 get 到了重难点，可见他们习得的不仅是知识，更是解读课本、抓重点的能力。他们的局限性在于年龄的限制，能力尚不足，所以考虑问题更多的是点，而缺乏全面。但是随着孩子们心智的发展,不断去经历这样的"自主学习",他们的能力会越来越强。具备了学习的能力,知识的获得必不是问题,然后在此基础上再追寻理解和体悟,一步一个脚印。孩子越能干,老师越轻松,这是一个美好而现实的愿景。

带了他们两年,总觉得二年级的孩子还小,但是通过这次自编练习的复习,他们给了我实实在在的惊喜,从这一份份不完美且稚嫩的 A4 纸作品上,我看到了许多孩子发展的可能性。在小学阶段,孩子们的能力其实并没有完全发展出来,由于年龄、性别、家庭关注程度、学前教育程度的不同,存在着很大的差异。有些孩子因为接受的练习训练早,所以会显得较为聪慧,这是起跑线的不同。但是,当我们换一种方式去让孩子们展现自己的能力时,他们的自主发展能力、个性特点会在其中得到显现,也可能因此得到启发和激励,因为这次没有功利化的评价,只有对主动投入的认可。

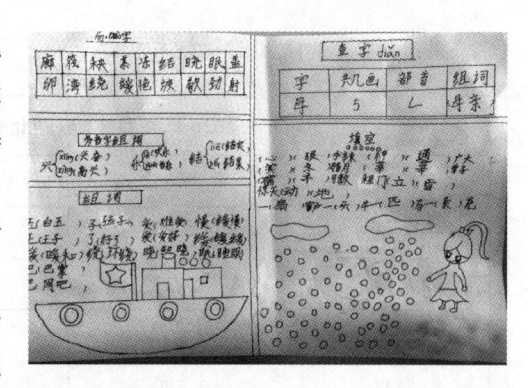

每一天的欣喜在于发现,每一点的思考在于热爱。第二天的考试突然又有了不一样的色彩、不一样的期待,我想孩子们也是。做我们该做的努力,走自己的路,也期待考试变革能够给我们更广阔的空间。

**案例二**

## 数学视角看疫情　学以致用多收获
### ——五、六年级数学自编习题案例

疫情下的 2020 年是那么的特殊,春季学期的开学没有如约而至,响应教育部提出的"停课不停学"的号召,老师们集思广益,希望能够为学生们定制合适的在线辅导。高年级数学组的老师们提出"生活就是最好的数学课堂",而疫情就是最具有生命价值的课程资源。于是,"发现疫情之下的数学问题"的主题探究活动应运而生。五、六年级的老师们很快在班级群里发布了召集令:① 关注和疫情有关的热点话题,如疫情的实时发展、防控措施、物资捐赠使用情况等;② 通过网络搜集数据和信息,结合五、六年级教材中的数学知识,选择一个分析或者解决问题的角度;③ 自编习题,可以是一个问题,也可以是多个相关问题,在群里发布。

召集令发布后,老师们都很期待,这样联系"时事"的自主练习形式也是第一次,学生们会有怎样的反馈呢?教育的美好也正在于它存在着无限的可能性。我们的孩子没有令老师们失望,从最后收上来的自编练习的数量和质量来看,这是一次非常成功的尝试。学生们思考问题有角度,分析解决问题有方法,看待问题有温度。一场疫情,为他们打开了认知的新视角。

**2020 年 4 月 12 日湖北省各城市疫情统计表**

| 城市 | 累计确诊 | 累计死亡人数 | 累计治愈人数 |
| --- | --- | --- | --- |
| 武汉 | 500 08 | 2 579 | 47 186 |
| 孝感 | 3 518 | 129 | 3 389 |
| 黄冈 | 2 907 | 125 | 2 782 |
| 荆州 | 1 580 | 52 | 1 528 |
| 鄂州 | 1 394 | 59 | 1 335 |
| 随州 | 1 307 | 45 | 1 262 |
| 襄阳 | 1 175 | 40 | 1 135 |
| 黄石 | 1 015 | 39 | 976 |
| 荆门 | 928 | 41 | 887 |
| 宜昌 | 931 | 36 | 894 |
| 咸宁 | 836 | 15 | 821 |
| 十堰 | 672 | 8 | 664 |
| 仙桃 | 575 | 22 | 553 |
| 天门 | 496 | 15 | 481 |
| 恩施州 | 252 | 7 | 245 |
| 潜江 | 198 | 9 | 189 |
| 神农架 | 11 | 0 | 11 |

(1) 结合表格计算出截至 4 月 12 日湖北省疫情的死亡率和治愈率。
(2) 根据死亡率和治愈率绘制出折线图。
(3) 观察表格,你对湖北疫情的趋势有什么发现?

疫情期间的确诊死亡和治愈情况深受大众的关注,许多学生在题目中通过提供不同的统计数据,计算死亡率和治愈率,这样的数据从一定程度上可以反映疫情的防控情况。这道题中,学生不仅提出了计算死亡率和治愈率,并提出了绘制折线图的问题,这是五年级的数学知识,通过折线图反映出的数据更加直观,便于分析。图表绘制是这个题目的亮点。

(1) 根据下表,算出疫情期间中国的死亡率和治愈率分别是多少。(截至4月12日)

| 累计确诊 | 累计死亡 | 累计治愈 |
| --- | --- | --- |
| 83 523 | 3 349 | 78 062 |

(2) 根据下表,算出疫情期间海外的死亡率和治愈率分别是多少。(截至4月12日)

| 累计确诊 | 累计死亡 | 累计治愈 |
| --- | --- | --- |
| 1 682 367 | 104 194 | 313 173 |

(3) 通过数据对比,你有什么发现?

同样是一道图表计算死亡率和治愈率的问题,但是关注的角度不同,这里对比的是中国和海外在疫情防控与救治上的差异。我们也会鼓励孩子,从这个角度出发,进行阶段性的关注和研究,也持续性地关注疫情的发展。也有一些孩子比较关注我们当地的情况,对江浙沪的防疫抗疫进行数据分析,点赞了我们江苏的防疫抗疫工作。疫情期间,每天的数据千变万化,我们更多地关注数量的变化。但是在学生们的自编习题、相互做题中,带给我们更多的发现和思考。

药店口罩限购,每个人只能买5个,出门买口罩需要用掉1个,实际每次买4个,买不到就会亏一个。如果小明出去了11天,现在家里有17个口罩,那么在10天里他买到过几次口罩?

这道题目是疫情期间在网上广为流传的一个口罩问题,也是宅家时期人们的一个困惑。这个学生根据自己家的情况对题目的数据进行了改编,引起了同学们的兴趣,在群里进行了激烈的讨论,最后用简明的列表法找出数量关系,得出了结论。还有的孩子,结合自己家的口罩情况进行了改编,结果大家算出来出门几趟只买到了一次口罩,不禁觉得好笑又很无奈。

疫情期间口罩紧缺,某药店将口罩提价200%,物价部门查处后,限定其提价只能是原价的10%,则口罩的降价幅度是百分之多少?

假期之间,真的是"一罩难求",口罩变成了稀缺资源,价格也水涨船高。某些药店哄抬口罩价格的社会新闻也变成了题目素材,学生把它出成了一道百分比的题目,既考察了百分比的计算,也给我们普及了口罩价格的行情。

> 火神山医院的建设有 4 000 多名工人参与,两班倒,每人每天工作 12 小时,建设场地一共 3.39 万平方米,工人叔叔们每天需要完成多少平方米的建筑面积工作量,才能在 10 天内保证完成火神山医院的建设任务?
>
> 雷神山和火神山医院的火速搭建体现了真正意义上的"中国速度",孩子们也为此感到自豪,编成了一道工作量的问题,这比练习册中的工程问题更有价值。通过对工人们每天工作量的计算,孩子们能够深刻地感受到哪有什么岁月静好,只不过是有人为我们负重前行,无论是一线的医护人员,还是在后方工作的工人、警察、社区工作人员和志愿者等,都值得我们感恩。数学题也可以传递正能量。

> 过年的时候,听到爸爸妈妈说武汉"封城"了,我们也必须待在家里、不能出去。我很想出门。妈妈跟我说,假如一个得新冠肺炎的人出门,一个人感染了 15 个人,这 15 个人又可能分别感染 15 个人。那么五次感染之后,可能有多少人感染?
>
> 这道题应该是疫情期间的一个比较真实的情境,虽然题目的数据缺少科学依据,但是对孩子来说,通过计算的得数,能够较具体地直观感受到疫情的严峻。用数字说话是最具说服力的。

> 2 月 8 日,俄罗斯向我国援助了 183 立方米、总重量约 25 吨的药品和个人防护设备。这批物资到达中国后,需要通过大货车从机场运到医院。假设厢式货车长 4 米,宽 2 米,高 3 米,至少需要多少辆货车才能一次性将这 183 立方米的物资全部运走?
>
> "一方有难,八方支援。"这样的情谊应该被铭记。俄罗斯是最早向中国提供援助的国家之一。在成年人的价值观当中,我们估量物资的价值通常会换算成货币,而在学生眼中,通过假设的方法,将数据体现在具体的车辆上,这一车车的物资更显得数量庞大。

从学生们思考和分析问题角度的多元化,我们可以看出以"时事"为主体进行自编习题的优势。

首先,从疫情的热点话题和报道中寻找素材,获得数据的过程是一个很具有研究性的过程,自编一道题目,其背后需要阅读很多新闻、思考很多数据,进而才能筛选出来。学生分析和处理信息的能力在此过程中得到了扎实的提升。

其次,自编题目就要去考虑:编这道题的目的是什么?考察的是什么样的知识点?为什么选择这样的一个题目?在这样的选择思考过程中,会逐渐加深对数学建模的理解,自主实现对数学知识的认知与建构。对数学知识的应用意识在此过程中会逐渐清晰。

最后,促使学生们利用数学知识来认识疫情、理解疫情,我们的目的不只在于提升学生的数学学习能力,更是让学生接受最真实的生命教育,培养学生的担当意识。从他们的自编习题中我们可以看出,在关注疫情数据的背后,他们更关注到了许多社会现象和问题,关注到了爱与责任,这是更为宝贵的。

## 四、自编式练习的评价机制

自编式作业的设计主体是学生,但是将作业的自主权放手给学生却并不意味着放任不管。如何使学生的自编练习自主而不随意?如何使学生在自编练习中获得成就感,更勇于挑战?如何将编和练相结合?这些问题都需要认真思索,细节决定效果,评价方式尤为重要。

让学生自编练习少了绝对的对错之分,应该更注重对思维品质的评价,兼顾作业的态度,评价应更具指导性和鼓励性。同时,评价的方式可能也不仅仅是通过一支红笔实现,而要更多地与学生交流,促进孩子们之间的分享交流,理清设计思路,提高自主作业设计的质量。

(一)互助互评促提升

自编练习的快乐在于做"小老师"的情感体验,除了出题,改题目也是一件学生乐于做的事情。为了使学生的情绪动机得到充分的调动,我们在班级内进行了分组。每次学生们自己编的练习会传递给小组中的伙伴进行解答,再由出题人进行批改,如果答错了,就由出题人进行讲解,而做题目的同学也可以对题目提出质疑和讨论。这样一来一往的互动使自编练习由一个人的发展变成两个人的提升,同时能够提高所出练习的质量。对于一些学力能力弱的孩子或者存在畏难情绪的孩子,我们会适当降低任务驱动,促使他和喜欢自编练习的孩子进行结对,完成来自伙伴的题目,并且在做题的过程中有着平等思考和质疑的话语权,摒弃老师的权威,让学习的过程更加民主化,氛围更为轻松。

对于一些特别有价值的自编习题,我们会利用"课前三分钟"的时间让孩子走向讲台,面对全班进行提问和讲解,这也是一种奖励的形式。同学们会对问题说出自己的思考方法,由"小老师"进行点评反馈,同学们也可以对小老师进行提问,也会使小老师受到启发,灵动的生成就是对练习的一种评价。台上的学生希望能够展现自己,台下的学生希望自己能够有所发现,这些都是积极的学习动机。"课前三分钟"的展示平台,自编习题的分享,往往会成为一节课中留给孩子印象最深的时段。从一个学生的自主发展,到一群学生的共同发展,这是一种美好的场景。

### （二）教师评价重激励

自编练习虽然对于学生们来说都是能够完成的,因为这是一个开放度比较高的练习形式,但是,学生所自编的练习质量还是存在很大差异的,所以在自编练习的过程中,老师需要持续关注学生的思维方式。对于水平比较高的孩子,我们要多给予他们肯定,多给他们展示的机会,比如当小老师,比如将所出的练习选进我们的阶段练习卷。这些对于学生来说都是极大的激励,学生会尽力发现自身的潜能,学会研究题目,不断挖掘自编练习过程中思维的深度。对于水平一般的孩子,如果看到他们有编得好的练习,就应该予以适时的肯定;有些练习可能难度不高,但是很能体现对基础知识的训练,那么老师也应该多认可,并鼓励其举一反三,比起一味地挑战,踏踏实实地夯实基础也是很有实际价值的,并且是适合大多数学生的。这样的评价指导,往往是过程性的、动态的,我们可以通过细致的谈心来实现,原则是充分尊重学生的练习心理体验,面向全体,关注每一位学生自编练习的情况。

同时,我们可以通过自编班级的习题册、成为 QQ 群出题官等形式,让学生们的自编练习变成显性的成果、固定的学习资源,这样的认可会让孩子们由衷地喜悦。对于一些美观、令人赏心悦目的复习小报,我们要提供展示的平台,并且可以在班级、年级内进行评奖,对于小学生来说,获得奖状和奖励都是特别值得高兴的事情。

自编练习已经成为我们所认同的多样式练习之一,这是一种灵活的练习形式,也是一种充满创造性的练习形式,难以预设,却又令人充满期待。每一个孩子都能在自编练习中找到适合自己的方向,呈现思维独特的自己。

(本节撰写:魏舒阳)

## 第三节　自鉴式练习

### 一、概述

课堂练习是提高课堂效率的一个重要环节,是我们课堂教学中不可或缺的组成部分,同时也是检测学生学习效果和提供反馈的重要依据。学生可以巩固所学的知识,发散自己的思维,提高创造力。练习是评价和反馈的重要依据,是发展学生思维能力的重要手段,同时,丰富多样的练习也是教师把握课堂教学效果的重要手段。

我们更多的时候能够关注课堂练习的有效性,不过在教学过程中还存在一些问题。例如：课堂教学的设计没有针对性，为了练习而练习。课堂练习选题不够合理，不能很好地起到辅助教学的作用。练习安排不够科学，使学生陷入训练无止境的题海战术。过分地强调课堂练习，而忽视了课堂知识点的讲述，反而起到相反的效果。课堂练习对学生的启发性和引导性不够，导致学生难以提高自己的思维能力和技能。同时学生对练习的积极性也不高，没有创造力。作为一线教师的我们，能够感觉到这些问题的存在，却无法感觉自己已经深陷其中，所以对于课堂上多样性练习的研究有重要的研究价值。

目前国内外对于课堂练习的研究较多，也出现了一批高质量的研究成果。主要有以下几个方面：

（1）对于课堂练习形式的研究。教师在教学中要关注课堂练习的形式，提出以学生为中心的评估原理，总结出课堂练习的几个特征。

（2）对课堂练习难度的研究。教师应该为学生多提供一些已学过的内容进行练习，这样学生会发现过去疏忽或者没有牢固掌握的知识点。并向新知识发展探索研究。而有一些专家认为应该注重课堂学习的练习设计难度。教师应该设计出多个不同层次的作业。对于数学中的分层作业，已经有很多可以相互借鉴的地方。第一种练习，不管是否感兴趣，必须掌握。第二种是针对有求知欲望的学生设计的，为了满足学科兴趣的学习需求。

（3）对于课堂学习量的研究。有学者认为，适度的练习对于提升学生的学习兴趣和强化课堂知识有着重要的意义。

（4）此外还有一部分关注课堂练习的有效性。从课堂练习的设计原则，把握练习时机和练习的形式，加强对课堂练习的指导，注重课堂练习的反馈与评价等角度提出相应的策略。值得注意的是，有一部分练习关注到另一种形式，即非作业的练习，来进行学生的任务巩固和反馈。

练习作为课堂师生互动的一个环节，也是一种有效教学形式，对提升课堂教学质量有重要的意义。所谓互动，即在对话交流中共享教学的一种互相娱乐的方式。课堂的教学，从互动的角度来看，练习由单向教学转变成师生之间的双向互动，激发学生的意识，调动学生的参与积极性。

一线教师对课堂练习多样性和有效性等问题研究的理论处于不断完善阶段，因此能够指导一线教师运用课堂练习的著作较少。本节将从具体实际案例出发，结合笔者多年的实际教学经验，探究课堂多样性练习的科学性和有效性。通过各种手段提高课堂效率，打造高效课堂，注重学习诊断，提高学生的学习能力和综合素养。

自鉴式练习，是将过去已有的经验知识作为标准和原材料，再深加工而生成新的经验知识的练习过程。从概念不难看出，对于自鉴式练习而言，需要一定的知识经验的学习和积累。两类练习相比较，常规性练习更多反映学生客观的知识和技能，而自鉴式练习更多反映学生主观的素养与能力。这种生成式、创造式的练习是具有选择性和差异性的，是对学生个体思维进行发展和延伸。所以自鉴式练习往往是学生对老师的基本层次要求知识的多种形式的精加工。

课堂练习是学生认识和内化知识的过程，自鉴式练习为普通练习提供了更多的形式和内涵，是普通练习的精神反映和生成，二者相辅相成。从另一个角度来说，教师要求的普通练习都是以教学新授知识和经验为前提，都不能脱离其发展。没有知识经验这个对象的客观存在，就没有练习的可能与意义。普通练习就是对知识的体验判断和评价式的练习。普通练习的练习成果存在于主体的意识领域，无论其中有多大的主体能动性，它的终极界限都是以不可改变的对象作为客体。如果超出了这个界限，就脱离了普通练习的视域，就和自鉴式练习相混淆。根据上述阐述，普通练习应当存在于课堂的各种练习之中，它是一种经验现象，而自鉴式练习应是相关对象的哲学升华。

自鉴式练习具有如下特征：依据人对知识经验的认知规律，充分挖掘教育中学生的潜能和教育教学知识的深度与广度；改善学生的学习心态与行为；培养学生热爱学习、主动创造的能力与品质；使学生能够自觉追求美，促进学生全面发展。在日常课堂教学过程中，教师要根据孩子们认知差异的不同，借助自鉴式练习平台进一步开发教学内容，引导孩子积极思考，培养学生勤学善思的学习品质。

由上文可以知道，自鉴式练习适用于各个学科的课堂教学，从思维创造的角度来看，自鉴式练习是建立和生成新的知识经验及形式，是自由运用客观规律以保证实现知识经验积累形成意识的一种练习形式。

## 二、自鉴式练习的设计原则

### 1. 内省式练习——反思生成思维

克洛佩尔认为，当主体在进行具体行为操作时，必然先存在有意识的欲念和内在的要求。这种主体内部的思维原型结合主体自身的知识储备和内标准，通过大脑加工外化再生成过程，便是思维内省式的练习，是自鉴式思维内部运动外化的过程。所以说内省式思维，即主体本身已经具备的一种能够自发主动地根据自身知识储备和标准，在脑中生成较为完整的创作源泉的能力。笔者之所以将其称为作用力，是因为这种自建构创造思维原型的能力由主体自发产生。在日常教学中，学生刚开始接触这种新的知识经验时，内心的活动也很复杂，表现出不同的心理活动。这种结合旧知识经验的思维过程，是学生主体本身发挥主观能动性，充分调动个人的知识储备，结合个人的想象力、联想力、创造力等因素，将外部新授知识经验转化为内部经验。

#### 2. 思维的自我控制

认知是一个复杂的心理过程,而思维作为认知的第三阶段,它是人们通过逻辑推理的方式对知性认识结果的综合,形成对某一方面知识的完整、系统的把握。主体自我控制的过程,是一个理性与感性结合的大脑活动过程,是主体通过自己的主观意识和大脑内潜意识活动相结合,对经验(知识)对象产生的表达与刺激。

#### 3. 创造式练习——思维的自我创造

思维的自我创造是自鉴式练习的另一个重要属性。思维的自我创造是一个动态的规律探索过程,具有制定、树立、创作等多重属性。无论是制定、树立、还是创作,都需要有标准和参考依据,常规练习思维也需要有这种标准和参考依据。不同的是,常规练习思维只重视对象,而自鉴式练习思维则注重练习的手段和过程,对课堂教学活动具有广泛的指导意义。

### 三、自鉴式练习心理结构

在日常教学过程中,人的心理活动既支配着学习思维活动,也参与它的教育实践。它是由经验对象(知识)、施教者(教师)、受教者(学生)共同组成的精神运转网络。课堂练习要想在创造再生成中真正赋予知识生命力,就必须在创造过程中把已有(认知)知识储备同教师的新授内容结合起来,引导学生充分发挥主观能动性,达到协调统一的状态。

#### 1. 教师——施教者为先导主体

教师是施教者,一般情况下,我们把施教者确立为先导主体,教师要以崇高的理想、健康的观念和趣味,引导学生通过教学实践活动,培养学生感受、理解乃至创作(创造)的思维能力。教师要有超前性,一方面在教学过程中应提前准备教学内容,另一方面是超前成熟的审美思想,有一个知识能力的等级差,才能有良好的教学效果。教师教授知识以外,还要对学生进行良好的思维方式的培育,这便需要超前性的思维去带动教学的发展。利用自己的教学经验以及生活经验,将正确的价值观和态度教授给学生,引导学生建立健全的内文化,让学生朝向正确、积极、健康的方向发展。

#### 2. 学生——受教者为接受主体

学生作为受教育者,是接受教育的对象。在教与学的过程中,学生要承担学习任务。要积极主动地去配合老师的教学任务,完成该完成的学习任务。学生作为接受主体,必须有一定的接受功能,这种功能体现在心理品质方面。学生应该有一个良好的心态,真诚主动地去接纳这些知识经验。

在教学实践活动中,心理活动既是音乐的内在原动力,又是支配教学总体网络系统运动的传动枢纽。在这个对象相同的双主体结构中,传导、感受、创造生成新的知识经验都取决于教师、学生这两个主体心理活动的内在基因。对常规练习来说,双主体的心理活动具有共同性,共同接收同一新授知识信息。但就双主体的心理活动水平来说,又有明显的差异性,教师必须居于领先地位。在社会环境宏观制约和影响下,通过双方积极的心理活动,传递着知识信息,逐渐使学生的心理反差递减,达到知识认识的升华、趋同和契合,不断提升练习效果和学生的思维水平。

## 四、自鉴式练习在教学中的具体应用实例

在我校日常教学过程中,自鉴式练习主要有内省—反思式生成思维和创造式练习思维,两种类型都是高于一般的思维水平,基于学生的学习能力和经验基础。从艺术的角度来说这个问题可能更容易理解,从鉴赏到审美这两个角度来看,"鉴"这个字高于"审"的水平,学生自我对知识的把握要求较高,是一种较高层次的评价反馈,各个学科之中所呈现的形式也多种多样。自鉴式练习的方式和形式不仅仅限于教材中的基本要求,更多的是促进学生对知识进行更深层次更深刻的体验与练习。

### 1. 基于反思自我的自鉴式练习

课程标准指出,在及时帮助学生克服困难跨越障碍后,要及时帮助学生反思取得的成功经验。小学时期是学生思维由形象到抽象、由具体到逻辑思维发展的重要阶段,小学中高年级学生的思辨能力逐步增强,已初步具备了反思能力培养的基础。

课堂教学不仅要重视学习内容,更要培养自我的评价反馈能力,基于反思自我的自鉴式练习是激发学生发挥主观能动性,充分调动个体的不同知识储备,培养反思能力,自觉有效的学习。通过反馈矫正、总结提升,将外部新授知识经验转化为内部经验,增强学习责任心和自信心,在反思中感悟知识、增长智慧,使不同条件和潜能的学生在不同角度、不同层面上反思,获得相应的发展。

例如:数学教学中基于反思自我的自鉴式练习形式——错题本。

制作错题练习本的过程也是学生在学习中自我评价,积累错误,在错误中不断总结经验,反馈矫正,提升自我的过程。由于儿童学习能力和经验的差异性,学生的错误各不相同,不同层次的学生建立的错题本是他们自我反思学习的一种评价方式,同时,由于不同的反思有不同的呈现,不同差异性的学习资源也可以让教师更全面地了解学情。

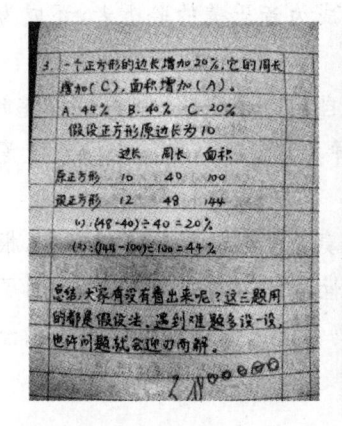

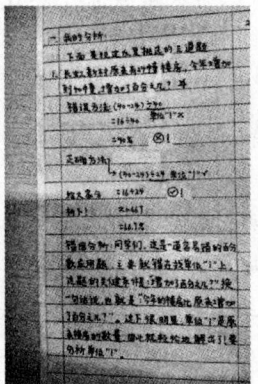

如图，我们看到了不同学生的错题整理练习，他们的表达童真童趣。能力一般的孩子能反思自我，及时纠错，理清正确解题思路；能力中等的孩子认真分析，及时纠正，并反思出错原因，总结自我；能力较强的孩子根据实际情况将错题分类整理，并标注错题属于什么类型，写出自己的体会心得，为后续的复习学习带来便捷。

儿童的思维是有差异的，这样的反思型自鉴式练习让不同学生直面学习问题，根据自己的能力学会分析问题、解决问题，进行总结和归纳，在反思中不断提升自我，获得新的学习的成就感。

### 2. 基于品析作品的自鉴式练习

苏联教育家赞科夫曾说："人具有一种欣赏美和创造美的深刻而强烈的需要。"自鉴式练习对于课堂的意义表现出一种常态化。"以审美为核心，以兴趣爱好为动力"作为新课标中课程的基本理念，学生只有站在一个"美"的创造者的角度，才能更好地把握作品内涵。同时新课标也强调"注重实践，鼓励创造"，课堂上的练习需要建立和创造美的形式与内容。

在教学过程中，作品的品析内容多样，如语文古诗文的品析、音乐作品的鉴赏、音乐作品的欣赏、英语短剧的品析，等等。基于品析作品的自鉴式练习是指通过作品的品析，让不同个性的学生发挥个性思维，让所有学生都能够参与其中，发挥想象力和创造力，用他们所独有的方式来诠释作品、理解作品。

以音乐作品（五年级下册《森林狂想曲》）品析为例：

对于音乐欣赏课来说，教师对学生的要求不仅仅是枯燥反复的聆听，而是通过各种形式的练习去挖掘音乐深层的内涵。教师还可以继续挖掘，充分调动学生已经学会的技能，演唱所欣赏作品的旋律片段。从旋律线的角度去感受作品的波动缓急。再或者，教师选取合适的段落和曲目，让学生通过竖笛、陶笛等已掌握的技能，以一个演奏者、创造者的身份去感受音乐带来的快乐。不仅成为音乐美的聆听者,还成为音乐美的创造者和参与者。

《森林狂想曲》这首曲子选自台湾地区第一张大自然音乐光碟,制作过程耗时5年,深入台湾地区山林实地录音,共收集鸟类、蛙类、蝉类、虫类、山羌、飞鼠、溪流等近100种自然声音。

在欣赏时,要求学生按照音乐要素以及作品中节奏变化来感受作者的情感,根据音乐内容展开丰富想象,在欣赏之后,我设置了差异性的练习要求:(1)你听到了哪些声音?(2)你能借助教具展示你听到的声音节奏吗?(3)你能用不同的方式诠释音乐作品表达的情感吗?

学生展示练习:

生1:学习几种动物的叫声,用手势表达一些音乐流动的速度。

生2:利用一次性纸杯对音乐作品中的相关节奏、节拍和旋律等创造练习,为音乐作品加入一定的打击乐练习和节拍敲击练习,感受音乐的节奏感。

生3:用自己的舞蹈动作来诠释音乐作品的情感。

……

本节课音乐的品析离不开学生的参与,学生不单是听众,也是表演者、创造者。练习的环节是对之前知识与技能的协调统一,让学生不断提升自己的音乐素养。在学习过程中,让学生积极参与到音乐实践创作中,学生通过对音乐作品的差异性理解,结合自身的知识储备和技能,用不同方式表达,并创造性地进行节奏旋律练习,从而更好地体验音乐情感。作品品析下的自鉴式练习让学生通过亲身体验,探索创造,理解音乐,让课堂焕发出新的生机和活力。

### 3. 基于结构改变的自鉴式练习

课程标准强调对知识的深入理解和灵活应用,而影响学生理解知识、掌握和运用知识的最重要因素是知识结构。因此,在学生已有的能力、经验和知识的基础上,教师把握知识间的联系,整理新旧知识,改变常规练习的题海模式,架构出新的学习体系,将所学知识进行系统化的组织,通过结构的改变,巩固所学,发展学生的思维能力。

基于结构改变的自鉴式练习有多种形式,如数学学科思维导图的构建、语文学科作文形式和内容结构的改创、英语语法的结构图整理,等等,都可以将过去已有的经验知识作为标准和原材料,再深加工而生成新的经验知识的练习,进而提升自我学习能力。

例如：数学学科思维导图的整理建构

**【单元思维导图整理练习】**

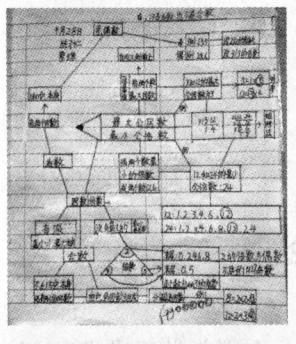

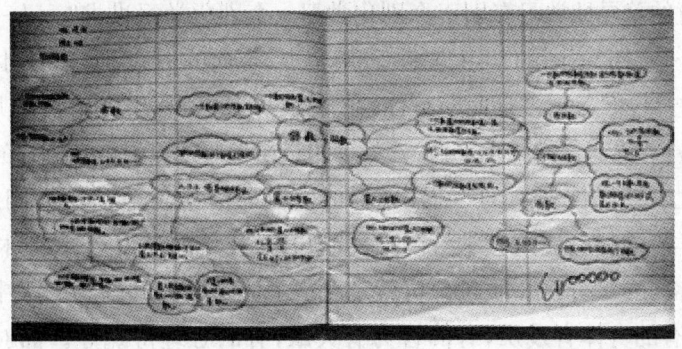

　　思维导入的构建是学生在完成一定的学习之后，对所学知识进行精加工，通过结构图、流程图，逐步地构建，使新旧知识之间形成结构化、系统化的体系，新旧知识通过相互作用，最终形成一个多层次、多类型、相互关联的有序整体。构建的过程就是学生知识结构体系完善的过程，在这样的自鉴式练习中更注重培养学生的整体思维能力，促使学生比较系统地掌握数学知识，发展数学思维能力，让数学课堂练习更高效、更有深度。

　　自鉴式练习注重充分利用自己的学习经验和能力，对知识进行深加工，促进学生思维的延展。在练习中更多地注重学生参与评价学习的过程，让学生更清晰地了解自己的学习情况，更多地反思提升自我，以更积极的状态投入到新的学习中，获得学习的成功感与满足感。

（本节撰写：王涵）

# 第六章　定制性辅导

## 总　论

　　支持儿童的差异性学习有别于个别化学习。个别化学习讲求"一人一案",针对每一个不同的个体制定不同的学习方案,采用定点、定向的方式,对学习对象实施教学。支持儿童的差异性学习更多是面向整体,在整体学习的过程中提出支持儿童差异性学习的教学策略,搭建适合的教学平台,让更多儿童在学习过程中得到更好的成长。

　　在支持儿童差异性学习的过程中,不可避免地会遇到个别化的问题。语文、数学、英语、科学等学科会通过教学检测来反馈知识、技能的学习效果,对检测结果分析的过程通常称为质量分析。质量分析就是直指个体存在的问题。班级中总会有个别"特别儿童",有的身体有残疾,有的智力有欠缺,有的心理待疏导。面对这些因为特殊原因而显得特别的儿童,更需要教师给予额外的关爱。除了关爱之外,要使这些儿童取得更加明显的进步,还需要教学策略与教学机智。在教学过程中,我们会遇到某些突发情况。比如2020年的新冠疫情就给全体教育者提出了新的课题:如何在学生居家环境下提供更优质的线上学习?这些都是常规教学所没有遇到的挑战,却给支持儿童差异性学习的研究提供了平台。

　　在支持儿童差异性学习的过程中,我们提出"定制性辅导"的典型样态。定制性辅导是指针对特殊学习时段或针对班级的特殊学生,通过量身定制学习方案的方式进行针对性教学辅导,提高特殊时段或特殊学生的学习成效。定制性辅导强调的是对学情的了解、对方案的制定和对辅导结果的评估。

　　定制性辅导在类别上又分为教学检测定制辅导、个别学生定制辅导、特殊时段定制辅导。教学检测定制辅导是通过教学检测对学科知识和技能的掌握程度做出诊断,通过质量分析对个别班级、个别学生的学习情况进行细致的诊断,进而由教师调整教学方案,以期在后续教学过程中获得更好的教学效果。个别学生定制辅导指通过教师的观察、了解,针对班级较特别的学生,为他们量身定制辅导方案。这个辅导方案既可以是有针对性地提高学生成绩,也可以是提高自理能力,甚至是提高心理素养。通过量身"定制",更好地支持个别学生的学习。特殊时段定制辅导指遇到特殊时段(如新冠疫情)的情况下,学校调整原有的教学方案,通过学校教学制度的完善更好地支持儿童在特殊时段的学习,以期达到更好的学习效果。

定制性辅导有四条辅导原则。第一,精细把握学情。了解学情是确立辅导方向的起点,对于定制性辅导来说,辅导的方向需要更加明确。教师在把握学情的过程中可以采用教学检测的方法,可以采用个别调查的方法,也可以通过观察、经验总结的方法,对需要进行定制辅导的对象进行精细化的了解。第二,精准辅导重点。定制性辅导的"定制"指的是有侧重点地进行辅导。通过对学情的精细把握,教师分析需要进行辅导的对象。就学习诊断而言,可以有教学学科的侧重点,比如提高某一门学科的成绩;也可以有教学内容的侧重点,比如在数学学科中提高应用题的解题能力。就学生行为而言,可以以纠正性格缺陷为侧重点对学生进行定制辅导,也可以以纠正行为活动为侧重点对学生进行定制辅导。第三,精选辅导方式。对学生的学情有了了解、对学生的定制辅导有了侧重点后,下一步要做的就是确定以什么样的方式进行定制辅导。在方式选择上,要根据不同的学情,甚至学生的家庭背景选择不同的方式。有的定制辅导特别适合采用家校协同的方式,可有的定制辅导采用家校协同根本无法奏效,甚至会产生逆反效果。有的定制辅导可以采用线上和线下相结合的方式,更加有利于学生的连续提升。而有的定制辅导采用线上形式在无人监督的情况下,反而会增强学生对网络手段的沉迷。选取怎样的辅导方式是由学情决定的。第四,精现辅导效果。定制性辅导是否具有成效,有怎样的成效,通过辅导效果呈现。在定制辅导的过程中,教师要定制辅导方案,对照方案呈现出定制辅导的成效,可以通过案例分析来说明,也可以通过数据去呈现。定制性辅导的效果可以作为学情,为第二轮的定制辅导指明方向。

现就定制性辅导的不同类别进行具体论述。

(本节撰写:武昆)

## 第一节 教学检测定制辅导

### 一、概述

长期以来,很多教师用相同的教学内容和同样的教学方法教授不同班级的所有学生,布置一样的作业,并用统一的评价方式和标准对待学生的学习结果。这种教学模式产生了以下主要问题:第一,传统的教学模式没有真正做到关注每一个学生的发展,尤其不利于学困生的发展,甚至加剧学生之间的两极分化。第二,容易忽略学生学习薄弱的知识点,千篇一律的教学手段没有针对性辅导,造成课堂学习效率大大降低,学生成绩难以提升。为改善这一现状,对教学差异性的研究呈不断上升趋势。华国栋在2001年出版的《差异教学论》中系统地提出了差异教学的实施策略,指出:"差异教学要探讨适合学生特点和发展的教学途径,尤其是在常规班集体教学中,要将学生的共性和个性辩证统一起来。"

为此,我校立足于儿童学习的差异性提出了定制辅导这一教学样态,学生的个体差异组成各班集体的差异,为了满足不同学生的学习需求,让学生不同的个性在学习过程中更好地展现,让学生不同的能力在学习过程中得到更好的彰显,我们需要在充分了解班集体、学生个体学情的基础上,制定合理可行的教学管理方案,促进不同班级学生、不同层次学生全面发展,这也是实现教育公平的必然选择。本章中的定制辅导包括教学检测定制辅导、个别学生定制辅导、特殊时段定制辅导三个方面,其中个别学生定制辅导和特殊时段定制辅导将在本章第二、三节阐述,本节重点阐释教学检测定制辅导。

教学检测定制辅导指的是通过阶段性检测(包括期中、期末考试,学科竞赛,单元检测等),发现学生学习上的疏漏和教师教学上存在的问题,改进课堂教学的一些具体做法,为班级学生量身定制契合学生需要的辅导方案,以便更好地提升学习成效,从而提升课堂教育价值。

教师在教学检测活动中起着很重要的调控作用,而这种调控能力需要教师在以下两个方面探索:

第一,教师需要运用自己教学经验、教育学知识、科学内容知识对教学检测结果认真分析,教师要及时、正确、全面地发现已经发生的、正在进行的或即将发生的课堂教学活动中存在的问题。

第二,教师将自己已有的知识经验与学生学情、发现的教学问题相关联,从而调整课堂教学策略、学生学习方式,制定有针对性、合理的教学方案,解决课堂教学问题,从而提升课堂教学的教育价值。

## 二、教学检测定制辅导的教学呈现

**【实用案例透析】**

**案例一** (摘自周蓉老师案例)

### 对比实验的教学策略

某次四年级科学期末考试中,本校四年级科学考试总体并不理想,考到90分以上人数较少,经过试卷分析发现,最后一项的科学分析题占卷面分值较高,而学生失分也较多(如图1,方框为失分较多的地方),该题得分率仅有77%,其余各项得分率均超过80%,很多学生因为这一项错误率较高,与90分失之交臂。

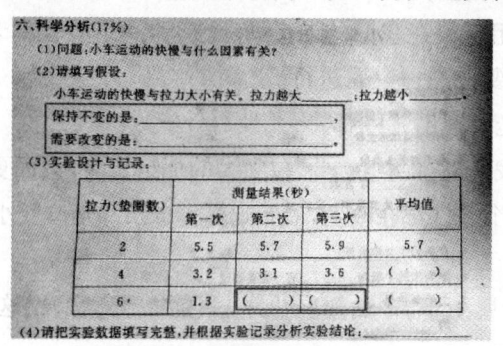

图1

这一项科学分析是常见的对比实验设计,四年级学生首次接触对比实验的设计,有一定难度,难以较好地掌握,同时对比实验的思想又是今后五、六年级进行科学探究的基础,较为重要。此题中,学生对于保持不变的条件和需要改变的条件容易填写错误,其实就是未能很好地掌握对比实验的原理,三次测量结果填写也有较多错误,说明学生对对比实验三次取平均的原理不能很好地掌握,难以区分实验中数据的误差和错误数据。

经过教学检测后的学情分析,周蓉老师打算对四年级学生的对比实验设计能力进行专项定制辅导。四年级下册科学教材上涉及对比实验的地方有3处,分别是《小车的运动》、《摆》、《降落伞》。

**片段1:《小车的运动》的教学片段**

师:影响小车运动快慢的因素有哪些?

生:车重、拉力大小、路面光滑程度等。

师:如果研究小车运动快慢与拉力大小有关,实验该怎么操作?小组讨论。

生:第一次拉力小一点,车头挂一个钩码重量;第二次拉力大一点,车头挂两个钩码重量;第三次拉力再大一点,车头挂三个钩码重量。

师:也就是我们需要做三组拉力大小不同的实验,可是科学实验中经常会有误差和偶然现象发生,为了确保实验准确性,科学家会反复实验,每组实验至少三次(出示表1)。

表1

| 改变的条件 | 实验结果(秒) | | | 平均数 |
|---|---|---|---|---|
| | 第1次 | 第2次 | 第3次 | |
| 拉力(1) | | | | |
| 拉力(2) | | | | |
| 拉力(3) | | | | |

师：为了保证实验的公平性，你觉得实验中还需要注意什么？

生：思考。

师：我能不能一组实验在我们的课桌面上进行，一组实验在老师的讲台上进行？

生1：不可以，需要在同一桌面进行。

生2：不同桌面光滑程度不一样。

师：想一想如果我们进行两组实验，拉力大的那组实验，桌面更光滑，拉力小的那组实验，桌面更粗糙，两个条件都在改变，最后到底哪个条件是改变小车运动快慢的原因？

生：不清楚了。

师：(出示一辆金属小车、一辆塑料小车)我能一组实验用这辆金属小车，另外一组实验用塑料小车吗？

生1：车要一样。

生2：金属小车更重。

师：也就是不能改变车重。大家发现了吗？为了保证实验的公平性，我们要保证同一辆小车，车重不变，路面光滑程度不能变，仅仅只能改变什么？（如表2）

**表2**

问题：小车运动快慢与什么因素有关？
假设：小车运动快慢与__拉力大小__有关。
保持不变的条件是：车重、路面光滑程度
需要改变的条件是：拉力大小

| 改变的条件 | 实验结果（秒） | | | 平均数 |
|---|---|---|---|---|
| | 第1次 | 第2次 | 第3次 | |
| 拉力(1) | | | | |
| 拉力(2) | | | | |
| 拉力(3) | | | | |

生：拉力大小。

师：影响小车运动快慢的因素有很多，但是实验中，只能改变其中一个因素（拉力），其他因素保持不变，这样的实验称为对比实验。需要改变的因素就是我们需要研究的条件。如果两三个条件都在改变，就不知道哪个条件是改变小车运动快慢的因素。

师：如果要研究车重对小车运动快慢的影响，需要改变的条件是什么？保持不变的条件是什么？

生：车重要改变，第一次车里加一个钩码，第二次车里加两个钩码，第三次车里加更多钩码。拉力和路面光滑程度不能改变。

师：请小组内商量，你们想研究小车运动快慢和哪个因素有关？完成表格并实验（如表3）。

表3

问题:小车运动快慢与什么因素有关?
假设:小车运动快慢与__车重__有关。
保持不变的条件是:拉力大小、路面光滑程度
需要改变的条件是:__车重__

| 改变的条件 | 实验结果(秒) | | | 平均数 |
|---|---|---|---|---|
| | 第1次 | 第2次 | 第3次 | |
| 车重(1) | | | | |
| 车重(2) | | | | |
| 车重(3) | | | | |

片段1中,学生第一次接触对比实验设计,主要采取教师引导、学生小组讨论交流的方式,带着学生一步步梳理对比实验的原理。实验后带着学生分析三次重复实验的数据,发现因为偶然误差的出现,三次同样的实验数据也会略有差异,帮助学生更好地理解重复实验取平均值。

**片段2:《摆》的教学片段**

师:你们觉得摆的快慢与哪些因素有关?

生1:摆长。

生2:摆角、摆重。

师:到底和哪个因素有关系,还是都有关系,需要用实验验证一下。想一想,这是上节课学习的哪种类型实验?

生:对比实验。

师:对比实验中有什么需要注意的?

生1:每次只能改变一个条件,其他条件保持不变。

生2:为保证实验的公平性,一组实验做三次。

师:每组选择一个因素研究,完成这张记录单的方框部分(如表4)。

学生小组讨论,班级交流。

在班级交流基础上修改自己记录单中的实验设计,随后进行实验。

片段2中,学生有了之前对比实验基础,教师逐步放手,让学生借助学习单来思考、设计对比实验。记录单既是活动的记录,又作为学生理清实验思路的辅助工具。

**片段3:《降落伞》的教学片段**

师:你们觉得降落伞下降快慢与哪些

表4

我研究的问题是:摆的快慢与什么因素有关?

假设:摆的快慢与_____有关。
需要改变的条件是:_____
保持不变的条件是:_____

| 改变的条件 | 每15秒摆动次数 | | | 平均数 |
|---|---|---|---|---|
| | 第一次 | 第二次 | 第三次 | |
| | | | | |
| | | | | |

实验结论:摆的快慢与_____。

因素有关?

生1:伞面面积。

生2:伞绳长短、悬挂物重。

师:这又是我们之前学过的哪种实验?

生:对比实验。

师:对比实验中有什么需要注意的?

生1:每次只能改变所要研究的条件,其他条件保持不变。

生2:一组实验做三次。

师:每组选择一个因素研究,参照前两次对比实验的学习,能不能自己设计记录单表格?

学生小组讨论,班级交流。

在班级交流基础上修改自己记录单中的实验设计,随后选择主题进行实验。

片段3中,学生有了前两次对比实验基础,教师放手让学生自己设计实验,设计记录表格,随后进行班级交流讨论,再修改。只有很好地理解对比实验的原理和思路,才能进行实验和记录单设计。

三次教学由扶到放,教师逐步引导学生自主学习设计对比实验。记录单作为学生学习的载体和学习结果的呈现。

随后的考试中,再次遇到了对比实验相关的科学分析题(如图2),这是关于《降落伞》一课的对比实验,考试结束后,分析试卷发现,学生能很好地理解实验原理,也能做好对比实验中的数据处理,得分率大大提高,达到89%,超过其他各项得分率,并且班级考到90分以上的人数也大幅度提升。

六、科学分析(12分)

(1) 问题:降落伞下降的快慢与什么因素有关?

(2) 请填写假设:

降落伞下降的快慢与伞面的大小有关,伞面越大＿＿＿＿＿＿＿＿＿＿＿＿＿＿,

保持不变的是:＿＿＿＿＿＿＿＿

需要改变的是:＿＿＿＿＿＿＿＿

(3) 实验设计与记录:

| 伞的直径 | 下降时间(秒) |  |  | 平均值 |
|---|---|---|---|---|
|  | 第一次 | 第二次 | 第三次 |  |
| 30厘米 | 15 | 14 | ( ) | ( ) |
| 50厘米 | 25 | ( ) | 28 | ( ) |

(4) 请把实验数据填写完整,并根据实验记录分析实验结论:＿＿＿＿＿＿＿＿＿＿＿＿.

图 2

**案例二** (摘自武昆老师案例)

## 递等式计算的强化训练

在某次期末第一次数学检测中,武昆老师对数学考试试卷进行分析发现,全班一共38位学生,考到90分以上的总共25位学生,25人中有20位学生计算全对;考到90分以下的有13位学生,13人中仅有2位学生计算全对,另外11人计算有错。

武昆老师分析之后发现,计算题是考试成绩的关键点,如果计算题全对,学生基本能考到90分以上;如果计算有错,想要考试成绩达到90分以上难度较大。武老师经过对比分析还发现,全班只有一人列竖式计算出现错误,计算错误率集中在递等式计算。

以上是通过教学检测的数据分析总结出的班级学生数学计算学习情况。了解学生学情之后,为了提高班级学生的整体计算水平,武老师打算制定方案,对本班级学生进行定制型辅导,重点加强班级学生递等式计算的训练。

首先,武昆老师在班级群中通知学生家长,第二天开始对班级学生进行递等式计算强化练习,希望得到家长的理解和配合。紧接着,结合全年级刚进行的数学计算竞赛的结果,对学生的计算水平进行分层。此次数学计算竞赛成绩排名在班级前十名的,不用参加本次计算强化练习,其余学生在每天数学课的刚开始进行四题递等式计算题练习,武老师会在课堂立即进行计算练习的批改和评分。随后,针对课堂计算训练有错的学生进行课后强化练习,错一题课后多做五题计算,错两题多做十题计算,以此类推。如果有学生连续三天课堂上计算训练全对,即可退出此次计算强化训练。全班38人,此次练习一直持续进行到有30人课堂计算全对而退出训练为止。如果不能达到就一直进行此项练习,持续到期末考试。其间,在平时各种数学模拟考试中,如果有免检测学生计算错误超过两题,则需要重新加入计算强化训练。

最终,在期末考试前一天有31位学生课堂计算全对,考试前一天才结束了递等式计算的强化训练辅导。在第二天的期末考试中,班级计算错误率很低,全班38位学生,只有11人计算有错,而且在这11位学生中,10位学生仅错了一题计算题,只有1位学生错了两题。而全年级中,只有两个班达到计算错误人数在11位学生,其他班级计算错误率都较高。

经过针对全班计算水平进行的定制辅导,很多学生的计算速度和正确率得到大幅提升。

### 三、教学检测定制辅导的实践思考

**1. 通过检测数据,了解学生学情**

教学检测作为教学评价的手段之一,发挥着重要作用。每学期,每所学校、每个班级都要经历各种类型的教学检测,教学检测常见手段就是阶段性考试,是指导再实践的重要指标。教学检测中的班级均分、年级均分可以帮助教师了解本班级学生学习水平,以及在全年级中的定位;优分率、低分率可以帮助教师了解班级学生的成绩分布情况;每一题的得分率可以帮助教师了解班级学生对具体知识点的总体掌握情况,了解学生学习薄弱点和学习优势。

例如在案例一中,通过对学生优分率以及试卷每一项得分率的分析,发现学生对对比实验原理没能很好地掌握;案例二中武昆老师通过对试卷的分析,发现学生对递等式计算不能很好地掌握,从而影响了学生考试成绩的提升。

因此,教师需要充分利用每次教学检测,做好教学检测后数据的收集整理。通过对教学检测带来数据的观察,发现教学中存在的问题,随后进行自我反思和总结。

### 2. 通过检测分析,再看认知经验

现代教育学家杜威认为:教育生长的起点是经验,教育的归结点是经验的不断改造。人类知识的获得和利用是通过经验来实现的。经验应该随人的生长而生长。因此,在教育过程中要根据儿童的经验组织学习材料。儿童新的知识的建构要建立在其原有的经验基础上。

教学检测后对收集的检测数据进行系统分析并自我反思是获取学生认知经验的重要途径,教师可以从检测结果统计中发现一些班级共性问题,了解班级整体情况,总结学生先前认知经验,促进教学策略改变,再次促进学生认知经验的生长。

在案例一中,周老师通过教学检测分析,了解四年级学生在课堂教学后依旧对对比实验原理存在认识经验不足,对偶然误差造成重复实验中数据的偏差理解不到位,为了促进学生学习经验生长,周老师改变之后对比实验的教学方法,由扶到放地实施教学。在案例二中,武老师通过对某次教学检测中班级 90 分以上学生计算错误率的统计并且对比 90 分以下学生计算错误率,发现计算题是考试成绩的主要分水岭,再研究发现本班级群体中对竖式计算有较好认知,主要薄弱点在递等式计算,于是对班级学生进行递等式计算的定制辅导,并取得较好的成效,班级学生计算水平得到较好提升。

教学检测以及之后的分析和自我反省不仅能评价学生的学习情况,帮助教师了解学生学情,还能深层次剖析班级学生的认知经验,指导教师未来的教学,为教学策略制定提供依据,全面激发学生学习潜能。

### 3. 通过定制辅导,促进学习提升

近年来,对"差异化教学"研究呈不断上升趋势,所谓差异化教学,首先就是承认学生存在的客观差异,并在此基础上分析不同学生的特点,包括学习能力、兴趣爱好、性格特点、认知经验差异等,根据分析结果对学生进行"因材施教"。《基础教育课程改革纲要》中也明确指出,"在教学过程中,教师应该尊重学生的人格,关注个体差异,

满足不同学生的学习需要,创设能引导学生主动参与的教育环节,激发学生学习的积极性,使每个学生都能得到充分发展。"因此,如何更全面地了解学生,发现学生的独特性,并通过教学与评价促进学生在原有基础上发展,是新课程实施中每一位教师需要思考和研究的问题。然而在大班教学中,教师首先需要了解班级小群体中学生的差异性,再尝试从群体差异性中探寻学生独特个体差异性。教学检测后的分析与自我反思则是认识班级群体差异性的重要方法之一。教学检测后的定制辅导则是实现差异化教学的重要手段。

案例一中,周蓉老师结合班级期末考试结果,制定对比实验教学方案,以记录单为学生学习的辅助手段,并根据学生兴趣,自主选择所研究的主题,例如在《摆》一课中,学生可以在摆长、摆角、摆重三个变量中任选其一去研究。在定制辅导中,充分考虑学生的差异,给学生自主选择空间。在之后的教学检测中发现教学效果得到了提升。

案例二中,结合学生的教学检测结果,武昆老师分析发现计算是考试成绩的分水岭,而本班级学生存在递等式计算能力不足的问题,武老师有针对性地定制辅导,对本班级学生计算进行有计划的强化训练。在给班级学生定制辅导的过程中,武老师也尊重班级学生的差异性,进行分层次的定制辅导,计算题较好的学生可以不用参加此次计算训练,把时间和精力用在其他方面的提升。最终班级学生计算能力大幅提高,班级数学考试成绩得到全面提升。

课堂教学活动是一个极其复杂的系统,存在很多相互制约的影响因素。教学检测定制辅导最终指向的是改进教师未来的教、促进学生未来的学,提升课堂教育价值。

(本节撰写:周蓉)

## 第二节　个别学生定制辅导

### 一、概述

随着小学教育教学的发展走向深化,越来越多的教育工作者注意到发展每个学生的个体的重要性,"因材施教"一词也用得逐渐广泛。为了尊重学生个体的差异性,让每个学生拥有发展的可能性,"定制性辅导"不断进入我们的视角。

个别学生定制辅导指通过教师的观察、了解,针对班级较特别的学生量身定制辅导方案,这个辅导方案既可以是针对提高学生成绩,也可以是提高自理能力,甚至是提高心理素养。通过量身"定制",更好地支持个别学生的学习。

《义务教育语文课程标准》也指出,我们的教育教学"必须面向全体学生",注重学生之间的差异。心理学也认为,遗传、环境等因素导致儿童的智力发展和认知发展的差异性,需要我们辩证地看待、合理地对待。而在小学教育教学实践中,这些差异性会使得我们传统的"灌输式"、"一站式"教学不合时宜,特别是在21世纪核心素养发展的要求下,个别学生的定制性辅导更显得迫在眉睫。定制性辅导给予了每一个孩子获得成功体验的可能性。

## 二、个别学生定制辅导的教学呈现

### 【实用案例透析】

**案例一** （摘自朱丹老师案例）

做适合的阅读,献给特别的你
——随班就读学生小学语文课程内容中阅读方面的调整

小L,经脑科医院诊断,智商为60,属于轻度智障。诊断结论是缓慢性发育迟缓。小L性格内向,不善交际,与老师的交流频率不高。他不能独立完成老师布置的学习任务,学习比较被动。在语文课堂上参与度低,注意力涣散,经常做小动作、发呆,甚至打瞌睡。父母关系紧张,在教育孩子问题上不能达成一致。父亲过于暴力,母亲过于溺爱。

通过一段时间的课堂观察、平时作业和测评等,发现小L的语文学习能力整体水平都很低,与小学语文课程标准对五年级学生的基本要求相差甚远。在语文阅读这一方面,小L的朗读水平与普通学生的水平较为接近。但字词、句、修辞、段落、篇章的水平都非常低,几乎没有词、修辞、段落、篇章的理解能力,而且小L的阅读态度与习惯也较差。

Ⅰ. 调整过程

A. 调整方式

根据小L语文学习的基础与能力,我采用的阅读内容调整方式主要为简化、删减、分解、补充、替代。

B. 课程内容中阅读方面的调整(结合《义务教育语文课程标准(2011年版)》)

以本学期已学的多课为例(苏教版五年级上册)。

表 1

| 课题 | 调整前 | 调整后 | 调整方式 |
|---|---|---|---|
| 第三课《古诗两首》 | 能借助词典理解词语的意义。能联系上下文和自己的积累，推想课文中有关词句的意思<br>3 解释带点的词语，再说说诗句的意思。<br>(1) 只在此山中，云深不知处。<br>(2) 意欲捕鸣蝉，忽然闭口立。 | 1. 能够正确朗读诗句<br>＊2. 通过老师讲解，大致知道整体诗意 | 替代<br>简化 |
| 第六课《变色龙》 | 在阅读中揣摩文章的表达顺序<br>3 按下面的表达顺序给课文分段。<br>(1) 我们发现变色龙。<br>(2) 我们端详变色龙。<br>(3) 我们放回变色龙。 | 1. 按分段提示（1—8）(9—15)和（16），进行划线选择<br>＊2. 通过老师讲解，体会文章的表达顺序 | 分解<br>补充 |
| 第八课《成语故事》 | 积累课文中的精彩句段<br>1 朗读课文，背诵《画龙点睛》。 | 熟读《画龙点睛》，做到正确、流利、有感情 | 替代 |
| 第九课《推敲》 | 能复述叙事性作品的大意，初步感受作品中生动的形象和优美的语言<br>1 朗读课文，讲讲这个故事。 | 按提示、提供的词语、提纲、线索简要复述 | 分解 |
| 第十二课《伊索寓言》 | 体会课文中关键词句表达情意的作用<br>3 读一读，体会牧童两次"大叫"的不同情感。<br>(1) 好几次他大叫："狼来了！狼来了！"<br>(2) 牧童吓坏了，他慌忙大叫："狼来了！狼来了！快来帮忙啊，狼在吃羊了！" | 在老师的引导讲解下，在同学的示范下，模仿牧童两次大叫，体会其情感的不同 | 简化<br>补充 |
| 第十四课《艾滋病小斗士》 | 阅读叙事性作品，了解事件梗概，能简单描述自己印象最深的场景、人物、细节，说出自己的喜欢、憎恶、崇敬、向往、同情等感受<br>3 默读课文，说说为什么称恩科西是"艾滋病小斗士"。 | 删减 | 删减 |
| 第十六课《黄山奇松》 | 初步领悟文章基本的表达方法，懂得修辞手法在句子中的运用<br>满生机。它有一丛青翠的枝干斜伸出去，如同好客的主人伸出手臂，热情地欢迎宾客的到来。如今，这棵迎客松已经成为 | 1. 认识比喻句<br>＊2. 理解比喻句，能够说出将什么比作了什么，反复练习 | 简化<br>分解 |

其中带"＊"的调整之后的内容，需要在课后的个别化辅导环节落实。

#### C. 作业的调整

小 L 同学的学习态度较差,独立完成作业非常拖沓,需要人督促。因此,针对小 L 的课程内容中阅读方面调整还包括作业的调整。小 L 所在的班级每学完一课,都会完成这一课的《补充习题》和"每课练"。因《补充习题》这项教辅用书作业内容对于小 L 来说太难,只勾选个别题,删减大部分不适合小 L 的题。而对于"每课练",笔者调整内容,并设计了属于小 L 个性化的"每课练"。"每课练"内容的调整方式与阅读方面调整方式相似,主要为简化、替代、补充、删减。

表 2

| "每课练"调整实例(以《装满昆虫的衣袋》为例) |||
| :---: | :---: | :---: |
| 调整前 | 调整后 | 调整方式 |
| 1. 认真朗读课文,读准"纵横、闪烁、光泽、责骂、鸟栖虫居、中毒、观察、鼓鼓囊囊、痴迷、可恶"的字音,理解"鸟栖虫居、鼓鼓囊囊"等词语的意思 | 1. 认真朗读课文,给下列词语注音<br>纵横 闪烁 鸟栖虫居 观察 痴迷<br>光泽 责骂 鼓鼓囊囊 中毒 可恶<br>2. 查字典,理解下列词语意思<br>鸟栖虫居:<br>鼓鼓囊囊: | 补充 |
| 2. 给多音字注音并组词<br>恶( )( )<br>( )( )<br>栖( )( )<br>( )( ) | 2. 给多音字组词<br>恶(è)( )<br>(wù)( )<br>栖(qī)( )<br>(xī)( ) | 简化 |
| 3. 读着课文第一段,你仿佛看到怎样的圣莱昂?拿起笔来,以"村子里……"为开头,写一段话 | 抄写课文第一段 | 替代 |
| 4. 理解:这篇文章为什么要以"装满昆虫的衣袋"为题? | 删减 | 删减 |

#### D. 阅读课文教学目标和教学过程的调整

教学目标与教学过程的调整也借鉴了课程内容调整方式中的简化、删减和替代。

表 3

| 以《嫦娥奔月》为例 |||
| :---: | :---: | :---: |
| | 针对普通同学的设计 | 针对小 L 的设计 |
| 教学目标 | 1. 正确、流利、有感情地朗读课文,复述课文。<br>2. 学会5个生字,理解由生字组成的词语"企盼"、"奸诈贪婪"。 | 1. 正确、流利地朗读课文,根据提示、提纲,简要复述课文。<br>2. 认读生字并书写词语以及老师勾画的其他词语。查字典,理解"企盼"、"奸诈贪婪"等词语意思。 |

(续表)

| | 以《嫦娥奔月》为例 ||
|---|---|---|
| | 针对普通同学的设计 | 针对小L的设计 |
| 教学目标 | 3. 理解课文内容,能给课文分段,并归纳段落大意。<br>4. 借助课文具体的语言材料,感受课文的意境美,学习嫦娥心地善良、为民造福的品质。 | 3. 根据板书的分段提示,选择相对应的段落;根据提示简要说课文内容。<br>4. 小组讨论时,认真倾听小组成员对于嫦娥心地善良、为民造福的品质的理解。 |
| 教学过程 | 1. 在学习课文之前,老师想检查同学们对词语的掌握情况。<br>相传　凝望　苦难　翻箱倒柜　逢蒙　婆婆　后羿　百宝匣(PPT点红难读字　出示字音)<br>2. 自读课文,你能从文中找出几个词语分别来概括他们三人的特征吗?并用横线画出相关的课文语句,读一读。<br>【副板书:后羿力大无穷　逢蒙　嫦娥美丽善良】<br>读通句子<br>(1) 有一个力大无比的英雄名叫后羿,他决心为老百姓解除这个苦难。<br>(2) 有个叫逢蒙的,为人奸诈贪婪,也随着众人拜在后羿的门下。<br>(3) 后羿的妻子嫦娥,是个美丽善良的女子。<br>3. 故事的背景是什么？主要讲的故事过程、故事的结果什么？<br>根据学生的回答,简单概括为:<br>板书:<br>(1—2)　后羿射日背景<br>(3—6)　嫦娥奔月<br>(7—8)　思念企盼<br>4. 你认为文中的后羿是个怎样的人？"力大无比"、"为民除害"<br>课文中哪一句话可以充分表现出他的力大无比？这句话中的哪个词让你印象深刻？<br>后羿登上昆仑山顶,运足气力,拉满神弓,"嗖——嗖——嗖——",一口气射下九个太阳。(抓住动作、象声词来体会,并指导朗读。)<br>(小组交流、讨论)<br>【提示】此处可以让学生做动作进行朗读训练。 | 1. 前面同学正确示范,老师指着相应的PPT提示,小L读准。<br><br><br><br>2. 前面同学发言,并示范朗读后,小L能够勾画出三句话并正确读出来。<br><br><br><br><br><br><br><br><br>3. 老师讲解后,小L能够根据板书提示,大致理清文章思路。课后个性辅导时,能根据提示,试着概括课文的主要内容。<br><br><br><br>4. 小组讨论时,其他组员先说,小L最后说。老师给予小L个别化关注,关注其是否认真倾听组内成员回答,督促其回答。<br>学生做动作朗读时,老师鼓励小L模仿他人,与小组成员一起,边做动作边进行朗读。 |

E. 阅读教学策略的调整

① 赏识小L，提升学习动机。每篇阅读课文的课堂上设计一个简单的提问，让小L参与课堂，例如请小L站起来做小老师读词语。如果小L在课堂上主动举手，我会优先考虑让他回答问题，无论对与错，要对他积极的参与态度予以肯定。

② 提醒小L，维持注意力的集中。小L同学语文基础差，跟不上课堂节奏，上课经常发呆、走神。我会通过眼神、手势、走到小L同学身边等简单的方式提醒他集中注意力，参与课堂。

③ 针对小L采用有效的提问策略。对于小L积极举手想要回答的问题，我可以采用循序渐进的提示方式，引导其想出答案，也可以将问题改为简单的是非题或者选择题。

④ 个别化辅导小L。在课程内容中，对小L阅读方面调整的数量与幅度都较大，很大一部分内容无法在集体课堂上实施，因此需要根据其课程内容中阅读的调整确定合适的个别化辅导内容。

⑤ 培养小L自我督促和自我管理。我将在语文阅读课上需要注意的事项做成便签贴于小L的桌角，指导他自我监督、自我管理。

⑥ 小组合作开展学习，精心挑选组员。依据座位的安排，我精心安排小L所在小组的成员结构，明确学习小组的组织者和帮助者，让他们督促小L参与小组讨论，认真倾听并简单记录。

Ⅱ. 研究结果分析

经过大半个学期的调整，与调整之前相比，小L在词、句、修辞、段落、篇章等方面都有一定程度的提高，其中，词句提高较为明显。阅读态度与习惯也有所改善。

我认为与四年级相比，小L的进步比较大，主要表现在课堂参与、学习态度方面。在调整之前，小L基本不参与课堂，大部分时间都在玩笔，调整之后，小L能够参与课堂，做与语文课有关的事情，有的时候上课听不懂但会翻看语文书后面的课文。"每课练"调整之后，小L觉得难度降低了，能够自己做；自己做《补充习题》的时候不会做还会回家搜网上的"作业帮"，去借鉴答案。主观上来说他还是愿意做的。

朱丹老师用心付出，根据特殊儿童的最近发展区制定了定制性辅导，让这个学生拥有适合自己的发展和成长。

**案例二** （摘自李润老师案例）

一直生活在关怀中的孩子通常会很自然地成为品行端正的人。因此，当事情的发展偏离了正确的轨道或者受到威胁，我们必须反思自己的行为和信念。重要的不是去严格规章制度，采取铁腕手段，坚持采用惩罚的方式，教"他们"知道什么是正确的。必须建立起和谐的关怀关系，协调我们的需求与他人的需求，帮助孩子理解我们的行为以及他们自己的行为。

李润老师是如何用爱、用关怀对这个普通孩子进行定制性辅导的呢？

## 特殊的作业
——指导一位"慢"孩子提速的教育案例

### "慢"娃提速——失败！

我是三年级接手的这个班级。在与小棋妈妈聊天的过程中，小棋的妈妈说，一、二年级的小棋可不是这个样子的，每天都能按时完成作业，还能完成很多的课外作业。可是不知道为什么，随着年级的增长，小棋写作业的速度越来越慢，慢得让人无法理解。年级增长作业变多变难了？没有。连班上基础比较薄弱的孩子，大多数都能在规定的时间内完成作业。生病了？没有。小棋的妈妈甚至带孩子去医院做了检查，检查显示孩子并没有异常。小棋在除了写作业的其他任何学习上，专注力都是不错的，独独写作业，不是摸摸橡皮，就是抠抠指甲，再不然就是发个呆，手中的铅笔好像千斤重。提醒他，他就写，稍不留神，又玩起了手边一切可以玩的小东西。

既然孩子身体和智力是没有问题的，那一定是习惯问题，那一定是可以改变的。我决定一定要帮助孩子改变现在的状况。孩子都喜欢奖励，我跟小棋的妈妈商量，决定采用"奖励"政策。我们要求小棋要在规定的时间内完成作业，按时完成一次就奖励一颗小星星，每集齐二十颗小星星可以换一个小礼物。我们希望通过这个方法，慢慢帮助小棋找回速度。一开始的时候小棋还是很乐意的，兴致颇高，做作业的速度有所提升。可是不知道什么原因，慢慢地发现，小棋的热情好像退却了，对礼物没那么大的渴望了，速度也并没有像我们预期的那样提快，又恢复了老样子！看来，仅靠奖励政策，通过礼物来"贿赂"他，压根解决不了问题。我想，可能要从内心激发小棋，改变他的"慢"习惯。

### "慢"娃提速——再败！

我决定改变策略。物质奖励不成，激励应该可以，总可以燃起他积极写作业的斗志。我找到班级一个作业速度也不是很快的孩子，让小棋每次写作业时，都和他进行比赛。我想，在这样的比赛中，一定能激发小棋的胜负欲，写作业的速度由此提上来。两个孩子都很乐意参与这样的比赛，一开始，两个人写作业的速度都有所提升，于是我暗自高兴。可是好景不长，没用多久，小棋的速度不仅没什么长进，还被这个和他比赛写作业的孩子带着一起玩起来了！他们好像找到志趣相同的朋友，两个人的速度都比以前更慢了！这样的对手可不行，继续转换策略！我又找了一个写作业速度快的，让他有紧迫感，追着速度快的孩子，并且提醒速度快的孩子要时刻督促小棋。为此，我还为小棋调了座位，和我们班学习又认真成绩又好的语文课代表坐在一起。我悄悄叮嘱课代表，小棋写作业发呆的时候，一定要及时提醒他，帮助他进步。本以为在语文课代表的影响下，小棋一定会有所改变，可是一段时间下来，发现还是收效甚微。小棋确实是进步了一些，可这些进步换来的是课代表跟我的抱怨。课代表反映,每次小棋都要她提醒了才能写作业。是的,虽然课代表不会带着他玩了,可是,小棋本身书写速度就慢,我让他和书写快的孩子比赛,这让小棋没有任何成就感可言。而这一点点的进步,也是课代表督促的结果。

提速计划又失败了!

### "慢"娃不慢——提速!

就在我费尽心思、毫无方向的时候,一件小事,让我找到了问题之所在。

这本是很简单的一次作业布置。这一天,我们学习了课本剧,课后我把孩子分成了几个小组,每组成员负责分工、合作进行课本剧的创作和表演,两周时间准备,然后全班比赛选出最佳剧本和最佳演员。每天都要催小棋的我,几天来突然发现找小棋的频率低了,小棋的作业好像没那么"难产"了。这就奇怪了!于是我悄悄观察起小棋。

原来,让他每天"奋不顾身"按时完成作业的原因,竟然是为了抓紧时间排练课本剧。仔细观察这段时间的小棋,做作业的时候不再抠指甲、玩橡皮了,写作业的时候非常专注。他总是完成作业后,便督促小组成员抓紧排练。排练课本剧,他比谁都积极!

我更加肯定,小棋写作业慢一定是有特殊的原因的!他的这个情况一定是可以改变的!在课本剧表演结束后,小棋获得了最佳演员奖。为了验证我的想法,趁热打铁,我又给小棋布置了一份"特殊"的作业。想到小棋口才好,我让小棋自选主题准备一次演讲。果不其然,小棋每天交作业真的不用催了!每天都能看见他忙碌的身影!

可是小棋平时为什么总是写作业那么慢,还成了班级有名的"老慢"呢?思考之余,我又想起了几件小事——

### 小插曲——"傻"孩子?

这一天,我又气哄哄地带着没有按时完成作业的小棋去办公室,路上迎面走来了隔壁班的孩子。孩子冲着小棋大喊:"又去补作业啦!"小棋的慢,已经到了远近闻名的地步了。我转脸看小棋,他不但不觉得害臊,竟然仰起头笑嘻嘻地说:"对啊,去办公室补作业。"说完,开心地一路小跳跑去办公室。竟然还有去办公室如此高兴的孩子?

中自习下课,"小棋,中自习的作业写好了吗?还没写好啊,你怎么就像树懒一样!看过《疯狂动物城》吗,你就是里面的闪电!"组长气急败坏地催着小棋的作业。听到"闪电",全班孩子哈哈大笑。谁知道小棋不以为耻,反以为荣,竟然放下手中的笔,表演起了《疯狂动物城》中的闪电,惹得全班同学笑得更开心了!他也开心得不得了!"小棋,你的作业不是写出来的,是绣出来的。"我无奈地对他说。全班又是一阵哄笑,当然,这哄笑中包括笑得龇牙咧嘴的小棋。

你看,小棋从不觉得自己写作业慢对学生来讲是一件不好意思的事。相反,他从中体会到了"慢作业"带给他的无限荣誉与乐趣!他是不是傻了?

### 特殊的作业——成功!

小棋为什么写作业总是磨磨蹭蹭、拖拖拉拉呢?而且还并不为此感到难为情?

于是，我趁热打铁，喊来了小棋："小棋，老师欣喜地发现，你这段时间作业完成得很快呢！老师一直都觉得你不是个慢吞吞的孩子，能告诉老师为什么作业写得那么慢吗？"在我反复沟通，并将这段时间作业可以按时完成的事实摆在小棋面前时，他才吞吞吐吐地说出内心的秘密。原来，小棋的妈妈特别希望小棋成绩优异，总是在小棋完成一项作业后又布置一项。这简直就是写不完的作业，小棋的速度再快也比不过妈妈买练习的速度。相反，他发现自己速度慢一些，妈妈布置的作业就会少一些。于是，慢慢地小棋便开始软抵抗、磨洋工。

"可是，你不觉得写得慢去办公室补作业很难为情吗？你看，每次因为作业慢，挨了多少批评，有多少同学笑话你呢。""不啊，我觉得挺有意思的呢……"通过与小棋推心置腹的交谈，我发现原来由于不想写妈妈布置的无止境的作业，他便磨洋工，故意写得很慢，而因为慢让他成为班级的"名人"，得到老师的关注多了，慢慢地他获得了很多同学的"关注"，这些关注让他觉得很有趣，他爱与同学们哄闹，所以在他的眼里，写作业慢也没什么。

原来如此！了解到这一情况，我首先找到了小棋的妈妈，进行了沟通。她告诉小棋，不会再无止境地布置课外作业。我帮助小棋妈妈制定了一份家庭时间合约，控制作业量以及时间，每天回家严格执行，让小棋以后不会再惧怕妈妈布置的作业。至于目前想要改变小棋已经养成的"慢"书写习惯，那就要从他的"感兴趣"开始。从积极地参与课本剧表演看得出来，小棋特别擅长表演。而从小棋从不因为作业写得慢难为情，反而以此为荣看得出来，小棋有着很强烈的希望被他人关注的愿望。这可能是小棋妈妈总是逼着小棋学习、写作业，而从不关心他，更不关注他的喜好造成的。

基于此，我给小棋列了一份特殊作业，帮助小棋找回速度。小棋不是特别擅长表演吗？每周的班会课都要根据主题设计一个三分钟的小情景剧，由小棋负责。前提是必须每周作业都按时完成。自此，每天都能看见小棋忙碌的身影，慢慢地，小棋写作业的速度真的提上来了！

经过一段时间，那个快小棋回来了，"慢"小棋不见了，他也不需要用"慢"来逃避妈妈，再也不用"慢"来获取关注了！

"因为我们关怀学生，我们才能发现他们在一些既定的学习生活中表现出的不情愿，我们才会允许他们将自己的不情愿表达出来。但是，作为教师，我们知道（或者应该知道），要想实现学习目标，完成规定的学习任务十分重要。要是学生信任我们，他们通常会心甘情愿地接受这种强迫性的学习任务。"李润老师之所以能在日常的教育教学中帮助孩子发现问题、解决问题是因为老师对学生发自内心地关怀，如果我们理解学生的感受，倾听学生的心声，站在学生的角度看待面临的困难，并竭尽全力去关心学生，帮助学生走出困境，他们就能体验成功的乐趣，实现人生的一个个目标。

学优生每个人的情况不同，学习上各有特点和长处。有的学优生思维活跃，反应较快，但考虑问题欠周到，缺乏深度，粗心，易出错；有的学优生较细心，善于总结归纳知识,但局限于课本的知识,缺乏大胆质疑。教师要分别给予具体指导和帮助,使他们扬长避短,进步更快。对个别成绩突出的学生,给予有针对性的帮助,进行提高性的练习,强化自学能力,最大限度地发挥他们的潜能。

**案例三** （摘自衡璇老师案例）

## 立足差异之学优生教育对策

语文课上,特别是临近期末的复习课,我们会安排各种教学活动帮助学生巩固所学的知识,通过各种教学活动对学生进行语言技能训练。为了让学优生在这些教学活动中也有收益,我们可以改变活动方式,帮助他们提高某方面的能力。特别是当反复操练不能避免时,可以帮助学优生提高综合能力。

知识的掌握和技能的形成都需要一定的操练巩固活动。然而,我们为保底而安排设计的操练对学优生来说收益甚微。为了让学优生也有所获,我们可以在巩固其他学生语文知识与技能的同时,提高他们的综合能力。

期末复习时,我常常会将一学期所学知识的重点、难点配上例题,以及学生错误率高的题目类型等做成PPT,帮助学生知识梳理与提高。由于这些知识内容都是平时反复操练的总结,学优生们早已熟之又熟。于是我以小队为单位,以"十分钟队会"形式,制作知识梳理PPT并讲解。每队由学优生负责,但无论是知识整理还是讲解都必须全员参与。六个小队的作品最终将被全班学生作为复习资料拷贝,资源共享。

队员们在学优生的带领下整理知识、讨论分工、制作PPT和讲解,我在每节复习课上安排一个小队讲解。我看到台上学生有模有样地讲解、提问、发奖、拍照,我看到台下学生认真地听、积极举手发言。虽然各小队整理的知识略有相同,但台下学生即使听了不止一遍,还是专注地和台上呼应着。在小队活动中,队员们的语文知识得到了梳理;在听其他五个小队讲解的过程中,大家的知识又得到了巩固。学优生整理知识、组织协调、讲解等综合能力在整个活动中都得到了提高。

## 三、个别学生定制辅导的实践思考

### 1. 个别学生定制性辅导需要"关注每一个"

关注本身就是很好的教育。在定制性辅导中,每一个学生都应该是教师关注的对象。因为每个学生都是生动活泼的人、发展的人、有尊严的人。关注每一个学生的成功体验和愉快学习,就需要我们在定制性辅导实施的策略设计上不断改进,使学生真正成为学习的主人,使我们的定制性辅导成为"目中有人"的辅导策略。努力发展每一位学生的优势智能,提升每个学生的弱势智能,更有利于培养学生自尊、自信的人格。

### 2. 个别学生定制性辅导需要"关注最适合"

张新平教授在《何谓"适合的教育"》一文中指出"在'合适的教育'中,整体的抽象的学生变成了具体的、活生生的、具有鲜活生命的现实中的每一个人。所有的教育教学活动,都要切实落实到每一位拥有不同特点和禀赋的学生身上去"。合适的才是最好的,所以我们在定制性辅导实施过程中对于语言组织能力弱的孩子会给予支持和帮助,对于实际操作能力强的孩子给予肯定和激励,我们让优秀的学生示范,提供学习的范例,鼓励生生合作完成,实现差异互助。同时尊重差异的评价,给予每一个孩子获得成功体验的可能性。

### 3. 个别学生定制性辅导需要"关注发展可能性"

我们更期待看见学生获得发展的可能性,美国心理学家班杜拉提出"自我效能感",即"个体在执行某一行为操作之前对自己能够在什么水平上完成该行为活动所具有的信念、判断或主体自我把握和感受"。其实质就是个体在特定情境中对自己的某种行为能力的自信程度。我们的定制性辅导的实施,就是希望帮助孩子树立表达的自信心,增强自我效能感,这也是发展学生核心素养,培养"全面发展的人"的重要组成部分。

每一个儿童都是生命鲜活的"这一个",他们的成长既有共性,也有个性。支持儿童的差异性学习,构建儿童差异性学习的定制性辅导策略,就是基于儿童立场的教育。这让我想起教育部原部长陈宝生的一句话:"学习必须变成学生自己的事情,学习必须发生在学生身上,学习必须按照学生的方式进行。"差异性学习之定制性辅导就是让不同个性的儿童在学校里获得最理想的发展。

(本节撰写:衡璇)

## 第三节 特殊时段定制辅导

### 一、概述

特殊时段定制辅导是指在突如其来的新冠疫情期间,在鼓楼区通过企业微信"鼓楼e学习"开展线上教学的前提下,结合我校实际情况,教师借助现有的、简单的信息化平台,以学生能够自主实现为原则,为学生量身定制契合学生需要的辅导。特殊时段定制辅导着重师生之间资源的共享和学生之间差异的互助,为学生的居家线上学习提质增效,特殊时段定制性辅导的着重点是让学生能学出品质、玩出花样、活出健康,更好地支持儿童的差异性学习。

《国家中长期教育改革和发展规划纲要》指出:关心每个学生,促进每个学生主动地、生动活泼地发展,尊重教育规律和学生身心发展规律,为每个学生提供适合的教育。所谓"适合的教育",它要求教育要以满足每一位学生成长需要为标准,让每一位学生在互联互依、互尊互赏中实现生动活泼的学习和健康快乐的成长。这场突如其来的新冠疫情令所有人措手不及,"线上学习"在此时恰到好处地应运而生。"线上学习"的本质是学生在家庭环境下开展的居家学习,在学生的学习过程中,教师的主导作用被弱化,各种教学管理制度对学生的硬约束有所降低。鼓楼区的"线上学习"采用的是所有学生共上一节录播课的模式,陌生的授课老师,有距离感的屏幕,低年级学生课堂专注力有限,高年级没有同学鲜活的回应,学习的效果到底如何?而特殊时段定制辅导根据学生的个性特征、思维方式、学习风格,再次强调学生的学习内容和学习时间,从而让学生更好地感受知识、理解知识和运用知识,培养学生的综合素质,真正做到"停课不停学",这就是疫情防控特殊时期下的"合适的教育"吧。

疫情期间,我校第一时间组织线上工作会议,明确要求"所有教师在线在岗到位,协调安排学生线上学习"。在线上学习期间,任课教师与学生同步收看统一安排的固定课程,给学生布置对应的、适量的作业,并做好在线答疑、及时辅导、矫正反馈等教学活动。除此之外,各教研组还需结合学生年龄特征、心理特点,制定个性化定制性辅导课程,适时安排,适度安排。各教研组需呈现线上学习时期各学科、各年级、各班级、各教师的优秀做法,并提供了两份反馈模板(见表6-1、6-2),前一模板适合三年级至六年级语文、数学、英语学科教师,后一模板适合一、二年级语文、数学学科教师以及综合学科教师。

表6-1 定制辅导反馈表1
＿＿＿＿教研组定制辅导反馈表
(＿＿年级)

| 生活与学习指导设计理念 |||
|---|---|---|
| 生活与学习指导设计项目 |||
| 个性化布置与检查 |||
| 年级(或班级) | 检查方式 | 学生成果展示照片 |
|  |  |  |
| 个别化评价与指导 |||
| 教师 | 截图1 | 截图2 |
|  |  |  |

表6-2 定制辅导反馈表2
＿＿＿＿教研组定制辅导反馈表
(＿＿年级)

| 鼓楼区统一作业 ||
|---|---|
| 滨江小学定制性作业 | 基于滨江小学学情的思考 |
| 个性化布置与检查 ||
| 班级 | 检查方式 | 截图 |

| 个别化评价与指导 |||
|---|---|---|
| 教师 | 截图1 | 截图2 |
|  |  |  |

学校德育处也以"花开'云'德育，成长不延期"为主题开展一系列德育辅导工作：延展生命教育，升腾爱国情怀，绽放成长之花，引导学生真正地与祖国一起成长，用成长的足迹战胜困难，让挑战成为通向幸福的桥梁。

## 二、特殊时段定制辅导的原则

疫情期间所开展的"线上学习"面临很多现实问题：互动交流的方式单一，学生的自律大幅度衰减，视力和健康令人担忧。若要定制辅导真正发挥二次功效，必须首先确定特殊时段定制辅导的基本原则，根据基本原则选择合适的工具和方式进行定制辅导。为此，我们归纳出以下基本原则。

### （一）技术简易原则

特殊时期定制辅导，其初心是为学生的宅家学习提供切实的支持，让学生的线上学习效果看得见，同时缓解家长的焦虑之情。所以，定制辅导的一个基本前提就是严格控制在线时间，在提质增效和简化操作之间寻求一个平衡点，尽量不去增加家长和孩子的负担。教师使用的平台尽量集中，便于使用，提倡利用已有并常用的 App 实现辅导任务，特别是有些需要学生参与的操作，一定以学生在老师、家长指导下能够自主完成为原则。疫情期间，QQ 就适时推出"作业""老师消息""老师助手""学习打卡""群接龙"等功能，还有手机自带的录制屏幕功能、抖音 App 的拍摄视频功能，教师应仔细研究这些已有平台的功能，尽量集中、力求简化，使它们的作用得到发挥。

### （二）即时反馈原则

"在线学习"期间，授课老师教学风格的差异，学生之间认知能力的差异，家庭学习氛围营造的缺失，都会影响学生的学习效果。即使"企业微信"平台具备随时回看功能，也还是需要教师的及时反馈。无生、无声的课堂，需要我们在定制辅导时，特别关注教学素材要贴近学生生活，知识呈现要有醒目的方式，学生要有足够的读书和思考空间。在线授课的老师定会声情并茂、抑扬顿挫来吸引学生的兴趣，而我们需要再次强调每一个知识点要传达的示范、教学的重点。另外，同一节网课，不同学生的获得也一定不同，差异天然存在。只有及时了解学生的所得和所失，才能让反馈具有时效。可以说，即时反馈一定是十分有益且必要的存在，它让定制更有存在的意义。

### （三）互动交流原则

统一播放的网课时间有限，受众较广，难免缺少互动性，无生课堂更是拒绝了一切课堂生成资源。因此,定制辅导切忌大同小异、千篇一律,要比日常辅导更有设计感,也更有针对性。在设计辅导、辅导过程中时时考虑到适度性、层次性、互动性,不拔高也不降低。教师布置的作业,学生要按时完成;学生提交的作业,教师更要及时认真批改,更要善于通过作业的正确率、书写状况等,判断或总结学生的学习状态。对于表现好的同学,教师要多给一些鼓励性的语言,也可以通过"班级群"展示学习成果,激发他们继续努力;对于学习出现问题的同学,教师要第一时间"点对点"私信沟通,如 QQ 语音、信息或电话交流,帮助他们解决困难,进行有针对性的"补给",更加有效地促进教学。

(四)家校合作原则

定制辅导发生效果的场所在家里,学生和教师、学生和家长,甚至教师和家长之间都可以在信息交换畅通的情况下,成为更紧密的学习伙伴,此时学习便成为师生、生生、亲子共同合作的旅程。教师精细辅导学生自主学习的相关信息,可以通过在线平台与家长共享,家长亦可以通过在线教育平台与教师共享学生居家上课的信息,构建家校共育的生态环境,更精准地了解学生的自主学习状况,更好地发挥家长在教育中的作用。此时的家校沟通不仅能做到合作、互补,更能做到科学、省力。

## 三、特殊时段定制辅导的样式

【实用案例透析】

案例一

### 线上学习,因"定制"而高效
——疫情期间线上学习的几点尝试

**片段 1:预授+巩固,定制学习指导**

线上课程的时间约为 20 分钟,为了确保完成教学内容,教学环节紧凑,但缺乏朗读和操练的机会,因此,学生只有充分预习才能跟上节奏,尤其是基础较弱的同学,如果不能在课前攻克"单词关"、"词组关",那么课堂学习则会相当吃力,学习效果无法保证。针对这个问题,我在故事、卡通、语音等"新词量"大的课前,定制了个性化的"预习单",列举本节课"发音难"的单词和词组,并请发音好的同学录制对应的"预授音频",分享在班级群,学生通过抄、听、写、模仿朗读、发送音频等一系列预习活动,扎实有效地掌握了本节课的基础内容,有效降低了线上学习的难度。

线上课程结束后,授课老师会提供一份"作业单",但想要获得更好的"巩固效果",教师仍然要结合自己班学情和学生状况,以及线上批改的可操作性,定制"个性化"作业单。例如:译林五 B Unit 3 Asking the way 第二课时配套作业单上第二项作业,请学生用本节课所学句型讨论出行计划,在学生还不能正确熟练描述简单路线的前提下,这个任务是有难度的,放在第四课时更为贴切。因此,在定制作业单中,我更换了这项作业,改用简笔画的方式,请学生根据图片,用本节课所学句型写出路线图,着重考查学生是否能够准确运用所学语法知识描述路线,更直观,更易发现问题并进行指导。

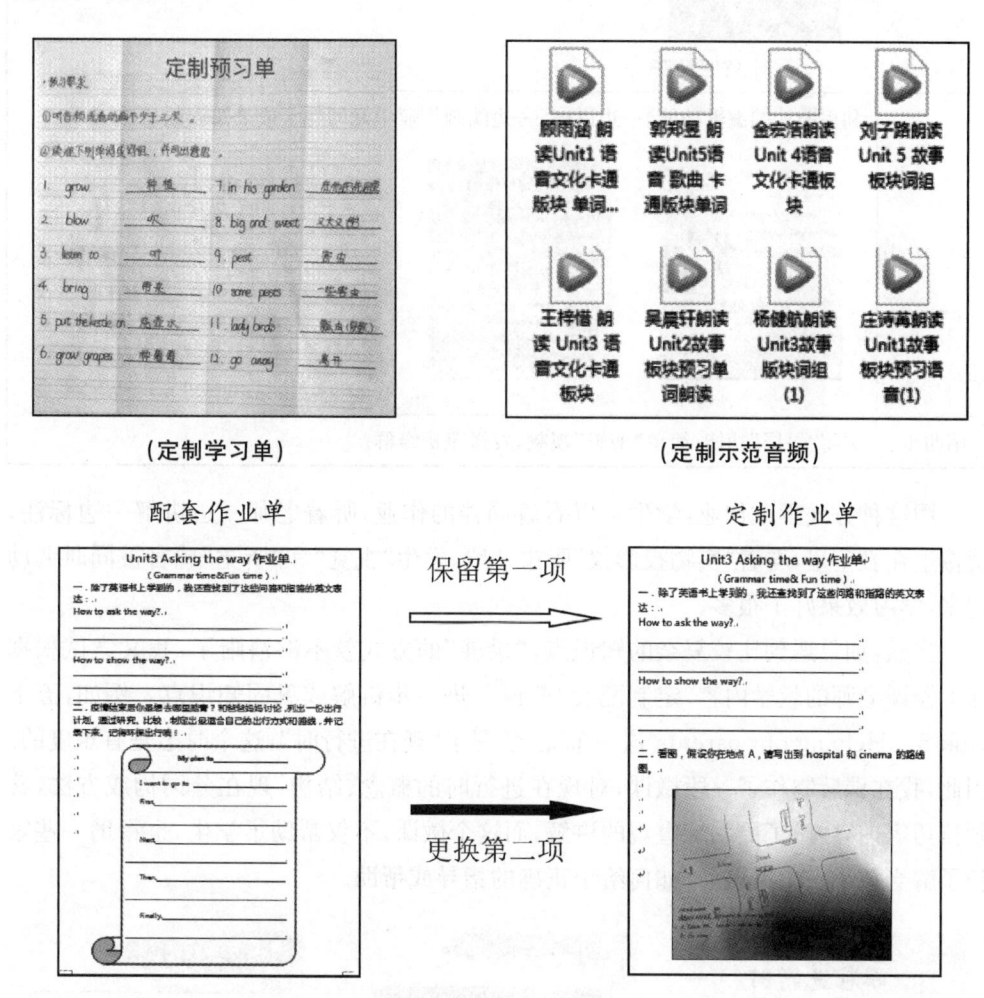

（定制学习单） （定制示范音频）

配套作业单　　　　　　　　　　　定制作业单

保留第一项

更换第二项

**片段 2:录屏＋微课,定制"二次讲解"**

定制了适合学情的作业单,但其中的错题如何集中讲解?错误多的重难点又如何进行"二次讲解"?刚开始我在班级 QQ 群发"文字"或"音频",但这两种方式缺少直观性。一次偶然机会,我想到手机自带的"录屏"是否可以帮助我解决这个难题,于是,我在批改 Asking the way 第二课时"描写路线"这项作业时尝试了这个方法。

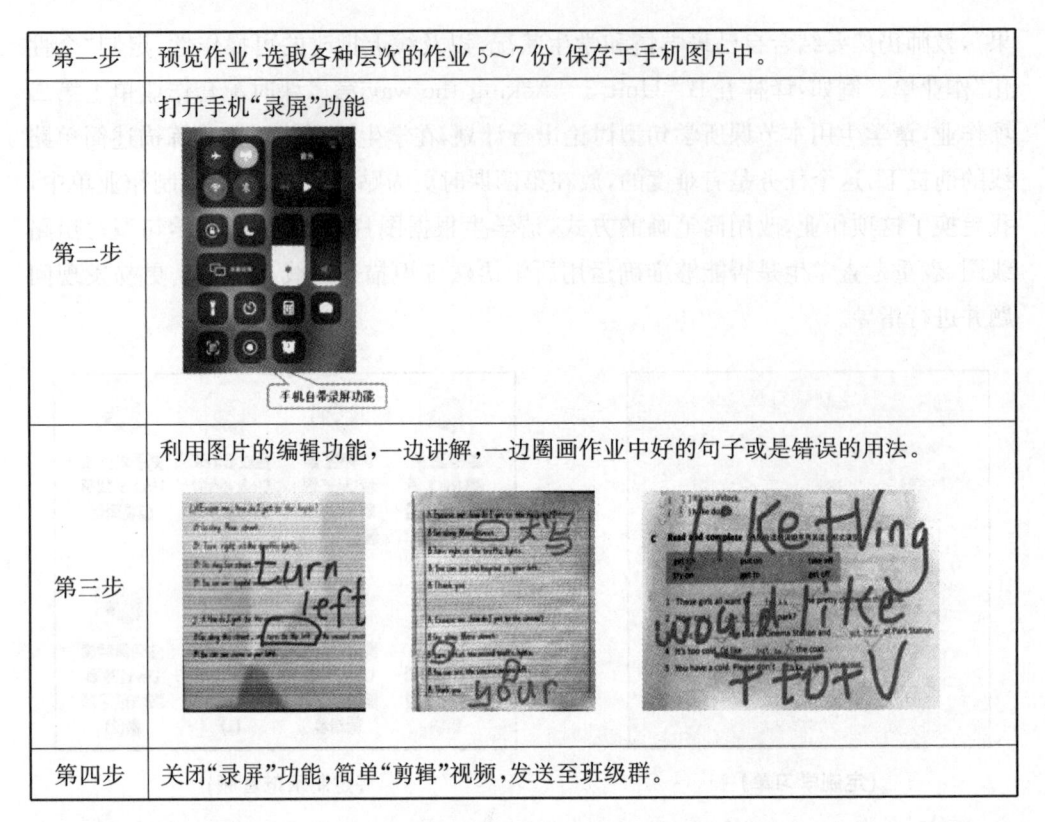

| 第一步 | 预览作业，选取各种层次的作业5～7份，保存于手机图片中。 |
|---|---|
| 第二步 | 打开手机"录屏"功能 |
| 第三步 | 利用图片的编辑功能，一边讲解，一边圈画作业中好的句子或是错误的用法。 |
| 第四步 | 关闭"录屏"功能，简单"剪辑"视频，发送至班级群。 |

用这种方式批改作业，学生可以看着同伴的作业，听着老师一边讲解一边标注，就像坐在教室里，看着"实物投影仪"听讲一般，学生"视觉"和"听觉"感官被同时调动起来，学习效果好了很多。

当然，如果遇到比较复杂的知识点，"录屏"的方式就不够清晰了，我又尝试根据线上授课老师的教学内容，定制配套"微课"，进一步讲解或巩固知识点。例如，五下Unit 5 Helping our parents这一单元，学习了"现在进行时"，这个时态是有难度的。因此，我在课后制作了一段微课，对现在进行时的概念、结构，现在分词构成方法，答题技巧等内容，做了更系统直观的讲解，而这个微课，不仅帮助了学生，也帮助一些家长了解当孩子发生错误后，如何给予正确的指导或帮助。

(定制微课视频截图)

通过以上两个片段,我们不难发现定制辅导发生的时间可以是课前预习时,也可以是课后作业中;关注的内容可以是课堂重点内容,也可以是课后错题讲解,在时间和内容上都比较广泛,可以说,只要教师能做教学上的有心人,那定制辅导便可以随时发生。

定制课前预习单,是一种由教师主导设计、发音标准的学生预授音频、其他学生反复练习的模式,教师前期的诊断是教师基于已知经验对教材的把握,更是基于学情基础上的事实定制。学生预授音频、其他学生反复练习,不仅让师生互动、生生互动成为可能,更是给不同水平的同学以不同的展示空间:发音标准、知识熟练的同学可以将自己的作品发到班级群里供大家模仿,发音需要练习、单词储备不足的同学可以向身边的伙伴学习。教师搭建的这一课前辅导"脚手架",既关注到分层,又具有时效。

定制课后作业单,同样是在充分考虑学生学情基础上的定制,每个课时重点明确,要求清楚,不唯命标准,不盲从权威。作业单的设置不仅为了完成统一布置的作业,还是为了更真实、直观地检测学生的学习成果,为接下来的定制辅导提供事实依据。就课后作业反馈来看,有个性更有共性的问题,如何进行辅导,才能实现大部分甚至全部学生的定制需要呢?面对个性问题,教师利用作业平台,一对一批改、明确;面对共性问题,教师采用群发文字、群发音频、录屏批改的方式,实现集中讲解、二次讲解。在教学重点、教学难点处,教师抽丝剥茧,提取每课时关键内容制作微课上传班级群空间,真正做到以学定教,定制适合学生的学习方式,提高线上学习效果,促进学生个性化发展。

**案例二**

## 花开"云"德育　成长不延期
——"宅家抗疫乐趣多　争当阳光滨小娃"德育活动开展的反思

**片段1:立足学科思维,发挥整体效能**

疫情初期,综观线上微课程开发,内容重复,概念化严重,少有多角度下的生动剖析以求和学生间心灵的共鸣。因此,在大队部"德育第一课:致敬逆行者,我是抗疫小先锋"德育微课程后,我从语文学科角度出发构建辅导体系,于无痕中提升德育的张力。

1. 结合"小小汉字发现者"活动

"小小汉字发现者"是我们班一直在推行的识字主张,利用课前三分钟,每天由一个学生在有准备的情况下围绕"汉字发现"进行主题演讲,关注汉字特点,关注儿童心理,让儿童成为"小小汉字发现者"。疫情初期,针对如何让学生形象、深刻地意识到疫情的危害这一问题,我尝试推出一节线上汉字发现课——"疫"字的秘密(见图1)。

图1 "'疫'字的秘密"视频截图

之后,在我的指导和鼓励下,一共有6位同学分别分享了"哨"、"罩"、"封"、"逆"、"护"、"舱"等字中的秘密,通过他们的分享,同学们对这次疫情的性质、医护人员的奉献精神、武汉人民的生活现状有了深刻的认识。

2. 牵手"云阅读"活动

俗话说,危难守阵,读书守心。疫情期间,学生难免出现自学无友的孤独、自我管理的无能等问题,我还尝试从绘本中寻找力量。绘本不仅是孩子的好朋友,更是孩子们认识世界的重要工具,它透过孩子的视角,将世界描绘成他们能读懂的形式。我通过班级QQ群推荐给学生以下几本亲子共读书目(见表1)。

表1 疫情期间班级"云阅读"推荐的亲子共读书目

| 书名 | 推荐理由 |
| --- | --- |
|  | 知道今年春节不能出门的原因,尝试和父母一起寻找创造各种有趣的活动,过一个充实的寒假。 |
|  | 了解医护人员的工作性质,更好地理解生命的意义,传递勇气和爱心。 |
|  | 妈妈的红沙发,寄托了母亲在灾难中的坚韧、乐观和对生活永不麻木的美好心境。 |
|  | 为了帮助爷爷想起他忘记的事,祖孙两人一同重拾了往日的温馨记忆。读懂了死亡,才会理解生命的意义。 |

这些绘本,是学生宅家生活的调剂,更是一节关于生命的阅读课,能在无声中教育学生恪守规则、感恩世界。同时,"云阅读"让家庭成员参与到孩子的居家阅读中,也增进了亲子沟通。

**片段2:强调适切原则,注重实践体验**

教师还需要了解学生当下生活中的需求,选择合适的形式,指导学生解决生活中的问题,引导学生在生活中践行,培养实践智慧。

1. 借情景再现,反思当下生活

疫情来势汹汹、持续肆虐,不仅打乱了大人的生活,也限制了孩子的空间。疫情期间,家长和学生都会面临诸多两难选择。我在学校心育中心播放的微课"心理辅导第四期:使命"之后,创设了如下生活情景:爸爸经常出门买菜,妈妈非但不阻止,反而会给他列个单子,让他跑东跑西买齐单子上的物品。可是一旦我说我也想出去透透气,妈妈就极力反对,你知道为什么吗?我力图"情景再现"帮助学生回到现实生活,反思生活,做出正确选择,指导当下生活,从而树立自觉的道德反思意识,形成正确的道德观念、道德标准和明辨是非善恶的能力。

2. 借定性评价,指导未来生活

德育指向未来,更指导实践。考虑到学生年龄较小、自我约束力差,所以,在"德育第三课:爱学习,爱生活"一课之后,我设计了简单易行、富有童趣的定性评价表,潜移默化地引导学生遵守规则,居家学习。评价表不仅满足学生的认知需求,还能有效地指导学生未来的生活(见表2)。

表2 疫情期间"抗疫宅家乐趣多 争当阳光滨小娃"自我评价指南

| 抗疫宅家乐趣多　争当阳光滨小娃 |||||||
|---|---|---|---|---|---|---|
| 时间 | 早睡早起 | 认真学习 | 爱眼护眼 | 花样锻炼 | 学做家务 | 创意生活 |
|  |  |  |  |  |  |  |

通过以上两个片段,我们还知道特殊时期定制辅导不仅发生在学科教学上,也发生在德育活动中。疫情来势汹汹,个人难免情绪低落、心生畏惧。对于成长中的未成年人来说,更需要成人的引导和疏导,德育活动便显得尤为重要。疫情下的德育活动要能精准把握活动内容,巧妙运用活动形式,充分挖掘活动价值,力争给每一个学生上好疫情下的人生大课。

德育是在生活中向生活学习,疫情是危机,也是当下生活中最鲜活的德育素材。语文本身带有明显的情感态度价值观的指引,语文教师充分利用学科优势,把对学生的德育辅导和学科教育有机融合,开展了"小小汉字发现者"和"云阅读"活动。两个活动都不是远离学生生活的宣传和灌输,而是从学生的已知经验、年龄特征和个体特点出发,选择合适、生动的素材加以整合提炼,给予学生趣味的、系统的知识,引导学生从当下吸取教训,积累经验。

德育辅导需要了解学生当下生活中的需求,选择合适的形式,指导学生解决生活中的问题,引导学生在生活中践行,培养实践智慧。"情景再现"和"自我评价指南"两个活动的开展,让学生明白,每个人都有自己的使命,使命是目标、是支柱,更是动力。作为小学生的我们也有自己的使命,当下,居家不外出、勤洗手、戴口罩、认真开展网上学习,做好这些力所能及的小事,就是完成使命的表现。这样的课程设计强调让儿童不仅要反思当下生活,还要过好当前生活,更要能指导未来生活。

## 四、特殊时段定制辅导的实践思考

(一)理念先行:发挥特殊时段定制辅导的优势与特点

"线上教学"的最大优势就是能跨越地域、时间的障碍,实现师生之间、生生之间、学生和学习内容之间的交互。特殊时段定制辅导依赖于"线上教学"平台统一授课内容,依托于"线上教学"平台各种实际功能。教师不仅是"线上教学"顺利开展的关键,也是特殊时段定制辅导的设计者、引导者和促进者。因此,这是教师获得在线辅导经验、发展信息化教学素养的绝佳机会。作为教师,摆脱教学"失控感"的最好方法便是主动走出"教学舒适区",积极投入到学习、思考和实践中去,更加充分地利用线上资源和功能,定制学生的学习内容和学习时间,为学生创造更多平等的学习机会。例如,研究线上授课教师的教学视频,他山之石,可以攻玉;回看自己录制的微课,推敲语言的准确性和精确度;广泛学习各种信息化教学方法,提升自身信息素养。当辅导过程中遇到新的困难,教师要善于思考、解决问题,只有学习,才能发展;只有实践,才有新策略,才能让自己在未来教学中游刃有余。学生重返校园后,也并不意味着这种辅导方式的结束,而是一次崭新的开始。教师可以及时总结教学经验,根据班级实际情况,改变传统的辅导方式,采用"线下"和"线上"辅导相结合的方式,为学生定制更丰富、更全面的学习资源,成为更加完整和优秀的教师。

(二)以学定教:创新特殊时段定制辅导的方式与方法

"线上教学"的优势和局限都在于这种学习更加适合以学为主的模式。因此,教师也需要克服线下"以教为中心"的辅导惯性,充分发挥学生的主体作用,创新特殊时段定制辅导的方式方法。基于线上教学的环境特征,应以学定教,以学生为中心设计辅导内容,提供多种类型的线上学习资源和工具,促进学生在线学习交互,加强在线学习的组织和监控。根据认知负荷理论,学生的认知能力是有限的,定制辅导应提供与课程内容紧密相关的信息和资源,减少冗余,避免分散学生的精力和注意力;应提供具有一定启发性的学习材料,发散学生思维,为学生创设探索发现的空间。另外,"纯线上"学习容易产生焦虑、抑郁等不良情绪,教师应通过组织适当的学习资源、调节必要的技术过程来诱发学生积极正面的情绪,端正学生的学习态度,提高学生的认知效率。定制辅导过程中,每个学习者的一切行为数据都有迹可循、能被记录,教师可充分发挥这一优势特征,有效开展差异化教学活动,对在线教学过程及学生个人行为数据进行采集、分析和反馈,并根据反馈结果进行有针对性的辅导,以实现对教学过程的改进和教学效果的监督评价。

(三)抓住关键:稳步提升特殊时段定制辅导的质量

教学质量是学校的生命线,疫情期间,教育部明确要保证在线学习与线下课堂教学质量实质等效。对于在线教学,我们应做到"标准不降低、质量不打折"。为此,教师首先要做好充足准备,合理制定特殊时段定制辅导计划,明确辅导目标和要求;精心准备定制辅导资源,为学生搭建学习"支架",引导学生发现知识;促进师生之间、生生之间的互动,开展小组讨论、在线答疑等活动,提高辅导临场感;加强对学生的组织管理,端正在线学习态度,规范在线学习行为等。在特殊时段定制辅导中,学生学习状态难以远程监测是个避无可避的问题。为此,教师可充分利用在线教学平台自带的实时日志、学习报表、成绩册等功能,对学生行为数据进行可视化分析,以实现对学生学习状态、学习进度的有效监督;科学掌握学情,定期组织定制辅导效果评价,开展在线作业、在线测验、自我评价、互动评价等多种形式的评价活动;加强与学生沟通,通过问卷、群聊等形式了解学生的辅导需求、辅导困难,重点帮助在线学困生,让定制辅导"不落一人";做好定制辅导复盘,对定制辅导运行情况进行分析总结,持续改进辅导过程,持续提升辅导效果。

(四)关注个体:贯彻特殊时段定制辅导的根本目标

教育的落脚点在于学生,关键是看它是否公平地促进了学生的全面发展和个性发展。对于特殊时期定制辅导而言,学生的自主学习能力和数字胜任力是决定学习效果的关键能力,因此,必须重点关注、稳步提升。通过特殊时段定制辅导,学生不仅需要获得学科知识与培养学科能力,更为重要的是全面发展学习、沟通、合作、问题解决、探究等通识能力。《中国学生发展核心素养》以培养全面发展的人为核心目标,明确了学生需要具备的适应终身发展和社会发展的素养、能力。同时,每个学生都是一个独特的个体,因此要尊重学生的个体差异,培养学生的个性特长;鼓励学生张扬个性,勇于质疑,营造良好的定制辅导氛围,创造更多条件激发学生创造性思维;有效利用大数据、人工智能等技术,对学生的知识水平、认知能力、情感态度等特征进行智能分析,制定个性化辅导路径,推送个性化辅导资源,促进学生的个性发展。数字胜任力是信息时代学生的必备技能，然而目前许多教师将数字胜任力简单等同于信息技术学科学业水平，把数字胜任力的提升仅看作信息技术课程的教学任务，将其与"主科"课程教学剥离开来，严重制约了学生数字胜任力水平的提升。从特殊时段定制辅导情况来看，广大学生作为"数字土著"一代，在线辅导效果远不如预期。这启示我们，要进一步加强对学生数字胜任力的培养，并把提升数字胜任力融入各学科的日常教学。

(本节撰写：徐文研)

# 第七章 实证性反馈

## 总 论

### 一、实证教学的提出

（一）何谓实证

国外学术界对"实证"的理解始于近代科学之父伽利略使用落体实验、天文望远镜和其他手段来验证其物理观点。实证主义的奠基人孔德（A. Comte）在《论实证精神》中将"实证"提升为一种理论上的认知。他提出，人类在试图解释万事万物的起源和所有现象的基本产生方式时经历了三个阶段：神学阶段、形而上学阶段和实证阶段。强调实证精神的核心是通过实验、调查、比较和历史等研究方法，用经验事实或经验证据说话，进行观察和合理的预测，否认缺乏任何真实根据的思辨，追求科学性。由此可知，实证的基本特征是用"事实"而不是用"逻辑思辨"的方式论证，强调客观事实。

南朝沈约在《宋书·范晔传》中提到"言之皆有实证，非为空谈"，认为实证就是确凿的验证。

简而言之，"实证"是用实验或实践来证明理论假设是否正确的一种科学研究方法。

（二）实证研究

13世纪英国哲学家弗朗西斯·培根（Francls Bacon）是近代归纳主义奠基人。培根认为感觉是认识的开端，是一切知识的源泉。他在《新工具》（*Novum Organum Scientiarum*）中提出：① 实验能弥补感官的不足，观察和实验为真理提供事实，是证明真理的唯一方法，实验能深入揭示自然的奥秘；② 提出科学归纳法，确定归纳法的三步程序，给新科学运动的发展以方向和动力。培根是第一个意识到科学及其方法论对人类生活具有重要作用的人。

哲学家维特根斯坦提出了逻辑实证论,认为科学事实的真理性只能依赖实践,如果科学事实能被多次相互独立的实验所检验,那么,科学事实与客观事实是一致的;但科学事实并不是科学规律,从事实向规律、理论的过渡要通过归纳法进行系统化分类并对它们加以分析概括,在此基础上建立理论体系,反映客观世界的必然联系。

## (三)实证教学

2001年,美国颁布《不让一个儿童落后法案》,目的在于提高教育的质量和效率,鼓励教育工作者和学校使用经过科学验证的有效且高效的教育方法。法案的颁布使得许多教育者对教学方法的关注由理论转向实践,将专业知识与经过实证证明的最有效的方法相结合,使学生花费最少的时间收获到更多的知识。同时提出了实证研究具有以下特点:① 在观察和实验中采用系统的方法,为研究者提供有信度和效度的数据;② 通过严格的数据分析,验证假设及证明结论的普遍性;③ 在实验过程中尽量选择实验的随机性,或控制实验中的无关变量;④ 保证实验内容的具体的呈现,以便实验可重复。

20世纪初期,严复提出从教育入手挽救中华民族:① "方其始也,必为其察验,继乃有其内籀外籀之功,而其终乃为其印证,此不易之涂术也",即学习科学知识首先要观察试验,接着要用归纳法和演绎法来推理,再通过实践检验;② 西方近代科学的发展是建立在实证的基础上,通过掌握和运用实证教育方法,全面系统地学习西学。

可以说,"实证教学"是具有实证内涵的教学,即将假设、实施、评估结合起来进行的教学。一方面,它是以研究的方式开展教学,在假设与验证中完成教学任务;另一方面,它又是以教学的方式开展的研究,教学之前有猜想,教学过程有控制,教学之后有反思。实证教学一般以一节或几节课为研究单位,以验证某个假设或猜想为研究目标,以局部或整体的教学改进为手段,以观察和获取学生发展状况为证据,在提高教学质量的同时,获得实用的教学改革经验,比较适合一线教师操作。实践证明,教师经常开展实证教学能激发强烈的创新欲望和教学兴趣,并快速形成教学经验。

实证教学的基本流程是:提出假设、制定方案,课堂验证、评估反思。其中,提出假设、制定方案就是教师备课的环节,课堂验证就是教师教学的环节,评估反思就是教学的总结与反思的环节。

提出假设是实证教学的开始。在开展实证教学之前,教师需要提出一个假设或猜想,并确保这个假设或猜想能在一节或数节课上得到证实。如学生讲解能加深其对知识的理解、营造民主氛围能破解孩子的表达恐惧等。从实证的角度看,假设或猜想的前提称为自变量,可能会带来学生变化的方面就是因变量。

制定方案即建构实证的逻辑。通过明确自变量、因变量、无关变量的关系及教学的环节,形成可操作的教学实施方案。此"方案"不同于传统意义上的教案,此方案中的教学目标是"猜想"的结果,即因变量。教学过程中投放的"猜想"措施或方法就是自变量。而除这个"猜想"之外所有可能会影响效果的因素,如教学流程、教学内容、上课风格等都是无关变量。实施方案中,要明确如何增强自变量的影响,控制无关变量的干扰,并清楚观察哪些状态变化、收集哪些统计数据等。

课堂验证即教学实证的过程。在课堂上,教师一方面按照设计的方案实施教学,强化自变量,控制无关变量;另一方面收集学生相关状态变化的情况,统计获得的数据。

评估反思可得出实证的结论。在课后,教师对课前的猜想进行理性评估,对投放自变量的合理性进行反思,对无关变量控制的精度进行讨论,以此对猜想或假设成立与否及在何种条件下成立给出一个确切的判断,这就是实证教学的结论,也是教师获得的经验性认识。

## 二、实证教学的价值

美国心理学家加涅认为,第一要指出教师如何改进自己的教学,第二要指出学生如何改进自己的学习。实证教学支持儿童差异性学习,对促进师生共同成长和课堂教学改革具有重要的实践意义。

### (一)让教学实施严谨睿智

教学设计照搬教材、照抄他人成果,缺少个人教学思想和智慧融入,缺乏新意;教学文本素材、多媒体课件多从网络借鉴,缺少二次研磨和个人智创,使用推广价值较小;课堂教学不能科学设置和运用教学策略,教学方法单一,"散养""满堂讲"者居多,平铺直叙、无高潮、无跌宕,缺少激趣点、兴趣点;教学策略设计、设置和运用挂在嘴上,停留在理论上,实证类设计少,科学运用到教学实施中的更少……这些应该是大多数教师常态课的共性。而简单、易设计、易操作的实证教学,恰恰有利于帮助教师克服这些不足,让教学策略从理论走向实证,走向智慧,走进课堂,走进学生,走向实践。

### (二)让备课、磨课质高效优

我备你(他)用,一备多用,不备盗用,有备不用,是当下集体备课成果和课堂教学中教学设计运用的主要表现形式:严重缺乏二次备课,缺乏个人智慧设计思想融入,不能创造性使用备课成果;研究中心、备课组等所谓备课、磨课组织多如牛毛,集中备课组织不少,研课、磨课形式多样,却往往有形无实、有量无质、有时无效。实证教学的实施则是从关注教学重难点、质疑点、热点、亮点和焦点入手,结合实效性、典型性强的素材和重体验、易操作的活动形式,创新组织教学设计,预置教学策略,让集体备课、研课、磨课从点上开花,最终通过教学实施,实现面上结果。实证教学的研发和实施是课堂教学改革应具备的价值取向。

## 三、实证性反馈

加涅认为,学习的每一个动作,如果要完成,就需要反馈,反馈是学生学习的重要条件。反馈,是控制论的重要概念,通俗地说,反馈就是指一个系统输出的信息作用于被控制的结果,再输回控制系统,调整信息的再输出,并对信息的再输出发生影响,起到控制的作用,以达到预定目的的过程。

实证性反馈便是在实证教学的基础上,支持儿童差异性学习,根据教学实践,在教学中运用反馈原理指导组织、评价教学。实证性反馈大致有以下三大分类和表现形式。

(一)按反馈过程分

1. 前置性反馈

前置性学习是重要的诊断性手段,它的重要作用是判断不同学生出现困难的性质、程度、原因;课堂教学的关键在于启发学生的思维,理解和掌握教学目标,同时也是获取不同学生信息反馈的有效方式。通过对学生前置性学习的诊断,能够准确地找到不同学生的思维障碍,找准每个学生的掌握程度,从而调整教学策略和方法,支持儿童差异性学习。

2. 过程性反馈

过程性反馈是教师在教学过程中为了了解学生的真实学习情况而搜集反馈信息,并对学习反馈做出回应以促进学生学习的过程,即在教学过程中不断收集信息,为学生的学习提供反馈的过程。

过程性反馈绝大部分是在课堂教学过程中发生的,因为要为当下正在进行的课堂教学活动提供决策和建议,所以具体的教学调整在课堂教学中完成。因此,过程性反馈与课堂教学过程是密切结合的关系。

3. 结果性反馈

相较于过程性反馈,结果性反馈更看中结果,一般是教师为了判断学习目标是否达成而进行的反馈。

结果性反馈的目的一般是测量和总结,实施的时间一般是学习阶段结束后或者是课程结束后,反馈的内容主要以知识和技能为主,具有甄别和选拔的功能,给教师提供判断的结果。它是比较客观的、量化的,甚至是一次性的。但是结果性反馈和教学是有一定的分离的,它更加注重学习的结果。

结果性反馈和过程性反馈的关系很紧密,应该是你中有我、我中有你,在反馈的各个要素的微妙互动中互相影响,以支持教学的正常运作。

(二)按反馈内容分

**1. 学习水平反馈**

教学中,教师在课前设定目标的指导下,通过满足学生认知水平,实施教学策略,实现师生合作、生生探究等。学生作为信息的接受者,能够接受相关知识的信息,然后通过课堂练习、回答问题等暴露自己的思维水平。教师能即刻判断不同学生理解、思维等情况,作业和测验是学生学习水平的直接反馈。学生上课的行为是学习水平的间接反馈,表现学生学习成果、各部分知识掌握和巩固的情况。

**2. 学习行为反馈**

根据学生的个人表现,学习行为反馈基本分为三类:一是学生能够清晰表述自己的思路,有一个完整的思路或结果,并且回答过程中没有思路上的停顿,允许有计算或表达等过程的停顿;二是通过表述或者板书能够体现出部分思路,但是在某一点或者某些部分有不确定的地方,导致问题解决过程进行不下去或者对自己的回答没有信心;三是学生没有思路或者没有自信导致的无声的回应。

学习行为反馈还体现在学生小组合作学习中。通过小组合作学习,可以解决主动和被动学生的参与性问题。在教学实践中发现,针对课堂知识的难点和重点,采用小组合作模式,讨论问题,小组推荐代表发言,本小组其他成员补充,其他小组对该小组问题回答进行质疑,通过这样的"议、展、疑"的小组合作模式,提高了不同学生的课堂参与度,还可以便捷、明了、即时地获得对本节难点、重点知识的掌握情况反馈,从而使课堂更具有针对性,使课堂教学更加高效。

**3. 学习策略反馈**

学习策略反馈是学习者为了提高学习的效果和效率,有目的、有意识地制定有关学习过程的复杂的方法。也就是说,学习策略的反馈是学习者为了达到学习目标而积极主动地使用的、有效学习所需的有关学习过程的呈现。学习策略反馈的实质是主动的学习者在对影响学习的各个因素及其关系的认识基础上,也是在元认知的基础上,对学习活动进行调节和控制,以便达到一定学习目标的认知过程。

(三)按反馈方式分

**1. 达标反馈**

达标反馈指的是教师在实施课堂教学时基于全体学生达到学习目标的反馈,进行相对应的数据统计和分析,从而调整和改进教学内容。达标反馈呈现了课堂学生重点学到了什么,而教师则基于最基础的学习标准得到的实证性数据对学生的学习进行评估反思,从而决定接下来的教学开展的趋向。学生则可以基于反馈的数据思考自己如何改进学习策略。能力薄弱的学生努力达到基本的学习目标,学有余力的学生可以挑战进阶标准。

**2. 进阶反馈**

学习进阶是近年来美国科学教育改革中的一个新兴概念,广泛运用于物理、化学、英语、医学、计算机等领域。进阶性反馈通过设立阶段性学习目标和内容,通常表现为围绕某一核心的概念展开一系列由简单到复杂、相互联系的概念序列。一个良好的学习进阶反馈包括学习目标的确定、设置进阶变量、提升成就水平、综合学习表现以及定量和定性的评价,是连续且完整的过程。

进阶反馈解决差异化教学的实际问题,在实践运用中结合学生各自的目标,正视差异,将差异转化为教学资源,做到因人而异,有针对性地教育教学,培养学生克服困难、不断进取的意志品质,增强学生的自我效能感和学习自信心,激发学生的学习兴趣,充分发挥学生参与的积极性、主动性,从而不断地提高自己。切实做到培养全面发展的人才诉求,从而为推进新一轮课程改革和创新贡献一份力量。

**3. 秀我反馈**

秀我反馈指着力展现学生自我个性和特色的反馈,在不同的展示平台上充分展现学生自我的个性风采。它既是一项反馈,又是学生真实的学习活动。

秀我反馈通过学生在完成实际任务过程中特有的表现,来对学生的知识应用能力、实践创新能力、情感水平和价值观作出反馈。教师在秀我反馈中,可以发现学生的个性特长,了解学生在某一方面的努力和进步,发现学生有待解决的问题,明确学生发展的需求,以便调整教学,给学生以适合的帮助。学生在完成的过程中,不断地自我审视,自我评价,倾听意见,借鉴、学习,完善作品,得到主动发展。学生的个性得以张扬、眼界得以拓宽、审美得以提升,最终促进每一个儿童的成长。

秀我反馈注重学生间相互合作、共同研究、学习借鉴的过程。学生在创作实践过程中,为了使自己的成果和作品更加出色,会认真听取同学的建议,借鉴别人的长处,合作进步,共同发展。

而家长在赏识和评价孩子的成果、作品的同时,可以了解孩子的进步,了解孩子需要什么样的帮助。同时,家长有较多的机会参与学生综合实践作品的制作,与孩子进行交流,教孩子学会修正和完善。

本章主要研究的方向便是这三种实证性反馈的方式,即达标反馈、进阶反馈、秀我反馈。

(本节撰写:朱丹)

## 第一节 达标反馈

### 一、概述

美国心理学家加涅认为:"学习的每一个动作,如果要完成,就需要反馈,反馈是学生学习的重要条件。"反馈,是控制论的重要概念,通俗地说,反馈就是指一个系统输出的信息作用于被控制对象的结果,再输回控制系统,调整信息的再输出,并对信息的再输出发生影响,起到控制的作用,以达到预定目的的过程。

《义务教育课程标准(2011年版)》指出:"教师在设计教学目标时应当以学生的认知发展水平和已有的知识经验为基础,面向全体学生。"达标反馈作为实证性反馈的组成部分,它是指教师在实施课堂教学时基于全体学生达到学习目标的反馈数据,进行数据分析,从而调整和改进教学内容。学习目标指的是每门学科以课程标准、教学大纲为依托的不同学习标准。

达标反馈作为实证性反馈的一个板块,呈现了学生一节课重点学到了什么,教师基于最基础的学习标准得到的实证性数据(纸质作业、电子数据等)对学生的学习进行评估反思,从而决定接下来的教学如何开展,学生基于反馈数据思考如何改进自己的学习,能力薄弱的孩子可以努力达到每节课的基本学习目标,学有余力的学生可以挑战进阶标准。

关于达标反馈的实践,我校教师正处于积极探索阶段。他们大多能够依据课程标准制定教学目标,根据学习标准、教学内容、学情分析设计教学方案,在课堂实施中,能够及时关注学生的学习反馈数据,从而改进本课的教学形式或者调整接下来的教学内容,提高课堂学习效率,也为秀我反馈和进阶反馈奠定基础。

## 二、达标反馈的课堂呈现

【实用案例透析】

案例一 （摘自赵捷老师课例）

### 一年级上册《比尾巴》第一课时

课程标准：《义务教育语文课程标准（2011年版）》指出，语文课程是一门学习语言文字运用的综合性、实践性课程。九年义务教育阶段的语文课程，必须面向全体学生，使学生获得基本的语文素养。语文学习应注重听说读写的相互联系，注重语文与生活的联系，注重知识与能力、过程与方法、情感态度与价值观的整体发展。

基于此课程标准及课标中对第一学段（1—2年级）的学段目标要求，赵老师设计的本课教学目标如下：

1. 培养学生喜欢学习汉字，有主动识字、写字的愿望。
2. 鼓励学生喜欢阅读，感受阅读的乐趣。
3. 通过字理、图片、熟字识字等方式识记生字，感受汉字的图像美、文化美。
4. 通过问答、对读的方式理解文本，读好疑问句。

以"认识11个生字和3个偏旁"为本课时的教学重难点。

【课例描述】

怎样在这一课中体现"基于数据的学习反馈研究"呢？围绕课前的教学目标，对学生进行了"前测"和"后测"，针对《比尾巴》一课中的11个生字，邀请组内5位语文老师对一(5)班共40位小朋友进行了前测（见表1）。

表1

| 测试内容： | 谁、短、伞、兔、公、尾、比、长、把、最、巴 | |
|---|---|---|
| 学号 | 前测 | 后测 |
|  |  |  |
|  |  |  |
|  |  |  |
|  |  |  |
|  |  |  |
|  |  |  |
|  |  |  |

通过前测的数据分析发现,在上课之前,已有 60% 的学生对生字或多或少地认识,但基本上都不能达到熟练认读,其中"谁"、"尾"、"短"等字,错误率普遍较高。不少基础较差的孩子更是几乎不能完全认读。在此基础上,赵捷老师根据前测的反馈数据所了解到的真实学情重新调整了教学设计,摸准教学起点,对前测中出现的难点重新修改了设计。

**片段1:找出六个动物**

1. 到底"谁"在比尾巴呢?

出示词卡"谁":这个字很难读,谁能读好它?请你来,一起来。

2. 到底"谁"在比尾巴呢?生说,教师相机板贴动物卡片。

在前测的反馈数据中,老师发现很多学生都不能准确读出"谁"的字音,为了攻克这个字词难点,在教学中赵老师采用了"情境识字"法,通过回答"谁在比尾巴"这个问题,巩固字词教学。

**片段2:第一轮比赛**

听,紧张的比赛即将开始,小动物们都迫不及待地翘起自己的尾巴。

那第一场比什么呢?

出示三个问句:谁的尾巴长?谁的尾巴短?谁的尾巴好像一把伞?谁来读?

1. 你来读?字音读准了。

2. 第一场比什么呢?(谁的尾巴长?谁的尾巴短?谁的尾巴好像一把伞?)

(你听得可真认真,是在比这三项呢。)

3. 教学"长短":这个字读长,这个字读短。(出示"短"字的字理演变)

4. 瞧,"谁的尾巴长?"这是裁判在发问呢。

所以,这个句子后面有一个像小耳朵一样的符号,就是(问号)。

"短"这个字不仅在认读上存在难度,而且笔画也很复杂。在设计本教学环节时,赵老师将"短"字的字理演变运用 PPT 向孩子们进行演示,既增加了课堂的文化韵味,也加深了孩子对"短"这个字的印象。

在充分的准备下,赵捷老师进行了教学展示,围绕前测的反馈数据发现的教学难点以及本课教学中的其他教学目标,灵活采用了多种教学方法,仅在教授生字环节,就采用了"图例识字"、"情景识字"、"字理演变"、"拆字法"等不同的方法,引导学生在理解中完成识记。赵老师能面向全体学生,课堂发言面广、学生参与度高,也能对学生的课堂发言进行及时评价,并能结合课后作业对所学内容进行巩固。组内几位老师还走进课堂,在新课结束后,同样围绕 11 个生字,面向全体学生当堂进行了"后测"。整节课目标明确、形式新颖,真正做到了基于数据的学习反馈研究。

经过前后数据的对比分析,老师们发现:一(5)班有 43% 的同学全部完成了"认识 11 个生字"这一教学目标,有 65% 的学生经过一节课的学习对生字词的掌握有所提升,但也有5%的个别学生前测后测的数据维持不变。针对这5%的个别学生,赵老师决定采取一对一的辅导,直至全班学生能够达标。

**案例二** （摘自巢丽芬老师案例）

**激发学习兴趣,提高信息技术课堂实效**

——以小学信息技术Scratch《打字游戏》教学比照研究为例

课程纲要:从内容设置的角度来说,Scratch模块属于《江苏省义务教育信息技术课程纲要(2017年修订)》"算法与程序设计"模块的内容。在知识结构上,属于建构性认知体系;从教学实践角度来说,则属于学习者应知应会的项目。教师在本单元的教学中,应注重计算思维方法的教授,注意模块对于语言意义的解释,让学习者通过模块的组合感受到编程的过程,理解常用模块中脚本的含义,并能通过一定的脚本来表现自我设计的作品。

基于此课程纲要,巢老师设计本课教学目标如下:
1. 能够在观察"打字游戏"的过程中,分析游戏元素。
2. 理解按键与控制的含义。
3. 了解三种程序控制角色方法的区别。
4. 通过同伴讨论、自主探究,掌握使用按键控制程序的方法。
5. 提高合作、互帮互助的意识,培养学习兴趣。
6. 提高自主学习的能力,感受创意带来的乐趣。

本课的重难点在于掌握按键控制程序的方法及能用按键控制的方式编写程序。

课堂教学设计:

**片段1:导入**

这节课从请一位同学上台玩一玩,利用Scratch软件制作的《打字游戏》进行导入,并简单介绍是如何玩打字游戏的。

从学生的表情反馈来看,部分学生积极性不高,请一位学生体验《打字游戏》,其他学生只能看,不能动手去玩一玩,没有切身感受到Scratch的游戏魅力,所以在导入环节,需要对教学内容进行调整,更好地激发学生的学习兴趣。

于是巢老师在其他班的授课过程中修改了导入部分的教学设计。

以三年级的"金山打字通"引出

用 Scratch 软件制作的《打字游戏》，让学生都玩一玩，边玩边思考是通过什么操作实现打字游戏的效果的。对程序也进行了调整：(1) 造型换得更加童趣、真实；(2) 字母可以动起来，更加生动；(3) 添加了更多字母，增加一些难度，更有挑战性。从学生的反应和表现的反馈情况来看，学生兴趣盎然，纷纷表示好玩。

**片段 2：基础任务实现**

首先，师生共同研究字母 A 的脚本。

师：首先选择按下 a，然后呢？

生：切换到造型 a1，隐藏。

师按下 a，尝试操作结果。学生发现问题：太快了，没有看到造型。

生：需要在隐藏前面等待 1 秒。

师再次按下 a，暴露出问题：字母 a 始终出现不了。学生发现问题，并回答。

生：需要将 a 显示出来。

师：显示控件应该放在哪呢？

生：添加一个"当绿旗被点击"。

师按下绿旗，发现字母 a 出现。

师追问：现在出现了什么问题？应该怎么办？

生：造型不对，需要切换到造型 a。

师生共同分析结束后，学生尝试对字母 A 搭建脚本。师进行巡视，发现有部分学生操作时仍然存在困难，得到的反馈数据是 60% 的学生能够完成脚本的搭建。基于此反馈数据，教师立马采取"学生提问"及"生生互助"的教学方式，让能力强的孩子发挥自己的优势，帮助能力较为薄弱的同学。给了孩子们一定时间后，再次反馈到的完成率就提高到了 90%。

**片段 3：自主创作部分**

基于反馈数据及学生的学情，任务难度设置比较简单："添加更多字母"或"让字母动起来"，学生两者选其一，进行研究。学生完成度较高，但作品的呈现反馈比较单一。

于是巢老师在其他班的授课过程中修改了此部分的教学设计：

师：大家想不想让你们的打字游戏更加精彩？你有什么好想法？

生1：添加更多字母。

生2：让字母变颜色。

生3：当按下一个字母后，说一句："恭喜你！"

……

师：大家可真厉害，一下子有这么多创意。下面我们就让创意实现吧！根据你的想法，对脚本进行调整。

通过反馈数据，改进了教学内容之后，90%的学生能够达标，10%的学生仍然存在一定困难，对于个别学生的未达标现象，巢老师决定采取一对一的单独辅导，做到全班同学都能达标。

**案例三** （摘自阚书平老师案例）

## 小学数学操作教学研究的操作：一咏三叹

——以小学《轴对称图形》操作教学比照研究为例

课程标准：《义务教育数学课程标准（2011年版）》指出："通过观察、操作等活动，进一步认识轴对称图形及其对称轴，能在方格纸上画出轴对称图形的对称轴；能在方格纸上补全一个简单的轴对称图形。"

基于课程标准、本课教学内容，阚老师设计了如下教学目标：

1. 通过折纸操作，帮助学生进一步体会轴对称图形的特征。

2. 认识轴对称图形的对称轴，并能规范画出轴对称图形的所有对称轴。

3. 能够利用轴对称图形对称的特点画出图形的另一半。

本课的重难点就在于找出轴对称图形的所有对称轴，准备通过操作来突破它。

课堂教学设计：

【案例描述】

**第一次教学**

这节课从回忆轴对称图形的特征入手，通过折纸活动判断了长方形、正方形、平行四边形是否是轴对称图形。因为重点是认识轴对称图形的对称轴，这部分的内容花了20分钟的时间进行诠释。

【1】认识轴对称图形的对称轴

通过操作得出将长方形对折，使折痕两边完全重合，有2种不同的折法；接着介绍轴对称图形的对称轴。

【2】画对称轴

师：如何画对称轴呢？（提高语调，稍作停顿）我们用点画线表示对称轴。边板书边做说明,一线一点一线一点……像这样表示。

师:请一位小朋友上来板演。生边画边强调因为对称轴是折痕所在的直线,所以让对称轴延伸到图形外。

学生尝试画书中长方形的两条对称轴。

师巡视了两组,发现有一位学生画实线表示其对称轴,轻声做了提醒。

展示了一位学生的作品,全班核对。

师:接下来折一折、画一画,正方形有几条对称轴?

生1:板演画对称轴。

生2:验证他的结论。

追问:正方形对角线所在的直线是它的对称轴,那么长方形的对角线为什么不是呢? 生:因为长方形像那样对折后不能完全重合,而正方形可以。

【3】判断常见图形是不是轴对称图形,并指一指其对称轴

巡视选取有代表的图形展示,并对有争议的图形进行操作验证。

接下来的环节是学生尝试画轴对称图形的另一半,学生尝试顺利,有两种不同的方法:照样子画一画;通过描对应点来画。

在课堂即将结束时,对学生进行学习效果的反馈检测。

一、检测内容

1. 你认为这个平行四边形是轴对称图形吗? 如果是,画出它所有的对称轴。

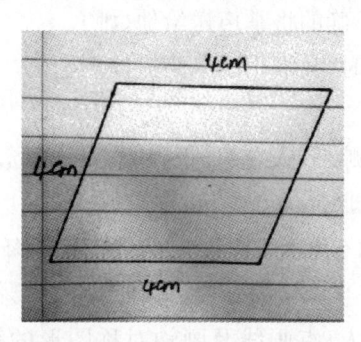

2. 画出轴对称图形的另一半。

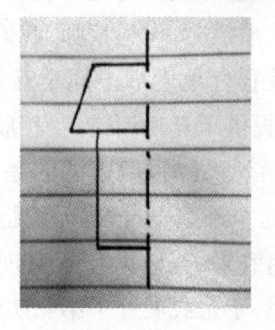

## 二、结果呈现与分析

(1) 全班 35 人参加检测,24 人全对,正确率占 68.6%。

(2) 没有用点横线(点画线)的有 8 人,占 22.9%。

(3) 菱形对称轴画错的有 4 人,占 11.4%。

(4) 轴对称图形的另一半画错的有 1 人,占 2.9%。

全班检测正确率只占 68.6%,这显然不太理想,而主要错误竟然集中在对称轴的画法——点画线上。针对反馈数据,对再次上该课做了一些调整,重点是在点画线的画法落实上,其余的部分没有太大的变动。

【案例描述】

**第二次教学**

【1】画对称轴

和第一次教学一样,教师示范画法,请学生板演。学生出现了错误后的处理不一样。

师巡视,发现一错例。

师:老师搜集了两位学生的作品,一起欣赏一下。

学生很快发现生 2 错了。

师:他错在哪儿呢?

生:点画线应该是一线一点……不是虚线。

师:请同桌互相检查,正确的将掌声送给他(她)。

同样,在新课即将结束时,我沿用了那两道检测题。

【2】结果呈现与分析

(1) 全班 37 人参加检测,28 人全对,正确率占 75.7%。(正确率提高了 7.1%)

(2) 没有用点横线(点画线)的 0 人,正确率达 100%。(正确率提高了 22.9%)

(3) 菱形对称轴画错的有 9 人,占 24.3%。(正确率降低了 12.9%)

(4) 轴对称图形的另一半画错的 0 人,正确率达 100%。(正确率提高了 2.9%)

值得欣喜的是全班 37 人,点画线及画轴对称图形的另一半正确率达到 100%。出现这样的结果与我对教学的调整有关。首先,我改变了之前的想法,不但不惧怕错误,而且大方"晒"错误。当学生出错时,作为教师,我们不需要也不能直接纠错,而是让孩子在错误中学习。其次,我很好地发挥了同桌互帮互助式学习。在检查点画线画得是否正确时,我稍作调整,提供了互相纠错、互相欣赏的机会。

这次班级的检测正确率虽有所提高,但遗憾的是菱形对称轴画错的有 9 人,占 24.3%。本以为我特意增加的这个环节——判断常见图形是否是轴对称图形并指一指对称轴在哪还是能达到预期效果的,效果却不太理想,可能与在不同班级执教有关。怎么让这个环节更有效呢?于是我展开了第三次教学。

【案例描述】

第三次教学

我一鼓作气，决定根据反馈的结果再上一次课，力求让全体学生能够达标。我重点在"判断常见图形是不是轴对称图形，并指一指其对称轴"这个环节做了调整。

【1】判断常见图形是不是轴对称图形，并指一指其对称轴

师：老师搜集了一些图形，我们一起来判断一下，用手势表示是不是轴对称图形。如果是，请一位学生指出它的对称轴。（分别展示了普通梯形、等腰梯形、菱形、普通三角形、等边三角形、等腰三角形、圆形的对称轴……）

师：这个图形是不是轴对称图形呢（菱形）？用手势告诉我。

生形成了两种不同的观点。

师：你觉得是，你准备怎么做？

生1：(折一折)你看，这样对折后能完全重合；这样对折后也能完全重合。所以我觉得菱形有两条对称轴。

师：同意他的观点吗？刚刚觉得菱形不是轴对称图形的同学有没有明白？（得到异口同声的回答）

师：老师觉得菱形有四条对称轴，你看，这两条也是它的对称轴(边说边比画)。

生立刻就传出反对的声音。

生2：你看我这样对折折痕两边不能完全重合，有点歪了。

师：请大家再次操作一下，和同桌说说菱形的对称轴。

师：大家还记得平行四边形有几条对称轴吗？

生1：平行四边形不是轴对称图形，所以它没有对称轴；但菱形有两条对称轴。

师：是的，普通的平行四边形不是轴对称图形，只有四条边相等的平行四边形——菱形是轴对称图形。

……

师：我们已经认识了一些基本图形(板贴：菱形、等腰梯形、等边三角形、等腰三角形)，四人小组说说它们的对称轴在哪。

快结束时，进行测试。

【2】结果呈现与分析

(1) 全班40人参加检测，36人全对，正确率达90%。（正确率提高了14.3%）

(2) 没有用点横线（点画线）的0人，正确率达100%。（延续了上次100%的正确率）

(3) 菱形对称轴画错的有3人，占7.5%。（正确率提高了16.8%）

(4) 轴对称图形的另一半画错的1人，占2.5%。（正确率降低了2.5%）

通过一次次的反馈，通过一次次的教学改进，最后取得了比较满意的结果。

## 三、达标反馈的实践思考

### (一)立足课程标准,探清达标底线

《基础教育课程改革纲要》中明确指出:"国家课程标准是教材编写、教学、评估和考试命题的依据,是国家管理和评价课程的基础,应体现国家对不同学段的学生在知识与技能、过程与方法、情感态度与价值观等方面的基本要求,规定各门课程的性质、目标、内容框架、提出教学和评价的建议。"

课标是教师教学的根本依据,课标可以帮助教师探清每节课的达标底线。教师应该基于本学科的课程标准、课程指导纲要、学情来制定教学内容及每节课学生需要达到的基本学习标准。从阚老师的案例中,我们不难发现她对达标底线的探究。同一节课,她通过不同班级的教学,根据学生的检测数据,对教学设计反复修改,对教学方法反复探索,直至大部分学生能够达标。

因此,在我校达标反馈的教学实践中,教师要在仔细研读课标的基础上参考本学科的课程标准,探清达标底线,从知识与技能、过程与方法、情感态度与价值观三方面入手,确定好每节课的教学目标底线,让教学标准真正满足班级大部分学生全面发展的需求。

### (二)运用多种手段,丰富反馈方式

依据反馈时间来看,我们可以将反馈分为课前反馈、课中反馈、课后反馈。比如赵捷老师在《比尾巴》一课中,针对11个生字对学生进行"前测"和"后测",通过反馈的数据及时改进教学,从而实现本节课的达标。赵老师在新授课前先进行与本节课相关知识的反馈活动,摸清学生学习的真实情况,可以说是新授课前的初次反馈。在这一课前反馈活动中,既实现了以生为本的教学理念,也考查了学生的识字能力,更为教师改进以后的教学提供了依据。在本节课结束后,赵老师对学生进行了"后测",也就是课后反馈。"后测"与"前测"的反馈数据一对比,学生的达标率一目了然,对于未达标的孩子,继续采取不同的手段进行辅导。赵老师将课前反馈和课后反馈研究得很透彻。再比如巢老师在《打字游戏》一课中,在讲授过程及学生操作时,通过观察学生的表情、积极性,教师巡视和展示学生的作品都有课中反馈,课中教学反馈活动检验了学生对新授课的兴趣、对按键使用的学习效果以及有没有达标。

依据反馈手段来看,我们可以分为传统手段和新兴手段。比如传统的手段主要体现在语文、数学、英语、科学等学科可以通过作业、考试来反馈学生有没有达标;美术、信息技术等学科可以通过学生的作品来判断有没有达标。随着科技的发展,反馈

的手段越来越新,比如在我校,很多老师已经在课堂中使用答题器进行反馈,通过反馈数据,能够看出学生的反应速度、达标情况。不管是传统手段还是新兴手段,反馈的目的是一样的,都是为了检测学生在课堂中有没有达标。

(三)通过数据分析,改进课堂教学

数据分析不是最终目的,是为了改进下一次的教学,班级能否达标直接影响了教师的教学行为。如果达标率高,老师可以在此班级对学生进行提优或者拓展,也可以在学情类似的其他班级继续采用相同的教学方法。如果达标率不高,老师就需要锁定不达标的学生,通过个别辅导、学生互助的教学行为让达标率提高;也需要调整教学方法,提高其他班级的达标率。及时有效的课堂教学反馈活动的尝试是为了促进教学有效性的提高,对学生来说,强化正确,改正错误,找出差距,改进学法;对教师来说,及时掌控教学效果,及时调控,改进教法。

(本节撰写:巢丽芬)

## 第二节　进阶反馈

### 一、概述

进阶通常指从低级到高级的过程,指人或事物向前发展,比原来好;是在原来的基础上有较大程度的提高。

学习进阶是根据学生在学习某一核心概念时所遵循的学习路径,围绕着核心概念规划,由简单到复杂且相互关联的概念序列,形成阶级。随着学习的进阶,检验学习的效果时,反馈能直接反映出学习后的效果。每一层学习的进阶再紧紧跟随反馈可以及时查验教学方法是否有效、是否适合学生的学习,学生能否快速有效地掌握所学知识。反馈的同时也是把所学知识再次从大脑中调出再运用的过程,可以让学生再一次加深对所学知识的记忆,从而更加促进学习目标的达成。

进阶反馈的焦点在学生学习效果的进阶程度。为了准确反映学生学习效果的进阶度,通常采用前后对比展示的方式。在综合学科,如音乐、体育学科教学中,通过前后时间段学生的展示对比,可以显示出由"不会"到"会"的过程。在语文、数学、英语学科中,通过前测和后测的数据对比,可以显示出学生对同一个知识点由"生疏"到"熟练"的过程。

通过学生的进阶反馈,既能反映出学生在课堂中某一段时间内对某一主题的学习由浅及深、由简单到复杂的过程,又能让教师清楚地了解学生认知能力的发展过程。不同的教学设计和教学方法对比得到不同的教学进阶反馈,又能反过来让教师及时反思和优化自己的教学设计、教学方法等,因此将其应用于教学能更好地促进学生的发展。

## 二、进阶反馈的课堂呈现

【实用案例透析】

### 案例一 (摘自周俊老师课例)

## 小数加减法

#### 一、前后测数据分析

1. 数学新授课的前后测练习题目

"小数加、减法1"是五年级上册数学第四单元"小数加法和减法"的第一课,是一节小数计算范畴的新授课,该课的前(后)测练习题目设计如下:

---

小数加法和减法前测

列竖式计算下面各题

(1) $4.75+2.6=$   (2) $4.75-2.5=$   (3) $23+9.9=$   (4) $6.32+6.98=$

做完之后,写一写,你为什么这样计算?

小数加法和减法后测

列竖式计算下面各题

(1) $4.72+2.8=$   (2) $4.75-4.2=$   (3) $35+8.5=$   (4) $7.56-4.56=$

做完之后,写一写,小数相加、减时你为什么要把小数点对齐进行计算?

---

2. 前测练习题目的难度分析

计算题练习的第1、2题是和书上第48页例1同等难度的计算题目(没有文字和图文的情境),两位小数加、减一位小数;第3题和书上第49页练一练的第2小题一致,都是整数+小数;第4题和书上第48页的试一试难度接近,计算完后可以把结果进行小数的化简。

3. 前(后)测练习题目的结果分析

前测:本次参与前测练习的是五(1)班全体学生,测试的时间是5分钟,共收到43份测试答案。4道计算题全对的有35人。有8人出现计算错误。算理问题只有4人回答错误。具体情况如下:

第1题有2人出错,分别是刘馨雨和韩菲儿,错误原因是少算加法的进位数(刘馨雨)和十分位计算出错(韩菲儿)。

第2题43人全对。

第3题有3人出错,分别是陈薇然、陈冰月和刘衡,其中竖式写法出错(相同数位没对齐,写成末尾对齐法)的是陈薇然和陈冰月,刘衡是加法竖式写对了,但计算进位加数时出现了错误。

第4题有2人计算后没有化简。

回答问题里只有4人回答得较完整,能够找到整数加减法和小数加减法的联系(加减法时相同数位要对齐);有30人提到小数加减法时需要把小数点对齐,为什么要把小数点对齐,没有做进一步的解释;有10人回答得不到位。

后测:本次参与后测练习的是五(1)班全体学生,测试的时间是5分钟,共收到43份测试答案。4道计算题全对的有38人。有5人出现计算错误,但是竖式格式都对。32人算理问题回答正确。

4. 前(后)测练习后的教学建议

(1) 通过前测了解学情,教学时可以从书上的例1情境入手,结合生活中的"元角分"和小数的数位进行教学,也可以从学生的错题入手,从错误中导入,分析错因,逐层递进教学。

(2) 教学的重点放在学生对小数加减法的算理的理解上,让学生对小数加减法的算理从模糊到清晰化,再将小数加减法的算理和学过的整数加减法进行比较分析,将加减法的算理知识由零散化变成板块化。

(3) 教学的过程中教师应多关注学生的差异,尤其是前测时出现错误的学生,在课堂上是否能积极参与课堂学习,学习之后计算的正确率是否有改变。

## 二、基于数据的学习进阶体现

一节课该如何教、如何学,在学校大课题的引领下,我们尊重学生的学习差异,依据学情制定学习起点和方法,《小数加减法》一课是"基于数据的学习进阶研究",学习进阶是学生思维的一个发展过程,所以本课通过前测和后测数据的研究,利用学情差异,了解学生的已有学习水平,又能让学生带着思考进入课堂,带着收获检验成绩,让学习更细致入微,促进学生思维能力的生长。

《小数的加减法》通过前测了解学生已有的竖式计算能力,通过数据精准定位,从学生的实际出发,展开教学,课后通过后测了解学生的学习增长情况,及时进行个性辅导。通过两次数据的对比,优化教与学的方式,促进学生的差异性学习。在课堂中,凸显了三种学习进阶:"算法的进阶"——从前测中已有经验的模糊运用,到课堂探究交流中逐渐清晰的结构化的算法,特别是一些典型的计算错误,如竖式结构的错误、计算过程的错误等,学生在交流中发现问题、解决问题,甚至一对一定制辅导,帮助学生理清算法;"算理的进阶"——本课中前测和后测分别设计了一个问题"为什么这样列竖式?"和"为什么要把小数点对齐了计算?",看似雷同的提问,却反映了学生对小数加减法的算理从模糊到清晰化,再对小数加减法的算理和整数加减法算理进行比较分析,将加减法的算理知识由零散化变成板块化。学生对于算理的理解真正从肤浅到深刻的进阶。"计算能力的进阶"——在课堂上给学生更多的计算的空间,从一开始前测中大部分学生的"会"到课堂中的"理解"再到后测中的"熟练",学生的计算能力不断进步,他们的学不仅在"会",更要通过对算理和算法的理解,促进计算能力的进阶。

在教学过程中教者重点关注了学生学情的差异性,通过前测了解了班级每个学生的学习经验起点,在学习过程中针对不同的学生提供学习的支持,以达到学习进阶的目的。从认知经验出发,了解学情,以前测的手段支持儿童的差异性学习,达到学习进阶的目的,这就是滨江小学当下的课堂教学样态。

**案例二** (摘自赵捷老师课例)

## 比尾巴

在赵捷老师上课之前,组内老师们在课前就围绕《比尾巴》一课中的11个生字,对一(5)班共40位小朋友进行了前测。通过数据分析,我们发现,即使在上这节课之前,也已有60%的学生对生字有或多或少的认识,但基本上都不能达到完全熟练地认读,其中"谁"、"尾"、"短"等字,错误率普遍较高。不少基础较差的孩子更是几乎不能完全认读。在此基础上,赵捷老师根据前测所了解到的真实学情重新调整了教学设计,摸准教学起点,对前测中出现的难点重新修改了设计。

2020年12月21日上午,赵捷老师开展课堂教学,级部老师们汇聚一堂。围绕前测发现的教学难点以及本课教学中的其他教学目标,赵老师灵活采用了多种教学方法,仅在教授生字环节,就采用了"图例识字"、"情景识字"、"字理演变"、"拆字法"等不同的方法,引导学生在理解中完成识记。纵观赵捷老师的课堂,师生互动、生生互动形式多样,自然有趣。赵老师既能面向全体学生,关注不同群体,课堂发言面广,学生参与度高,也能对学生的课堂发言进行及时评价,并能结合课后作业对所学内容进行巩固。组内几位老师还走进课堂,在新课结束后当堂对孩子们进行了"后测",同样围绕11个生字,面向全体学生再次检测。整节课目标明确、形式新颖,真正做到了基于数据的学习进阶研究。

经过前后数据的对比分析,我们发现:一(5)班有43%的同学全部完成了"认识11个生字"这一教学目标,班级有65%的学生经过一节课的学习对生字词的掌握有所提升,但也有5%的个别学生前测后测的数据维持不变。在课后的教学研讨中,力校长高度评价了这次教研课,称这是一次"有价值的研究,真实地反映了学生的学情,发现了低年段幼儿识字的规律"。她从课堂设计出发,从数据观测入手,带领组内老师认真回顾了整节课,充分肯定了赵老师灵活真实的课堂——只有关注了学情,才能真正摸准教学起点;也针对数据中呈现的结果进行了反思与分析,引导老师以本次教研为起点,以数据中呈现出的问题为导向,指导之后的识字教学活动。"在抽离语境中强化学生的有意记忆,以达到对生字词的真正识记。"

**案例三** (摘自杨逸帆老师课例)

## 译林版五上　Unit 7　At weekends

本节课以"焦点智慧校园云平台"作为依托,部分题目采用答题器答题的方式,准确掌握学生的答题情况,并及时针对学生的答题情况进行提示和解答。在"课前三分钟"汇报结束后,该同学根据自己的情况提出了三个问题。

1. My father and mother _____ get up early at weekends.

　　A. always　　　　　B. often　　　　　　C. sometimes

2. On Saturday afternoon, we usually _____.

　　A. fly a kite　　　B. visit our grandparents　　C. have a picnic

3. I sometimes go to the park with my family _____.

　　A. on Saturdays　　　B. on Fridays　　　　C. on Sundays

根据后台数据统计,这三题的正确率如下(由于技术原因,该班共有 42 人,实际答题人数 36 人):

```
Unit 7 At weekends
科目:英语
时间:2020-12-03 星期四 08:51-09:37
班级:五年级1班(共42人,本次参与教学活动36人)

全班学情分析    全班作答详情    全班学情概览

总题目数        班级平均答对率      全班平均答题时间      全班平均纠错比例
 6道             83.8%               17.5S                  0
```

从上图可以看出,这三题的答对率在增加,平均答题时间在缩短。说明学生的操作越来越熟练,对问题的理解也进一步加深。

在课文部分学完后,整合课文内容,教师给出了三道是非题。

1. Su Hai and Su Yang care about their grandparents.　　　　　　　　(　　)

2. Mike doesn't care about his grandparents because he doesn't often visit his grandparents.　　　　　　　　　　　　　　　　　　　　　　　　　　(　　)

经验重构：支持儿童差异性学习的创新探索

3. Helen is good at dancing. （　　）

通过"全班作答情况"这张图片，全班学生的答题情况一目了然，对个别学习有困难的学生可以进行个别辅导。

| 编号 | 姓名 | 个人答对率 | 第1题 | 第2题 | 第3题 | 第4题 | 第5题 |
|---|---|---|---|---|---|---|---|
| 1 | 史崎 | 83.3% | B | B | C | √ | × |
| 2 | 陈冰明 | 66.7% |  | C | C | √ | × |
| 3 | 刘衡 | 66.7% | B | A | C | √ | × |
| 4 | 李昊宇 | 66.7% |  | A | C | √ | × |
| 5 | 王欣悦 | 0% |  |  |  |  |  |
| 6 | 徐梓杰 | 100% | A | B | C | √ | × |
| 7 | 杨凯云 | 100% | A | B | C | √ | × |
| 8 | 张君凌 | 50% |  |  | B |  |  |
| 9 | 叶欣鑫 | 100% | A | B | C | √ | × |
| 10 | 刘馨雨 | 100% | A | B | C | √ | × |
| 11 | 王意涵 | 0% |  |  |  |  |  |
| 12 | 杨佳熙 | 83.3% | A | B | B | √ | × |

单元：Unit 7 At weekends
科目：英语
时间：2020-12-03 星期四 08:51-09:37
班级：五年级1班(共42人，本次参与教学活动36人)

总题目数 6　班级平均答对率 83.8%　全班平均答题时间 17.5s　全班平均纠错比例 2.3

通过前后四次课堂测验，也可以看出，全班的答题正确率在不断提高，全部答对的人数在逐渐增加。

回顾整个教学过程，在教学过程中使用答题器，对学生学习进阶程度进行监测有以下几个优点：

1. 课上准确统计，提高课堂效率

传统教学中，平时对语篇教学提出的问题，一般在课堂上通过举手回答，再由老师统计的方式来统计学生答题的正确率。这样的做法耗时耗力，而且部分学生不能积极参与课堂答题，总是"人云亦云"。使用答题器，能够准确统计到每个学生的答题情况，对漏答题和不答题的学生继续追踪到个人，老师可以及时给予提醒和帮助，从而提升课堂效率。

2. 课后生成数据，实现对比改进

"基于数据的学习进阶研究"要把握好数据的准确性。准确的数据则来自每个学生手中的答题器,参与率、正确率等第一时间通过"焦点教育"软件呈现在大屏上。课后,只要打开这个软件,进入"智慧课堂",就能找到"全班学情分析"、"全班作答详情"、"全班学情概览"这三块内容。调出数据,进行分析,能让老师对上课内容进行对比和研究。

3. 课堂形式多样,更吸引学生注意

在使用该软件时,给教师的直观感受就是学生的注意力明显提高,他们都很重视每道题,能仔细思考,希望自己出现在答对的同学名单里。

**案例四** (摘自尹捷老师课例)

## 按比分配的实际问题

《按比分配的实际问题》是在学习比的基础上进行教学的,主要有两种解决思路:按"份数"的方法和按"分数"的方法解决。例题的学习对于学生来说还是比较容易解决的,那么在这节课上如何体现学生的进阶呢?经教研组研究,决定将书本第62页第8题的第(3)小问作为进阶的检测题。

尹老师试上是在六(2)班,前测的数据如下:

参与检测的有35人,其中做对的13人,做错的22人。错误的主要原因是理不清数量之间的关系,18吨对应的数量不清晰,单位"1"找不准。

前测题:下图表示配制一种混凝土所用材料的份数。

水泥:
黄沙:
石子:

如果这三种材料各有18吨,配制这种混凝土,当黄沙全部用完时,水泥还剩多少吨?石子已经增加了多少吨?

试上后测数据如下:

参与检测35人,做对的16人,做错的19人,并没有明显的提升。尹老师试上的课堂效果还是不错的,检测结果却不理想。究其原因可能是课堂的重点与检测题之间不匹配,进阶题还是有一定的难度,学生需要一定的时间去消化、理解。

课后进行了研讨,决定调整下课堂结构,例题教学更多放手让学生去思考、汇报,一方面给予学生独立操作的空间,另一方面也提高了课堂效率;另外需要做一定的渗透与铺垫,尹老师以奶茶原材料配比这样有趣的情境展开,学生的积极性和热情一下子就调动起来了,课后的检测效果也非常不错。

前测情况如下:六(1)班36人参与检测,全对的14人,做错的18人,4人完全没有思路,没有写。

【教学片段】

例11:把30个方格涂上红色和黄色,使红色与黄色方格数的比是3∶2。两种颜色各应涂多少格？先算一算，再涂一涂。

师：准备怎么解决这个问题，选择一种你喜欢的方法解答，想一想如何检验。

汇报：1. 用份数的方法解决

每份：30÷(3+2)＝6(格)

红：3×6＝18(格)

黄：2×6＝12(格)

2. 用分数的方法解答

3+2=5

$30\times\dfrac{3}{3+2}=18$(格)

$30\times\dfrac{2}{3+2}=12$(格)

师：你喜欢哪一种方法？有什么相同点？

对比练习：合唱团现有男生、女生各24人，使男、女生的比是2：3，若女生人数不变，男生要去掉几人？若男生不变，女生要增加几人？

24÷3＝8(人)　　24÷2＝12(人)

8×(3−2)＝8(人)　　12×(3−2)＝12(人)

比较每问的第一步，你有什么发现？

生1：都是先求每份数。

生2：要找到人数对应的份数。

后测情况如下：参与检测的有36人，其中全对的25人；7人"求石子已经增加了多少吨"思路正确，在求水泥还剩多少吨时，所剩对应的是1份，他们想成了2份；完全做错的4人，正确率有了很大的提升。

之所以有如此大的进步，一方面是尹老师给予了学生研究探索的空间，学生学习的积极性被充分调动；另一方面是课堂上强调对应关系，根据所给的数对应的份数求出每份数，再看要求的是几份，思路清晰，学生理解起来就容易得多。我想学习的进阶不仅体现在检测题正确率的提高上，还在于学生课堂上的表达能力也有很大提升，学生学习的热情被点燃，尤其是奶茶配比的问题，尹老师善于发现生活中的数学，发现数学的价值。

## 三、进阶反馈的实践思考

(一) 找到进阶的生长点

每一个知识点的学习一般都有它的生长点，遵循螺旋上升的原则，这是认知规律。知识的生长点就是我们已经具备的相关知识,即已经知道了什么,是学习新知识的前提和基础。

在学习中我们让学生每天在原有的知识基础上进一步地掌握更多新的知识,学生对于哪些知识掌握了还是没掌握,这是作为教师必须清楚的地方,因为这是让他们能够继续学习并掌握新的知识的关键所在。所以找到学生的知识基础的进阶生长点就显得至关重要。我们在学生取得进阶之前,首先要考虑他们在什么地方能够有进阶。下面就以上面所列举课例为样本进行分析。

### 1. 从错误到正确

以数学学科为例,进阶的生长点可以从技能习得的效果体现。周俊老师在教学《小数加减法》之前进行前测反馈,得出全班有 8 个同学计算错误,4 个同学不会算理。这就是这节课进阶的生长点。通过教学,由"错误"到"正确",在后测的反馈中可以看出学生取得了学习的进阶。

### 2. 从"不会"到"会"

以语文学科为例,进阶的生长点可以从识字能力效果方面体现。识字能力是指学生掌握了识字的方法,从而能够不依靠教师,独立识字。具体地说,识字能力主要包括以下几个方面:运用汉语拼音读准字音的能力;运用汉字的笔画、笔顺、偏旁、部首、间架结构及构字规律,分析字形结构,辨清字形,牢记字形的能力;能够借助字典,或通过教材上下文,或联系生活实际理解字义的能力。赵捷老师在《比尾巴》一课中,围绕 11 个生字,对一(5)班共 40 位小朋友进行了前测。通过数据分析,我们发现,即使在上课前,也已有 60% 的学生对生字有或多或少的认识,但基本上都不能达到完全熟练地认读,不少基础较差的孩子更是不能完全认读。通过教学,很多学生已经由原来完全不认识这些字到熟练认读,完成了从"不会"到"会"的知识累积进阶。

### 3. 从生疏到熟练

以英语学科为例,进阶的生长点可以在知识运用的熟练度上进行体现,即对英语知识从掌握不牢到熟练运用。杨逸帆老师的课译林版五上 Unit 7 At weekends,可以看出,学生的答对率在增加,平均答题时间在缩短。说明学生的操作越来越熟练,对问题的理解也进一步加深,也可以看出全班的答题正确率在不断提高,全部答对的人数在逐渐增加,完成了从"生疏"到"熟练"的知识运用进阶。

(二)体现教学的进阶度

教师教学的进阶难度和学生所反馈的学习进阶度相辅相成,教师根据学生的现有知识储备和技能基础来贴合学情进行教学设计,而后再通过进阶反馈来了解学生掌握知识的进阶程度,是否进阶,学生学习的进阶程度有多少。

## 【实用案例透析】

### 案例一  周俊老师的《小数加减法》

在该课的设计中有前测和后测,并且前后两测的难度接近。从前测分析得出,43名学生,4道计算题全对的有35人,8人出现计算错误,39人出现算理问题。周俊老师通过前测分析找出问题,进行相应的教学设计,教学之后再进行后测,结果为同样的43名学生,4道计算题全对的有38人,有5人出现计算错误,但是竖式格式都对,32人算理问题回答正确。通过前测,周俊老师发现了学生的现有计算能力和算理问题的掌握程度,通过教学,让学生的正确率得到很大的提高,掌握了小数的加减法。

### 案例二  赵捷老师的《比尾巴》

组内老师们在课前就围绕《比尾巴》一课中的11个生字,对一(5)班共40位小朋友进行了前测。通过数据分析,我们发现,即使在上课前,也已有60%的学生对生字有或多或少的认识,但基本上都不能达到完全熟练地认读,不少基础较差的孩子更是不能完全认读。在此基础上,赵捷老师根据前测所了解到的真实学情重新调整了教学设计,摸准教学起点,对前测中出现的难点重新修改了设计。具体为通过"图例识字"、"情景识字"、"字理演变"、"拆字法"等不同的方法,引导学生在理解中完成识记。进行教学后,针对这11个生字再进行测试,一(5)班有43%的同学全部完成了"认识11个生字"这一教学目标,有65%的学生经过一节课的学习对生字词的掌握有所提升,学生在原有的知识基础上增加了识字量。下图所示为这节课所做的部分观察量表,可以直观地看出学生的进阶程度明显。

### 案例三　杨逸帆老师的《译林版五上　Unit 7　At weekends》

本节课以"焦点智慧校园云平台"作为依托,部分题目采用答题器答题,准确掌握学生的答题情况,并及时针对学生的答题情况进行提示和解答。从下图可以看出,学生的答对率在增加,平均答题时间在缩短。说明学生的操作越来越熟练,对问题的理解也进一步加深,也可以看出全班的答题正确率在不断提高,全部答对的人数在逐渐增加。

### （三）测量学生的进阶值

通过以上两点我们可以看出,学生的进阶反馈能帮助教师直观而具体地了解学生的学情,进而调整自己的教学设计,针对需要进阶的知识点和重难点进行靶向精准定位。下面我们就以上的课例分析可以用什么方法对学生的进阶值进行精确测量。

#### 1. 通过前测和后测

案例一中周俊老师和案例四中尹捷老师都通过前测、后测精准测量出学生的薄弱点在于计算和算理的问题,有的放矢后正确率都有了很大的提升。

前测和后测都是为了获得数据,学生学习进阶的数值多少离不开数据的支持。通过前测和后测,教师可以获得想要观测的数据,从而测量学生在课堂学习中到底进阶了多少。

### 2. 利用课堂观察量表

案例二中赵捷老师利用课堂观察量表准确分析了学情,发现即使在上课前,也已有60%的学生对生字有或多或少的认识,但基本上都不能达到完全熟练地认读,其中"谁"、"尾"、"短"等字,错误率普遍较高。不少基础较差的孩子更是不能完全认读。根据这一学情调整教学设计后,再利用课堂观察量表观察这堂课的知识进阶反馈,发现学生的学习进阶程度效果明显,说明教学方法和策略是有效的。

课堂观察量表可以更加细致地测量部分群体的进阶度,从而获取数值。教师通过分组观察的方式获取全班学生课堂学习进阶的数值。

### 3. 利用现代化信息技术

案例三中杨逸帆老师利用答题器,通过"全班作答情况"这张图片,不仅对全班学生的答题情况一目了然,连哪些学生做错了哪些题、答题的熟练程度、知识薄弱点在哪里都可以分析得一清二楚,这样对个别学习有困难的学生还可以再进行定制化的个性辅导,显而易见,针对不同学生的学习进阶效果会更好。在现代化信息技术教学手段中,答题器只是其中一项,还可以利用更多现代化的技术手段来摸清学生学习的进阶反馈程度,比如问卷星等。这都需要老师们不断地去学习探索。

(本节撰写:王蓓)

## 第三节 秀我反馈

### 一、概述

秀我反馈,顾名思义,秀出自我,展现自我个性。这是着力于展现学生个性和特色的反馈,学生呈现的课堂行为特征和表现状态的情况是本节重点研究的。

支持儿童的差异性学习要求为儿童的学习提供丰富而多彩的展示平台,在不同的展示平台上充分地展示自我的个性风采。秀我,是个性的张扬,是缤纷的多彩。

学习是一种个体活动,学习的主体是每一个学生;学习也是一种群体活动,无论是学校还是班级,都是一个学习的场域。在学习的过程中,学习者需要了解自己,更需要了解学习的伙伴。教师在教学过程中经常会进行赞赏和表扬,目的是利用榜样的作用进行正向的引导,让更多学生能够向优秀的目标努力。在赞赏和表扬的过程中都会进行个别优秀作品的展示,比如优秀的书写、优秀的作业、优秀的范例。这些展示都是为了让学生了解优秀的标准,便于对标找差,确定努力的方向,以达到更好的学习效果。

相比于赞赏和表扬,秀我反馈更加注重设计学科展示活动,在学科展示活动中为儿童展现自我搭建优质的平台,让展示的儿童个性得到张扬,让观摩的儿童眼界得到拓宽,让每一个儿童的审美得到提升,最终目的是促进每个儿童学习的成长。

以语文、数学、英语学科为例。为支持儿童的语文学习,语文老师开展了"悄悄话攻防战"活动,经过教学研究、实践之后,将学生的优秀习作进行张贴展示,在年级中供学生流水观摩。数学学科进行个性化作业的布置,将优秀的个性化作业进行全班展示与评奖。英语学科将英语元素融入小报、书签制作中,通过班级内部的张贴、班级橱窗的展览等方式展示学生的作品。

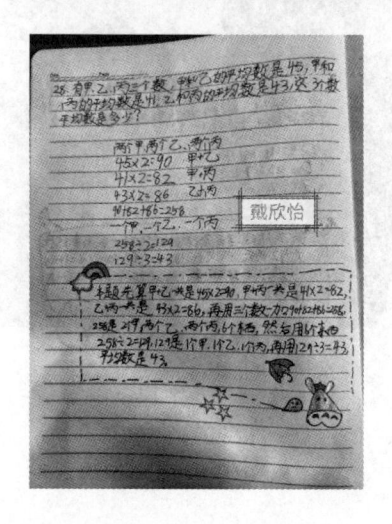

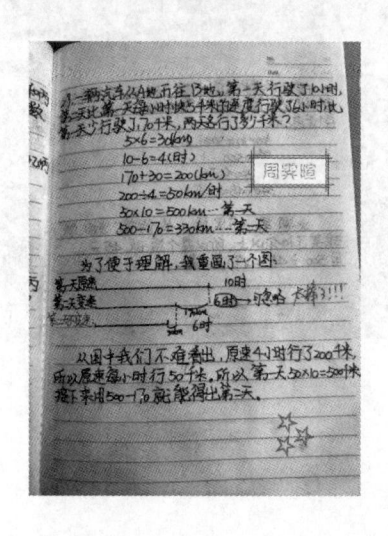

经验重构：支持儿童差异性学习的创新探索

以综合学科为例，学生"秀我"的舞台更加广阔。无论是音乐、美术学科，还是体育、综实学科，都会以作品专题展览的方式展现更多优秀的作品。这种展示已经超越了作业的意义，更重要的是个性的张扬和展示的仪式感。

## 二、秀我反馈的教学呈现

**【实用案例透析】**

### 案例一 （摘自杨逸帆老师课例）

**魔术"穿帮"之后**
——正确处理英语课堂中的突发事件

【案例描述】

1. 魔术是假的！

在一堂三年级的英语课上，因为要新授颜色类单词，我精心准备了一些小"魔术"。……

最后，进入课文环节，我拿出跟主人公差不多的裙子，一边展示一边帮助学生学习课文句子："What colour is it now?""It's yellow/red/blue/black."孩子们对这条裙子特别感兴趣，不时发出"wow""cool""nice"这样的声音。此时，小张再也控制不了自己，站起来大声喊道："老师，这个魔术是假的，我看到裙子里面是一层一层的，上面的颜色把下面的颜色挡住了，根本不能算是魔术。"他的脸涨得通红，可能刚才跟同学在辩论，现在希望从我这里得到确认。全班立刻哄堂大笑，有些人甚至一遍遍地重复他的话，"魔术是假的"。眼看课堂无法继续下去，本来很好的课堂学习氛围消失殆尽，我只有先冷静处理，把准备的东西都收好，说："魔术是否有问题，请你下课到办公室跟老师一起讨论。我们现在继续下面的内容。"

下课后，我让他帮我送道具到办公室，正好跟他聊会天。"你肯定很喜欢魔术吧，你能说说还有哪些魔术可以表现颜色的变化呢？"小张原以为我会狠狠责罚他一顿，没想到我会问这个问题，一下子答不上来。"这样吧，你今天回家研究一下，如果有更好的，欢迎你明天到讲台上展示一番。如果没有，明天要认真上课哦，有什么问题，我们保留到下课交流。"他低着头，好长时间不说话。临走前，跟我轻轻地说了声："老师，对不起。"

2. 我真的可以在课上表演吗？

在课后交流时，我了解到小张课外是一个"魔术迷"。他喜欢动手操作一些小魔术，我对他说："老师相信你来向同学们展示一些小魔术，效果会更好。今天你回家准备一两个关于颜色的魔术，明天课上表演。"我给他另外布置了一个课外作业。他有点不自信地问我："老师，我真的可以在课上表演吗？这是英语课啊。"我鼓励他："没事，只要你准备充分，一定会很精彩的。你还是我们班第一位上台表演魔术的同

经验重构：支持儿童差异性学习的创新探索

学呢。"

结果，第二天他带来了一些魔术小道具，为大家表演了一个会变颜色的"手绢"和一把会变颜色的"纸扇"。在讲台上，他就像一个真正的魔术师。同学们都为他的精彩表演叫好，我也很配合地向大家提问："What colour is it now?"同学们回答："It's red/yellow/green/blue."看得出来，他很用心地准备了这次表演。在给他提供展示机会的同时，也让全班同学加深了对颜色类单词和句型学习的印象。

## ❓ 案例反思

……

经过课后的深入交流，我了解到小张这样质疑的原因，他不是无理取闹，而是在不合适的场合提出了自己的疑问。我指出了他提问的场合、地点不对，请他"换位"思考一下，同时在第二节课上给了他展示自己才能的机会和舞台。他从开始与我的"争锋相对"变成了"乐于接受"，从而师生关系也有了一个缓和的变化。

这次课堂突发事件，给了我一些这样的启示。

……

学生不是静止不动的个体，教师应以动态的眼光看待学生，因此教学也是动态的。动态生成的原则要求教师善于把握课堂中师生、生生之间的合作，抓住对话中生成的原计划中没有的新问题、新情况，灵活机智地随时根据活动的变化，调整原有的计划和目标，使得课堂处在动态变化中，满足学生不同的求知欲。

在动态课堂中生成的课堂突发事件，一般会有这样一些特点。首先，是学生临时想到的，具有直觉性，与学生的体验有关，体现了该生较为独特的想法。比如这节课中，小张平时就是魔术爱好者，也动手操作过一些小魔术。所以他凭直觉认为老师这个小魔术太简单了，一眼就能看穿。其次，问题能引起大部分人的思考，尽管其他同学没有想到这样的问题，但是问题提出来后能引起共鸣，大家都非常想知道答案。课堂上的其他孩子一开始注意力集中在老师的表演上，并没有考虑到真实性。但是小张一指出来，他们立刻转移注意力，转向考证魔术是否真实的问题上。再次，问题让老师很意外。尽管老师有一定的教学经验，课前也做了充分的准备，但学生在课堂上提出的这类问题，往往不在教师认定的教学范围内。

……

在我邀请小张走上讲台，展示了自己的魔术才华后，他的学习自信心得到了极大的提高。从之前的懒懒散散、作业拖拉，到后来能及时完成作业，主动拿着不会的习题来问我，整个人的学习态度也有了极大的变化。俗话说，生活中不是缺少美，而是缺少一双发现美的眼睛。对于班里像小张这样有时"爱跑偏"的同学，我尽量用"发现美"的眼睛去观察、去发现。美术好的学生，就让他们完成配图作业，贴在班里展示；

能说会道、表演精彩的学生,我上课经常请他们到讲台上来做示范,或者拍成视频片段,发在群里请家长一起欣赏……我深信,"教无定法,贵在得法"。对于特殊学生的教育,我们从善于发现的角度去发掘此类学生的闪光点、肯定他们的优点,多鼓励、多包容,就一定能取得意想不到的教学效果。

……

在小张表演过魔术之后,大家对颜色变化的热情一下子高涨起来。我干脆将这次课变成孩子们的"实验场",鼓励他们四个人一组,用颜料混合,或者用其他的方法变出不同的颜色。有的孩子现场混合颜料,得出一种灰色;有的孩子将魔术杆抛来抛去,变出四种颜色。在操作的过程中,他们学会了更多的颜色名词,句型表达也更加流畅了。

俄国教育家乌申斯基认为,教育不是一门科学,而是一门技术,是一切艺术中最广泛、最复杂、最崇高和最必要的艺术。课堂教学的突发事件是千奇百怪的,因此,要求老师的应对策略也要丰富多彩。在短时间内选择最有效的策略去化解尴尬,启发和正面引导学生。如果老师把每一次课堂突发事件当成一次磨炼自己教学水平的机会,巧用教学机智,那么课堂上的生成将更加精彩。

教育家苏霍姆林斯基说过:"对一个有观察力的教师来说,学生的欢乐、惊奇、疑惑、受窘和其他内心活动的最细微的表现,都逃不过他的眼睛。"也就是说,上课时,要洞察入微,根据学生"写"在脸上的表情,误则正之,深则浅之,难则易之,快慢适中,详略得当,疏密有度。用教师自己的目光与学生的目光进行畅快的"对话",将学生的活动"尽收眼底",用目光施加影响。

一次英语课上的突发事件,在老师的引领下,个别学生有了自己表演的欲望,展现自我的舞台,自信心和学习力得到了极大的增强。其他学生在他的影响下,也有了不一样的学习体验,教师也从中收获到经验性的认知。这次秀我反馈,收获是多方的。

**案例二** (摘自阚书平老师案例)

## 量身定制:让思维在"对话"中悄然生长
——以小学数学《小数乘整数》计算教学研究为例

……

**片段3:"实证性反馈"**

板书:2.35×3＝

师:请你选择上面任一种方法说明结果是多少。

(巡视发现学生还是会运用自己熟悉的解决方法解决问题)

展示:

方法 1:转化为加法

方法 2:转化为元、角、分

方法 3:用计数单位说明

师:为什么没有同学画图了?

生 7:把一个图形要平均分成 100 份,太麻烦了。

## ❓ 案例反思

......

在解决"冬天买 3 千克西瓜需要多少元"环节,我尝试让学生选择上面任何一种方法解决 2.35×3 结果是多少。通过对全班的巡视,学生还是会运用自己熟悉的解决方法解决问题,比如开始选择用加法解决问题的还是习惯性采用加法解决。全班只有 2 位同学尝试了用新的方法解决问题。

通过这样的"实证性反馈",反思了一下,主要原因是这个环节的教学设计对比冲突不够明显,学生尝试新方法的需求不够强烈,导致从明晰算理到形成算法的过程有些拖沓。今后在设计时要充分预计教学的效果,对于如何更好地达成目标要多钻研、多思考,为"差异性学习"提供更多的可能。

阚老师这种"实证性反馈",即课堂诊断练习与检查,是课堂的重要环节,通过学生将自己所学的方法进行展示,学生学习中差异性的信息进行反馈的具体化,引发教师实时反思,从而达到调整教学方法的目的。

**案例三** （摘自朱丹老师案例）

## 因材施教,"异"彩纷呈
——以一节《诗词主题生日会》综合实践活动课为例

......

**片段 2:多样性、挑战性的任务设计**

十岁,意味着从懵懂儿童走向金色少年,意味着学会自立,承担责任,远大抱负,从这时萌生良好品行,从这时开启诗意的人生。成长仪式既要让他们感受到生日的快乐,又要有一定的教育意义,那么主题生日会是一个很好的选择。

师:怎么策划呢? 我们先来看一场特别的主题生日会视频。说一说,视频中哪些内容让你印象深刻?

孩子们看得非常认真和专注。特别是看到佩奇主题的各色美食、小礼物、五彩的气球和绚丽的灯光时,看得出他们的心驰神往。

一个以小猪佩奇为主题的生日会视频,让孩子们感受主题式生日会与平日里爸爸妈妈带他们庆祝生日时的不同。关注主题式生日会的特别之处,也为后面学生策划主题生日会积累素材。

师：既然班级一起办生日会，那么什么主题既能体现班级的特色，又有意思呢？

生1（男）：我希望是游戏主题，因为我特别喜欢玩手机里的"吃鸡"游戏（腾讯的《刺激战场》）。

生2（女）：我不同意。我不会玩游戏。我认为应该找个大家都喜欢的主题。

师：那你觉得什么主题适合大家呢？

生2（女）：我觉得诗词主题挺好的。因为我们每天中午都观赏《中国诗词大会》，同学们对诗词都很感兴趣。学校也一直推崇"进班就读书"的学习理念，我认为诗词最适合！

结合我校平时的"进班就读书"学习理念，以及孩子们利用午休时间积极收看《中国诗词大会》，孩子们选择诗词作为10岁生日会的主题。诗词主题，将是他们值得珍藏一生的记忆，也会在他们的心灵中埋下诗意的种子。希望这粒种子在未来能绽放美丽，并收获硕果。

师：喆同学借阅我一本《唐诗宋词三百首》，封面上这样写道：不读诗词，不足以知春秋历史；不读诗词，不足以品文化精粹……

师：先来热热身，来场简单的飞花令吧！

正值阳光明媚的春天，两位学生关于"春"字的飞花令赢得了同学们的阵阵叫好和台下评委老师的掌声。

四年级学生接触综合实践活动课程不久，各方面的能力还没有得到太多锻炼，联想和创新能力有待提高，调动课前对诗词文化的了解很重要。特别是借助《中国诗词大会》这个媒体，孩子们回忆起飞花令、诗词接龙等比赛环节，既充分调动了学生的兴趣，又为下面策划诗词主题生日会中的活动设计丰富了素材。

**片段4：灵活、多元的评价方式**

汇报环节：创意无限

学生们热烈讨论交流后，汇报时呈现的方式丰富多彩。

其他同学在评价时不仅从汇报组的内容谈起，还从汇报员们的台风仪表说起。孩子们的评价方式灵活多样，充满童趣。

某美食组汇报员介绍：我们策划的第二个美食是酒，酒不但能使人活血化瘀，而且酒文化源远流长。《将进酒》中李白吟诵道："烹羊宰牛且为乐，会须一饮三百杯。岑夫子，丹丘生，将进酒，杯莫停。"王维在《送元二使安西》中也诵道："劝君更尽一杯酒，西出阳关无故人。"

某同学评价：我非常欣赏你们组对美食"酒"的介绍，但是我要友情提醒一下，我们是十岁的少年，我们的生日会中美食这方面，选用"酒"有点不合适。希望你们能有所注意。

经验重构：支持儿童差异性学习的创新探索

我在一旁非常认可这个孩子的评价，感叹孩子分析能力提升的同时，也给予了帮助性评价：老师帮大家出个好主意！我们可以以茶代"酒"，以果汁代"酒"，这样既有了美好的寓意，也符合我们的真实情况！

在学生评价过程中，教师是不可或缺的评价主体，尤其在小学阶段，学生各方面发展还不成熟，需要教师的引导和鼓励，对学生进行客观公允的评价，照顾学生的差异性。

……

**? 案例反思**

因"时"施教，灵活、多元的评价方式

在小组活动中，学生之间可以互评。学生在小组中充分进行自我展示，同时在互相评价的过程中互相激励和提高。

教师的评价也必定是少不了的。教师采用激励性评价机制，以指导和鼓励为主，帮助学生不断对课程产生兴趣。

学生们课堂上的表现可圈可点，兴趣盎然，热爱诗词，乐于分享，诗词的积累和运用在课堂中展现得淋漓尽致，在秀我反馈中也彰显了他们的个性。创意的金点子在学生们的脑袋里奔涌，思维的火花得到碰撞。学生们乐于展示，个性得以张扬，动手能力得以增强。

## 三、秀我反馈的实践思考

（一）秀我反馈促使教师由经验型向学者型转变

"要给学生一杯水，教师必须有一桶水。"为了弄清一个意思，语文教师要查阅大量资料来求证；为了查明一个背景、原因，教师会不厌其烦地参考无数文献来佐证；为了领悟文章的意旨，语文教师需要翻阅浩如烟海般相关的著作，甚至实地走访来验证……日积月累，各种各样的知识汇入自己的脑海中，形成自己的知识体系，教师不但提高了专业知识水平，而且树立了自己在学生心目中的崇高地位，从而为取得良好的教学效果奠定了基础，这真可谓是一箭双雕。

（二）秀我反馈能极大地提高学生学习的兴趣

爱因斯坦曾说过兴趣是最好的老师。为了解答课堂上的问题，学生通过语文教师的启发、引导，采取小组合作的方式互相讨论，互相交流经验。语文教师还可以让部分学生到电子阅览室查阅资料、搜集材料,到图书室去借阅图书,加以分析考证,这样真正把课堂还给学生,让学生真正体会到做课堂主人的滋味。当学生通过自己的合作努力和佐证而不是靠老师的简单灌输得到准确的答案时,其内心的那份自豪感、幸福感溢于言表。

例如,语文课上,教师组织学生表演课本剧,全班同学忙得不亦乐乎,大家分工明确,在课前,有的赶紧去自制道具,有的去借戏服,有的准备着各种角色的台词,还有的则通过网络视频模拟、揣摩这些角色的身份和口气。经过这些充分的"实证"准备,学生在秀我中取得了圆满的教学效果,学生们感觉到上语文课是一件很快乐的事,更是一种享受,他们的学习兴趣与日俱增。

(三)秀我反馈能让学生增强对生活的热爱

传统的教学模式是程式化、机械化的,老师教得辛苦,学生也学得难受,老师枯燥的填鸭式教学,使得学生昏昏欲睡、无心学习,教学自然收效甚微。生活处处有学习,学校以外的社会是学习的大课堂,这里的内容精彩纷呈。离开了生活这个大舞台,课堂教学将会是空洞的、单调的。

著名教育家陶行知先生认为,要以生活为中心的教学做指导。同样,学习来自生活,又会回到生活。秀我反馈让学生理解生活、热爱生活。

(四)秀我反馈能增强学生的科学素养

实证以事实为依据,通过客观分析而加以佐证,它突出强调结果的客观性、准确性,而不是空洞的、脱离实际的。子虚乌有的答案是得不到认可的。实事求是是非常重要的思维品质,是非分明,真与假、对与错,学生在"秀我"中能做到泾渭分明,能摒弃那些迷信的、愚昧的思想,从而提高学生的科学素养。

(五)秀我反馈能提高学生的动手能力和实践能力

中国传统教学只重知识理论、轻实践,学生往往理论知识掌握得较好,但是实践能力和创新精神却比较缺失。如何弥补这一缺点?实证教学当之无愧。对于课堂中出现的一些不懂的知识点和疑难问题,教师可倡导学生根据事实调查、探讨、验证,而大量材料的搜集则有利于培养学生的动手能力与社会实践能力。

(本节撰写:朱丹)

# 第八章　学习空间的重构

## 总　论

支持儿童的差异性学习，除了从课堂教学入手，从教师的教学行为和学生的学习行为上改变外，还需要改变学生的学习环境，给予差异性学习的支持。

学生在校学习有三个要素必不可少：班级、校园、课程。

班级是学校的基本单位。对于小学生而言，班级是学生在校学习期间接触时间最长的学习环境，就像自己的家一样。要支持儿童的差异性学习，需要一个支持儿童差异性学习的班级环境。

在班级空间的重构方面，我们注重每个班级教室空间的重构，通过一些班级文化布置，给学生一片自我展示的小天地，将自己的特长、爱心、审美在班级的角角落落展现出来。我们注重功能教室空间的重构，通过对未来教室的打造，颠覆传统教室的物理结构，由物理结构的改变带动教学方式的变革。让更多学生能够进行个别化学习，让更多的学习过程能够通过技术和设备得到更好的呈现。我们注重关系空间的重构。通过智慧校园的硬件设备，变单向关系建构为多维关系建构。在多维关系建构中支持儿童差异性的自我表达。

校园是学生每天在校学习的场所，校园环境的布置是一所学校文化的呈现。和班级空间不同，校园空间更加具有"我们大家的"归属感。在校园空间的硬件方面，滨江小学园林式校园的布局、书香校园环境的打造为学生更好地愉悦身心、更好地读书学习创造了良好的外部环境。在校园空间的软件方面，滨江小学以"进班就读书"项目为抓手，着力打造书香文化。通过阅读经典著作、涵咏经典的方式让每一个爱读书的孩子有一方展示自我的天地，培育学生"腹有诗书气自华"的高贵气质。同时，滨江小学以"小江豚管乐团"为特色打造管乐文化。每到中午，管乐团的孩子在学校操场上练习各种管乐已经成为校园美丽的风景。一届届管乐团所获得的荣誉镌刻在学校的荣誉墙上，也镌刻在学校的校园文化中。

在国家课程之外，学校的校本课程是促进学生个性化成长、支持儿童差异性学习的重要一环。滨江小学以"长江文化"为切入点实施了特色校本课程。

在重构校本课程的过程中,我们关注到学生的年龄段差异。为支持不同年龄段学生的差异性学习,我们将校本课程分为低、中、高三个年段,为不同的年段编辑不同的教学材料,提出不同的学习要求,提供不同的学习空间。

班级空间的重构、校园空间的重构、课程空间的重构均指向支持儿童的差异性学习,硬件和软件的升级改造为儿童的学习提供了更多的支持,提供了更丰富的选择,提供了更广阔的空间。在支持儿童差异性学习的学习空间中,儿童的学习会更加精彩。

(本节撰写:武昆)

## 第一节　班级空间的重构

### 一、概述

(一) 班级空间

班级是学校的基本单位,也是学校管理最基本的组织。通常,它是由一定数量的相同年龄和学习水平相当的学生建立的集体。教室不仅是学生接受知识教育的环境,还是学生社交的环境。它具有"空间特性",包括物理空间、关系空间和文化空间等。

物理空间是指常规的班级以教室物理空间作为分隔,同时通过教室文化的建设促进其他空间的丰富。关系空间是指教室中形成的人际关系,包括师生关系、家校关系、同伴关系以及从中衍生出的其他关系。文化空间是指在前两个空间概念基础上形成的比较复杂的系统,是大多数成员公认的信念、价值观和态度的组合,是在前两个空间概念基础上形成的班级精神内核、衍生制度、行为表现、物质承载等的复合体。

(二) 重构

本章节中班级学习空间的"重构"一词意为:对班级空间中的物理空间、关系空间、文化空间进行进一步的建设和创新。

下文将从物理空间、关系空间和文化空间几个方面分别论述滨江小学在支持儿童差异性学习的基础上,对这几个空间的进一步建设和创新。

## 二、班级空间的重构

（一）物理空间的建设和创新

【班级教室】

班级教室内物理空间设计方面，每个班级内设置了图书角、自然角、文化榜等。其主要目的是，通过良好的物理环境体现学校对学生身体和心灵的关怀，激发学生创造的自主性和能动性。有不少角落的设置是在学生投票后决定的。在支持儿童差异性学习下，让学生掌握布置的主动权，让学生在空间中拥有安全感和归属感。

1. 文化榜——"小荷才露尖尖角"

疫情期间，那段"停课不停学"特殊时期的生活学习经历，无论是对学生的个人成长来说，还是对教师个人成长来说，都具有不可复制的特殊意义；对于一个班级的文化榜来说，可以感性地将孩子们宅家学习成果"物化"。例如，在班主任的引领下，孩子们将停课不停学期间的"班级日志"、"优秀作业集锦"、"劳动照片"等贴在文化榜上，从而创建出这样一段"班级历史"，使每个孩子看到这面文化榜，日后可以不断回味、不断省思。

在信息技术的支持下，借助传统的文字、影像等方式，将这一段时期学生的学习成果或者更准确地说是学生的成长经历物化出来贴在文化榜上，丰富了班级的物质文化和精神文化，这些成果所承载的价值与意义非凡。

2. 图书角

图书角是名副其实的"角"，占地面积小，位置也在角落。在滨江小学支持差异性

学习的课堂新样态的研究浪潮里,图书角也成为研究的一个空间,这个"角"如何真正发挥本该发挥的功能,能够成为每一个孩子徜徉书海的欢乐天地?图书角的建设和使用,需要教育者的智慧和实践。

每位班主任都想方设法地将图书角建设得漂亮、温馨,吸引学生爱上读书。图书角的书大多是学生从家里带来的,图书更新与漂流已成为常态。班主任会带领学生按照不同主题给图书分类,并把同类的书放在相同的区域。

有的教师会每一两周选择一个主题,让学生开展主题阅读。如果最近所学语文课里推荐了一些优秀作品,教师就鼓励班委会买几本,放在图书角里,供学生共同阅读。在学生阅读完书籍后,教师会要求学生撰写心得体会、收获感悟,并且做成演示文稿,充当小老师,给大家展示,做小讲座。

### 3. 自然角

"你的种子发芽了吗?"在班级的自然角里,有那么一个秘密基地。孩子们可以增加知识,提高观察能力,增强实践能力。孩子们带上适合在教室里生长的盆栽植物,用铁锹挖洞,用小铲子除草,监测植物生长的细节,等等。

在这项工作中,孩子们不仅要学习工具的使用,还要考察土壤和植物生长的特点,在老师的指导下,孩子们灌溉、支架子、施肥、松土,让植物长得更好,长得更加茂盛。同时,孩子们拥有了灵活的双手,培养了热爱劳动的品质。

在自然的角落里,记录着孩子们和植物共同成长的故事。这个小世界不仅拓展了孩子们的视野,也帮助他们养成了热爱劳动和观察的好习惯。

【未来教室】

在学校的四楼有个特别的未来教室。它与上文中传统的教室有所不同,告别传统的黑板、粉笔,取而代之的讲台是一大块交互式电子白板和一个大号的智能触摸屏,墙上还有四块中等大小的智能触摸屏。学生的座位也不再是常见的固定桌椅,而是蓝色的可移动小桌,学生可随时根据学习讨论情况,任意改变桌椅的摆放位置。

未来教室是一个集智慧性、人文性和多元性于一体的教室,是支持儿童差异性学习的绝佳场所。

**1. 未来教室是联通世界、无限空间的智慧性教室**

信息化2.0的时代早已来临,信息化和教育的进一步融合已经势不可当。未来教室已经不再是一个物理空间,更是与浩瀚的网络空间直通的"教室",是智慧的学习环境。它在数字化技术和互联网的支持下,打破了时间和空间的束缚,延伸至远方。

先进的软硬件设备是未来教室的"标配"。交互式电子白板和互动大屏是未来教室必备的教学设备。教师可以通过电子白板将不同媒体资源进行整合和创造,创设出丰富、立体的学习情境。自主、合作、探究学习是学生们在这个空间里进行学习的主要方式。

借助移动终端和无线网络,学生上课可以做到人手一个移动终端,每一间教室都可以连接上高速网络,教与学的方式早已颠覆。通过网络,师生之间、生生之间时时互动;在便捷的交互功能支持下,学生可以把学习成果投射到电子白板或互动大屏上,教师可以随时开展在线测评,了解并掌握学生思维的过程。

浩如烟海的网络学习资源将随手可摘。在课堂教学中,在教师的指导下,学生可以使用移动终端,学习资源通过无线网络可随时从云端里获取,这将成为未来教室里

学习的新常态。

**2. 未来教室是以人为本、关怀包容的人文性教室**

未来教室每个空间的设计和再造都体现以人为本的设计,都体现了支持儿童差异性学习的特征。符合学习者的需求,丰富孩子们的学习环境,提升学生的学习舒适度。例如,学生的课桌椅根据不同学生的身高体重的差异,可调节高度,可旋转拼接,让每一个学生都找到最舒适的感觉;可调控教室内的光线、温度等,使学生在潜意识中产生积极、舒适、安全、愉悦的体验,激发学习的热情。

未来教室更加强调平等理念。教师的身份进一步改变,成为学习的支持者、引导者和组织者,师生之间关系融洽,相互尊重。教师上课时可以自由走动到学生中间,可以走到每一个学生的身边,从而拉近师生的距离。小组合作学习已成为常态,学生在自主、合作学习中营造出轻松活跃的学习交流氛围。

**3. 未来教室是崇尚创新、尊重差异的多元性教室**

未来教室提供不同的学习途径。课堂上可以共享不同的学习区域,以适应不同的学习情境,支持不同类型的学习,如个人学习、自主学习、研究性学习、合作学习等。

创新往往是在高度集中和放松的环境下产生的,而友好、自由、愉快的交流更容易产生新的灵感和创造力。未来教室里的桌椅不是固定的,它们有可以移动和灵活安装的轮子,可根据不同的教学需要,灵活、快速地进行结构调整和组合。

未来教室的墙上有一些投影屏幕。学生的学习成果可以及时、持续地在屏幕上充分展示,这可以提高学生的积极性和创造性。

(二)关系空间的建设和创新

班级中形成的人际关系,比如师生关系、家校关系、生生关系等是班级关系空间的主要成分。那么如何在支持儿童差异性学习的基础上,进一步推动师生关系、家校关系和生生关系?

除了原有的QQ、微信、"和教育"、"焦点智慧"校园平台和企业微信"鼓楼e学校南京市滨江小学"的创建已渗透和融合到校园空间、班级空间的建设里,成为关系空间建设的助推器。

【"焦点智慧"校园平台】

我校与软件公司共同开发了"焦点智慧"校园平台,借助互联网、云平台、大数据,构建"智慧校园"、"智慧班级"。

全校每个班级教室前都安装了智慧触摸屏——电子班牌,在这个班牌里展示着个性的"班级空间"。学生可以通过"班级空间"发表自己的作品、感想以及给老师和同学们的"留言"。家长能通过各班的"班级空间"了解班级,能更好、更多地去了解自己的孩子。教师则可以通过"班级空间"的建立和管理来丰富学生的视野,及时地了解本班学生的学习情况,加强学生对现代化信息技术的学习和掌握。

### 1. 电子班牌是展示学生个性的舞台

在电子班牌"班级空间"里,空间的内容有相册、动态、资源、留言等模块。在个人空间通过这些作品的展示,不仅充分彰显了学生的个性和才华,还实现了学生相互间的深刻了解,从而拥有了自信,此外,班级空间也为他们记录下了成长过程中的足迹。

### 2. 电子班牌是班级的精神家园

电子班牌建设以来,各班师生在这里畅所欲言,有班级荣誉事件,有班规班纪,有对老师或同学中肯的意见或建议,有欢乐的分享和苦恼的倾诉,有相互鼓励和赞扬。学生只要有时间,随时随地都能来这里看看、划划屏,每个人都能在这里感受到老师和同学们的热情,感受到这个班级蓬勃向上的朝气。

【企业微信"鼓楼 e 学校 南京市滨江小学"】

如果说"智慧班级"的创建促进了师生关系、生生关系的融合,那么企业微信"鼓楼 e 学校 南京市滨江小学"的建设更为家校关系的建设添砖加瓦。

在企业微信"鼓楼 e 学校 南京市滨江小学"的企业号里,每个班都可以创建一个班级群,家长无须下载企业微信就可以直接用微信登录该群。"后疫情时代",健康上报、班级作业、班级通知、上课直播、鼓 e 消息、鼓 e 防疫等模块均可在群内完成,及时回馈和统计分析。家校联系克服了时间和空间的局限性,教师发布学校或班级通知的信息更加方便快捷,回收信息也更加智能化。同时,家长与家长之间也可以相互交流教育心得,在交流中学习到宝贵的教育理念和经验,切实提高家庭教育水平。

企业微信"鼓楼 e 学校 南京市滨江小学"丰富了班级关系空间的多元性,家校关系、亲子关系、同伴关系的互动更加活跃。

(三)文化空间的建设和创新

文化空间也称为"班级文化"。班级文化是一个班级成员共有的信念、价值观、态度的复合体,包括班级精神、班级制度、行为表现等。

在支持儿童差异性学习的理念号召下,每个班的班主任找到丰富班级文化建设的切入点和生长点,通过可实施的行动策略促进班级文化建设。

**1. 班级的精神文化巩固**

没有精神文化,班级文化就没有魂,即使活动看上去热闹,也不能对学生成长和班级发展起到实际意义上的推动作用。班级的精神文化可以是丰富的、多样的,是班级共同价值观和愿景的体现。

在这次全民抗击新冠疫情的过程中,涌现出那么多看似平凡实则非凡的人物,无论是专业领域中的院士、专门岗位上的医护人员,还是坚守岗位的后勤人员、冒险工作的快递小哥以及克服万难的志愿者,他们的作为诠释了"爱国、敬业、诚信、友善"这八字精神,这是开展班级精神文化建设的最好实例、最佳取材。我校班主任引导学生在精神领域有所提升。"给×××的一封信"、"一次主题班会"、"一场颁奖仪式"等形式的活动,都承载了这一精神文化建设目标,班级生活具有仪式感,学生有归属感,增强了班集体的凝聚力。

成熟的儿童观、真挚的教育情怀以及人格精神的感召力是影响班级精神文化建设的人为因素,其中教师人格精神的影响格外显著,并且在班级里具有榜样和示范的作用。"尊重生命、关爱他人"是这一阶段教育需要特别传递给学生的理念,成为这一阶段班级精神文化建设的一个焦点。班主任引导学生以多种形式关爱家人、关爱班级同学、关爱特殊人群(疫区民众、弱势群体)等,这些都会在年轻的心灵中种下友善的种子。

### 2. 班级的制度文化完善

班级制度文化是指在正确的教育观念指导下,师生共同制定并完善,有班级特色,能对师生的行为产生正向影响的制度体系。这一体系大体可分为管理制度和评价制度两个部分,管理制度的教育目的在于培养学生的民主意识、责任意识、规则意识、秩序意识;评价制度的教育目的则在于激发学生的主动性、自觉性、上进心。

班级制度文化中的管理制度,如班队组织、值日生制度、班会制度等要务实。例如,班队组织如何发挥学生的领导力,班级特有比赛活动如何发挥激励个人、凝聚集体的价值作用。我们的班主任提前谋划,发挥学生的才智与想象力,构建新的制度文化形式,力求"事事有人,人人有事;时时有章,章章有时"。

班级评价制度涉及日常表现评价、学习评价、学生小岗位评价、综合评价、主题活动评价等内容,通常以表彰事件和表扬人物的形式来呈现。"智慧班级"电子班牌是评价呈现的好场所,班级教室里墙上的奖状以及每个班队手册的"好人好事"板块里也记录着每一个孩子的优秀德行。

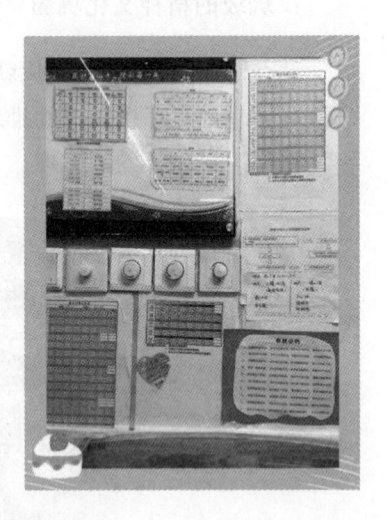

无论是作为学生学习和生活的班级物理空间,还是作为师生、生生交往的班级关系空间,抑或是体现班级精神和制度的文化空间,只有基于学生自身发展的需要,即尊重学生自尊的发展、自由的发展和自主的发展,才能成为有利于学生的"好"的班级空间,成为支持儿童差异性学习的"桃花源"。

(本节撰写:朱丹)

## 第二节 校园空间的重构

校园学习空间涵盖了校园文化空间和校园环境空间两大部分。校园文化,是指学校组织长期以来所形成并信守的精神理念和组织及其主体成员共同的行为方式与物化形态。在很长时间的实践中,我校形成了"进班就读书"的书香校园文化和管乐育人文化。校园环境有广义和狭义之分。广义的校园环境指学校所处的社会生态,而这里所说的校园环境取其狭义,特指校园内物化的、诉诸视觉和听觉的软硬件设施及其所营造的氛围。我校着力营造以"文明校园、园林校园、书香校园、智慧校园"为特色,探索全方位、多角度、立体化培养学生创新精神和实践能力的有效途径,全力打造人才培养高地。学生在浓郁的校园文化、人文关怀和文明风尚熏陶下,健康快乐地成长。

校园学习空间的重构意味着学校有了创新与发展的灵魂,使学校充满了创新的活力,进而提升学校的品质,提高教育教学质量。

## 一、校园文化空间的重构

(一)进班就读书

学校从教育理念、习惯养成、自我管理、教师研训等方面进行分析和思考,建立"进班就读书"项目课程开发和实施的机制,由班主任具体负责执行,学科教师予以配合。具体包括三个方面:

**1. 积极营造读书氛围,组织管理好"金色晨读",以国学沐浴学生身心**

结合我校学生到校普遍较早的实际情况,学校决定将学生到校直到8:20这段时间定为"金色晨读"之"自主晨读时间",并规定:

(1)"金色晨读"内容分为"必读内容"和"选读内容","必读内容"为《小学古诗文诵读75首》,低年段"选读内容"可以为《三字经》、《百家姓》、《千字文》,中高年段"选读内容"可以为《笠翁对韵》、《弟子规》、《增广贤文》、《论语》等。学生可以根据自己的喜好选择读书内容,更好地支持了儿童的差异性学习。

(2)"金色晨读"诵读要求:语文教师要引导学生理解诗词意境,了解创作背景,感悟诗词内涵,体会诗人的思想情感,引导学生读出情感、读出形象、读出节奏。

**2. 营造情境,助学"快乐 ABC",每个年级主题化、特色化,开发相应的课程**

为了进一步丰富英语学习生活,拓展知识面,同时培养良好的英语自学习惯,体验学习英语的无限快乐,将周一至周五12:20—12:40这段时间定为"快乐 ABC"英语自学时间。在广泛征集学生意见的基础上,初步安排《英语午间"快乐 ABC"活动方案(试行)》。

英语午间"快乐 ABC"活动方案(试行)

| 时间 | 活动 | 目的 | 准备工作 |
| --- | --- | --- | --- |
| Monday | Reading Time（课内） | 熟读书本内每个环节,尤其关注语音、诗歌等模板,巩固课内知识 | 英语书 |
| Tuesday | Song Time | 聆听、歌唱课内外英文歌曲,训练语感,增添词汇量 | |
| Wednesday | Reading Time（课外） | 阅读课外书籍,拓展知识面,体验阅读的快乐 | 英文绘本、英文阅读书籍、新概念、3L、英文报纸《时代报》…… |
| Thursday | Writing Time | 钢笔(签字笔)书写训练,为五年级钢笔书写奠定基础 | 蓝黑钢笔(签字笔) |
| Friday | Film Time | 观看英语原声卡通片,寓教于乐 | |

**3. 引领儿童"自主阅读",涵泳经典**

自主阅读是指根据自己的爱好积极地选择要阅读的书目,一般这类阅读属于参考阅读或者选择阅读。它是一种独立的,进行批评性思考,做出决定并能实施独立行为的能力。

新课标下的阅读教学就是要让学生主动与文章作者形成对话、交流的关系,以引起共鸣,产生感悟,从而达到阅读活动真正的目的,即考虑教材与学生的因素,鼓励学生进行自主阅读。学生自主阅读的内容包括:学校根据学生特点,推荐经典书目;教师结合教材,推荐拓展书目;学生根据兴趣爱好,选择优秀书目。

(二) 学校的管乐文化

南京市滨江小学小江豚管乐团成立于 1995 年,秉承了"灵动每一个、精彩每一天"的优良校训,坚持不懈地致力于搭建适合学生全面发展的平台。面向全校学生,通过艺术教学和丰富多彩的艺术活动,推进校园文化建设。26 年的发展历程,凝聚了几任校长与乐团老师的心血和汗水;26 年的奋斗过程,诠释着艺术教育的责任和使命;26 年的快乐征程,满载着孩子们的希望和荣耀。

小江豚管乐团坚持"以人为本,全面发展"的办团理念,规范管理、科学训练、多元发展、成就梦想,取得了丰硕的成果。乐团老师不仅关注学生专业能力的提升,还时刻关注乐团队员的思想动态,积极与学生、家长进行沟通,注重学生良好行为习惯养成和良好个性品德培养,努力提高学生的是非观、意志力、鉴赏力、创造性、协调性和责任感,努力培养学生独立、完整、高尚的人格。我们对管乐团学生的学业水平也进行跟踪,近年来,无论是在校内,还是在全区,这些孩子的文化学习成绩都处在前列。

学校非常重视管乐团的梯队建设,本着"公正、公开、公平"的原则,在三年级全体学生中,吸收 50 位在音乐上具有较好领悟力,而且对音乐艺术有着浓厚兴趣,并得到家人大力支持的优秀学生进入乐队。然后,根据学生的特长、优势、能力和水平,为学生分配乐器,实行班主任责任制。在三年级开始学习管乐知识,在四年级开始进行乐器专项训练,这样确保了管乐团学生队伍建设的可持续发展。目前,在校管乐团成员有 200 多人。

学校通过举办各声部的汇报会、交流会,邀请家长参加开放性的专业课,参加乐团音乐会等途径,使家长了解乐团的管理以及专业老师训练的要求,打消顾虑,全力帮助乐团督促学生做好日常练习,提高专业水平。

日常坚持不懈和严格细致训练,小江豚管乐团凭借着精湛的演奏、蓬勃的活力和完美出色的展示,赢得了各级领导、专家、同行的一致好评,并拥有了参加各级各类比赛、示范、表演、展示的宝贵机会,屡获佳绩(图1、图2)。

图 1　　　　　　　　　　图 2

学校不断加强校园文化的建设,努力营造优美的艺术氛围,通过演绎优秀的管乐艺术作品,让校园处处跳动"优美"行为习惯的音符,实现了"以优秀的作品鼓舞人"。

## 二、校园环境空间的重构

(一)园林式校园

我校着力营造园林校园特色,走进学校,迎面而来的是一块灵石(图3),外形酷似江豚,上面密布暗纹,犹如江豚在波涛汹涌的江水中自由地滑行。石上刻有"灵动"两字,犹如高山流水,行云流畅,赋予灵石以生命力,预示着我校"灵动每一个　精彩每一天"的办学理念。教学楼与巨石组成一幅开阔、恢宏的图卷,表现了学校开放大度的气魄、灵动活泼的形象。

走进校园的小花园,小径两边散落着木棉花、合欢花、栀子花等(图4)。清风徐来,暗香浮动。唐代杜甫有诗《客至》云:"花径不曾缘客扫,蓬门今始为君开。"表现诗人诚朴的性格和喜客的心情。闲暇时光,师生们会在这条花径流连。取此名正表达滨小人开放的胸襟、谦虚的品格和优雅的情趣。"日出江花红胜火,春来江水绿如蓝。能不忆江南?"江花亭掩于绿树碧草中,红翠相映成趣。名曰"江花",是希望学校能成为长江之滨的一朵奇葩。亭周花柳繁华,四季如画。春发万紫千红,香韵清甜;夏长藤茵萝蔓,蕃秀华实;秋容月桂波香,枫叶如丹;冬藏暗香浮动,松竹相伴。亭中的竹椅供人小憩,希望在此能让众多学生有所顿悟,有如白居易般写出优美诗篇,抒发情怀(图5)。

图3

图4

图5

图6

教学楼与廻廊之间,山石玲珑,假山层叠,绿树环抱半亩方塘(图6)。"半亩方塘一鉴开,天光云影共徘徊。"池面灵秀自然,池水清澈见底,三石突出水面,莲花浮于水上,每至初夏,莲花点点,异常美丽。湖中鲤鱼几十余尾,红黄白橙,各色掺杂,是谓锦鲤。鱼儿自由嬉戏,怡然自得的心境油然而生。倚栏闲憩,池中红鲤戏莲,生机盎然。学生自有一番情趣,在此喂鱼赏景,好不惬意。"问渠那得清如许?为有源头活水来。"假山上的流水为这半亩方塘提供了清澈的活水,也预示着学校的办学将源远流长。

在学校一角还有古人读书雕塑景观（图7）——子衿吟韵。你瞧，这位读书人手捧竹简，朗声而读。琅琅书声似乎伴随着清风，响彻校园。滨小的莘莘学子，畅游书海，志存高远，厚德载物。在教学楼的另一角，塑造了一位热爱音乐的小女孩（图8），此时，她正独坐在教学楼的一个角落，静静地吹奏着黑管，沉浸在音乐的世界里。欣赏着这尊雕塑，世界仿佛变得宁静了，天地间似乎只剩下悠悠的天籁之音。

图 7

图 8

（二）书香式校园

阅读是获取知识、提高文化软实力的重要途径，是一切学习能力的核心和基础。研究表明，儿童对阅读的兴趣不是与生俱来、自然发生的，需要培养与指导。阅读是一种坚持，更是一种文化。为了满足小学生的阅读需求，帮助学生增广见闻、开阔视野，我校着力营造书香校园，建立了开放的阳光小书屋（图9、图10）。这两处阳光小书屋是富有童趣的公共阅读区域，公共阅读区的小书柜里摆放了各种经典绘本，小书屋的座位高度是根据孩子们的身高设计的，在课间休息时，学生可以根据自己的喜好，选择适合的图书阅读，满足了不同孩子的需求。在校园的各个角落处处可以看见绘本的影子，营造了良好的读书环境，以此来激发孩子的阅读兴趣。

图 9

图 10

221

### (三)智慧型校园

**1. 学校智慧校园建设的目标与策略**

从2005年的"笔记本班"实验学校,到2014年的"移动学习"实验学校,到今天的智慧校园示范校,信息化建设一直是我们坚持和坚守的一个战略目标。如今我校已经成为南京市第一批智慧校园示范学校。我们把智慧校园建设的中长期发展目标定位在:坚持"灵动每一个"的办学理念,充分利用现代科技发展带给我们的机遇,更加便捷、更加高效地利用现代技术,革新传统课堂和学习方式,创新教育理念,支持儿童的差异性教学,营造人人可学、时时可学、处处可学的智慧环境,努力实现真正意义上的"减负增效",让全体师生更加智慧灵动地成长为具有未来视野的现代化合格公民。

**2. 信息化技术引领校本课程研发**

一直以来,学校高度重视智慧校园建设及信息化发展,并立足于数字化学习等项目的研究,利用平板电脑、答题器、智能手环、虚拟现实、自助阅读等先进的信息技术产品以及配套的软件平台,引领常态课堂变革,注重三个转化,即课件向注重学件转化,以经验定教向以学定教转化,从讲授向分享转化;实现儿童学习的三个变化,即实现更大范围的合作式学习,实现更多选择的自主式学习,实现更深程度的探究式学习;融合信息技术,深入推进课堂结构变革,建构了滨小特色的支持儿童差异性学习的教学范式。

在智慧校园的建设过程中,我校建成了一批基于智慧技术应用的多功能教室。这些教室既用于信息技术、科学、音乐、美术等学科教师开展日常教学,同时也是学生课后社团活动的场所。目前,滨小已经组建或成立了数字音乐创作社团、数字绘画社团、乐高机器人社团、科学创客社团、校园电视台、田径社团等多个利用信息化装备开展活动的学生社团,加速了我校校本实践体验课程的研发,使学校艺术、科技、体育等教育不断凸显新的生长点,积蓄新的能量,让学校特色发展乘上智慧的翅膀。

**3. 学校特色创新发展初露峥嵘**

多年来,学校有多位领导和教师代表在市、区级各类活动中进行智慧校园建设的汇报及经验分享,许多兄弟学校也纷纷来我校调研学习,在一定范围内形成了影响及示范效应。智慧校园建设为学校特色创新发展提供了有力支撑和广阔路径。

(1)智慧教室建设惠及全体

在推进数字化学习研究并不断获得研究成果的同时,我们也在思考,如何将数字化学习的研究成果向更多班级、更多学生进行普及。目前看,在全校范围内大范围地部署平板电脑时机尚不成熟。所以,我们选择将数字化学习中一些便于快速推广的应用技术单独拿出来,进行全校范围的应用普及,比如大小屏互动技术。在鼓楼区推进"教室多媒体2.0"项目时,我们将大小屏技术融入其中,并用两年的时间在学校进行推广。目前,滨江小学的每一间教室都实现了这样的功能,全校教师已经申请领取了平板电脑,开始了在课堂上的相关应用研究。有些教师还开始尝试让学生携带自己的平板电脑或手机进入课堂,进行BYOD模式的课堂教学研究。此外,我们还利用其他经济成本较低、应用成本也较低的技术,比如课堂答题反馈系统、常态化录播系统等,进一步推进在普通教室内的数字化学习研究。

(2) 一卡通应用走向深度融合

我们认为,结合物联网技术的一卡通应用是智慧校园的重要组成部分。因此,在引入课堂答题反馈系统,给班级学生配备答题器时,我们也计划依托这个终端,将其作为学生的校园一卡通加以应用。目前,所有班级的学生除了可以用答题器进行课堂答题,还可以通过电子班牌查阅个人课堂答题情况。除了这个功能以外,电子班牌上还可以实现家校互动、打卡考勤等应用。

我校的另一种一卡通应用就是智能手环项目。在体育课及田径社团活动中,学生佩戴的智能手环会将心率、运动量等数据通过无线网络传输到平台中,教师就可以及时掌握每个学生的活动状况,从而更有针对性地开展一对一的差异化教学与训练。学生还可以通过刷手环的方式,在智能体质检测仪上检测身高、体重等数据,再登录平台查看。

目前,我们正在努力实现不同终端与系统的融合,并试点诸如自助阅读、电子门禁等更多的应用场景,让一卡通成为学生在学校活动的不可或缺的重要伙伴。

(3) 大数据技术应用研究面向未来

现在,我们已经可以通过平板电脑、答题器、智能手环等终端以及配套的相关平台,采集学生在学校学习、活动的数据。这些数据的采集是未来我们开展大数据研究的基础。我们相信,对于推进打造以差异化教学为核心的"灵动课堂",大数据技术一定是成功的关键。接下来,我们的重要工作就是实现各个应用平台中底层数据的融合,进而开发智慧的大数据分析平台,从而实现精准分析、精准预测、精准推送、精准干预的教育教学需求。

校园是儿童在校学习的场所,通过校园空间的重构,滨江小学力图为儿童的差异性学习提供更好的硬件支持。除了上文提到的硬件环境之外,滨江小学的科技创新中心、数字音乐教室、金陵四村校区的改造都是为儿童提供更好的学习场所,支持儿童更好地学习。

(本节撰写:徐婷)

## 第三节　课程空间的重构

我校以"长江文化"为学校的文化特色，围绕"长江文化"开发了校本教材，实施了以"长江文化"为特色的校本课程。2010年以来，围绕长江文化形成了具有我校特色的校本教材和校本课程，推动了教师和学生的全面发展。

### 一、长江文化课程建构的背景与价值

（一）研究背景

长江流域风光旖旎、文化昌盛、人才荟萃，一直是海内外学术界关注的"热点"之一。随着《话说长江》《再说长江》《长江文化研究库》等成果的推出，长江文化研究越来越引起世人的瞩目。长江文化作为一个时空交织的多层次、多维度的文化复合体，形成了带有普遍性、持久性和相对稳定的文化特质——创新、进取和开放。

我校是一所迈向现代化、优质化、特色化的全日制公办小学。学校坐落于扬子江畔、狮子山下，校园里风景秀丽、环境宜人、设施一流，是理想的学习园地。地处长江之滨之利，我们期待中国第一大河的浩荡风采、浩瀚内涵来陶冶人的浩然气概，并从中发掘文化特质来形成学校的文化特色。"十二五"期间，我校确立"以'长江文化'为特色的校本课程开发的研究"这一课题，符合学校滨江而居的地理特色，符合区域发展的时代要求，符合国家和谐、团结、开放发展的战略需求，具有极大的发掘潜力。整合"长江文化"资源作为校本课程的主题内容，在"长江文化"的研究与利用中本身就是一种创新。

（二）研究价值

我们曾面向全校教师开展了一次学校发展与课题意向的专题调查。教师们大多认为"长江文化"的特色校本课程提出得很好，而且我校以前曾做过"利用长江资源培养学生环保意识"的区级课题，研究是有一定的基础的，但是校本课程仅有名称而欠缺具体内容，需要认真研究、全员参与，以实现校本课程的深入开展。面对"重资料收集呈现，轻教材化轻课程实施"的弊端，我校的课题将偏重于课程开发，重视需求评估、确定目标、组织实施以及评估等环节，为解决学校存在的问题，为学校、教师、学生的发展而服务。

通过长江文化校本课程的建构,既可以建设富有鲜明特色的校园文化,也可以探索建立校本课程体系,获得学校办学新的生长点和发展点,培养教师的创造性思维和创造性教学的能力。通过校本课程的实施,使学生在相应的学习活动中接触"长江文化",获得全面发展、终身发展的新的土壤与动力。

## 二、长江文化课程建构的理论基础

（一）政策依据

原国家教委颁发的《全日制普通高级中学课程计划（试验）》规定,学校应该"合理设置本学校的任选课和活动课"。近年来,课程多样化的趋势进一步加快,此次基础教育课程改革,国家根据教育目标规划课程计划,按照这一计划制定必修课的课程标准,把选修课的决策权交给地方和学校,并颁发了与之相配套的《地方和学校课程开发指南》,旨在建立自上而下和自下而上相结合的管理政策。基础教育课程改革纲要明确提出"实行国家、地方、学校三级课程管理"。按照新课程计划,学校和地方课程占总课时数的10%至12%。这就意味着学校课程将由国家课程、地方课程和学校课程三部分组成。这一决策的实施,将会改变"校校同课程、师师同教案、生生同书本"的局面。

（二）校本课程理论依据

校本课程是学校自主决定的课程,它的开发主体是教师。教师可以与专家合作,但不是专家编写教材,由教师用。教师开发课程的模式是实践—评估—开发,教师在实践中,对自己所面对的情景进行分析,对学生的需要做出评估,确定目标,选择与组织内容,决定实施与评价的方式。目前,校本课程开发的主体是教师小组,而不是单个教师。

（三）教育教学理论依据

校本课程的开发是教育迎接21世纪挑战的一种回应,是实施素质教育对学校提出的必然要求,是学校充分发展办学优势和特色,积极参与国家创新工程,贯彻落实国家的教育方针,促使学生和谐发展继而推动社会的发展,培养和造就"创造新世纪的人"的一项基本建设。目标指向明确、内容多样、课程设置灵活的校本课程能在帮助学生掌握国家课程规定的基础知识、基本技能的同时,引导学生在众多课程的选择中得到个性发展的及时补偿,在选择中发现潜在能力的火花,在选择中培养学生的信息采集和加工的能力,学会学习,使学生在课程的自主选择和个性化知识的掌握过程中形成更多、更广泛的能力，更好地认识学习的价值，塑造健全的人格，学会生存。这些，正是校本课程开发的意义所在。

## 三、长江文化课程建构的目标与项目

### （一）建构目标

形成"长江文化"特色校本课程目标、教材、评价等内容；明确"长江文化"特色校本课程的教育内涵及价值取向；营造以"长江文化"为主线的校园文化特色；强化教师的课程意识、科研意识，培养创造性思维和创造性教学的能力；培养学生初步感知"长江文化"，拓宽视野，积累知识；使低年级学生在阅读中趣味识字，中高年级学生在阅读中加强综合实践活动，进行阅读和思维的训练，给学生情感、态度、价值观以积极影响。

### （二）建构项目

#### 1. "长江文化"的有关文献研究

重点在于了解长江的自然景观与文学作品、民俗风情，进行资源的分析与梳理，发掘其教育内涵及价值取向，如创新、进取和开放的特质，如热爱长江、热爱中华民族的情感，学习长江自强不息、厚德载物的精神品质等，为开发校本课程服务。

#### 2. 学校课程管理实践研究

明确"长江文化"特色校本课程的实施途径，从需求评估、确定目标、组织实施以及评估四个环节入手，形成开发校本课程的体系，明确课程人文性、综合性、开放性等特点。

#### 3. 校本教材内容基本框架研究

利用"长江文化"资源构建校本教材主题单元，初步设计为"背景知识"、"文化聚焦"、"资源链接"、"问题指南"、"作品累积"等环节，部分环节还需要进一步设计细化条目，引导学生从理解、思考、评价、应用、拓展等方面去展开探究活动。

#### 4. 课堂教学实施研究

低年级学生以"长江文化"主题教材进行科学趣味认读活动，中高年级学生开展以"长江文化"为主题的课外阅读活动和综合实践活动。

## 四、长江文化课程建构的课程内容

要开发以"长江文化"为特色的校本课程,首要的任务便是要开发出一套以"长江文化"为特色的校本素材,以此为载体推进校本课程的实施。

### 1. 确立素材基本框架

确立素材基本框架的过程是漫长而艰难的。我们深知素材框架的确立必须慎之又慎。一旦确立,所有的素材编写和后期课程实施都要围绕框架进行,如果后期编写和实施过程中再发现素材框架出现"硬伤",那将对整个课题的研究产生巨大的不利影响。

为此我们请到专家进行指导,经过课题组成员的多轮讨论,最终确立校本素材的框架分为低、中、高三个年段,并且结合学校低年段科学认读、中高年段的课外阅读以及综合实践活动特色,进行内容和结构的不同设计。

表1

| 年段 | 低年段 | 中年段 | 高年段 |
| --- | --- | --- | --- |
| 活动特色 | 科学认读 | 课外阅读为主,辅以综合实践活动 | |
| 素材内容 | 基本沿源头至源尾的顺序,初步认知长江文化 | 基本沿源头至源尾的顺序,认知家乡南京地区的文化特色 | 基本沿源头至源尾的顺序,深入了解长江的特色文化 |
| 素材结构 | **感知与欣赏**(画面入手,简洁优美的导语,富于童趣)<br>**探究与表达**(词语组合,可以附加小诗或古诗,以简单为主)<br>**交流与分享**(结合前文设置几个简单的探究题,进行交流;可以用美文进行亲子阅读) | **背景知识**(简洁优美的导语,200—300字,明确主题)<br>**文化聚焦**(一景一物一人,对此课题的内容精练介绍,图文并茂)<br>**资源链接**(由文化聚焦的内容延展开去,介绍内容可以提供网站、书籍、图片等信息)<br>**拓展实践**(由文化聚焦的内容延展开去,开展综合实践,提供两三个实践项目) | **背景知识**(同中年段)<br>**文化聚焦**(同中年段)<br>**资源链接**(同中年段)<br>**合作探究**(由文化聚焦的内容延展开去,提供一两个探究项目,开展小组合作学习)<br>**拓展实践**(由文化聚焦的内容延展开去,开展综合实践,提供一两个实践项目) |

### 2. 形成校本素材初稿

在校本素材基本框架拟定之后,我们立即投入到校本素材的编写之中。首先拟定了校本素材的编写样稿,之后由课题组领衔,全体教师参与编写工作,并进行分组审核及校对,最终形成了低、中、高三个年段的校本素材。

表2 低年段素材目标及目录

| | |
|---|---|
| 三维目标 | 【知识与技能】<br>1. 科学识字,通过布置校园内识字环境,以识字开花、专题识字等形式,借助校本教材,开展课堂教学生字,增加识字量。<br>2. 教给识字的方法,学生自己查字典识字,善于发现生活中的汉字并且适时向别人请教。<br>3. 诵读韵文,感受语言的优美,培养语感。<br>【过程与方法】<br>1. 通过课程学习,培养学生浓厚的学习兴趣以及良好的学习习惯。<br>2. 通过学生自主搜集资料,整理、剪贴资料,培养学生科学识字的能力。<br>3. 通过互相交流,培养学生的语言表达能力及合作探究能力。<br>4. 通过科学识字,培养学生思考力,进行联想、发散、逆向、创造等思维训练。<br>【情感、态度、价值观】<br>让学生认识、了解长江的自然与环境,产生热爱家乡、热爱自然的思想情操,奠定热爱祖国的思想基础。 |
| 篇章目录 | 第一单元　大江东去<br>1. 江流之源　2. 支流万千　3. 亲近湖泊　4. 上中下游<br>5. 江洲点点　6. 江上往来　7. 水中珍宝　8. 奔向东海<br>第二单元　名山胜景<br>9. 神奇九寨　10. 乐山大佛　11. 三峡余韵　12. 武陵溯源<br>13. 奇秀庐山　14. 黄山四绝　15. 镇江金山　16. 江南名楼<br>第三单元　人文物产<br>17. 高原放歌　18. 古蜀沉浮　19. 水墨徽州　20. 石城风韵<br>21. 秀美扬州　22. 曲水姑苏　23. 周庄古镇　24. 时速上海<br>第四单元　文学精粹<br>25.《长江之歌》　26. 诗话长江　27. 词话长江　28. 民歌民谣<br>29. 成语探秘　30. 俗语集锦　31. 动人传说(一)　32. 动人传说(二) |

表3 中年段素材目标及目录

| | |
|---|---|
| 三维目标 | 【知识与技能】<br>1. 以长江流域的自然风光、地理地貌、风土人情、文化文明等方面的介绍为统领,以南京及周边的介绍为抓手,了解长江流域基本概况,熟悉家乡南京及周边的地理、自然蕴藏、民俗和文化艺术以及科技等,掌握与长江有关的著名景点、物产及文化遗存等。<br>2. 通过阅读,培养学生的阅读、理解能力,拓宽积累美词佳句的渠道,积累作文素材。<br>3. 通过实地考察探究,培养学生的探究能力,掌握一般科学探究的方法。<br>4. 通过课外知识链接的拓展阅读,培养学生搜集、整理信息的能力。<br>【过程与方法】<br>1. 以课堂教学为主阵地,指导阅读校本教材。<br>2. 以课外延伸搜索、阅读、考察、访问、实践活动为辅助,强化阅读,开拓视野。<br>3. 感知与实践相结合,课内和课外相结合,阅读和写作相结合。<br>【情感、态度、价值观】<br>1. 通过阅读及活动,培养学生热爱祖国、热爱家乡的思想感情。<br>2. 通过阅读及活动,培养学生喜爱语文、乐于吟诵经典诗词曲赋的习惯,感受长江文化中金陵文化的博大精深。<br>3. 通过课外的综合实践探究活动,培养学生实事求是的科学精神,增强保护环境、和谐共享的生态意识,并转化为绿色环保人人有责、人人尽责的实际行动。 |

(续表)

| | |
|---|---|
| 篇章目录 | 第一单元　自然风光<br>1. 大江风貌　2. 万种风情　3. 玄武烟柳　4. 莫愁风月<br>5. 巍巍钟山　6. 梅花世界　7. 牛首春景　8. 丹枫似火<br>9. 石燕凌波<br>第二单元　名胜古迹<br>10. 石刻艺术　11. 历史见证　12. 陵寝文化　13. 民国建筑<br>14. 博物馆和纪念馆<br>第三单元　金陵人杰<br>15. 科学巨匠　16. 文化大师　17. 教育名家　18. 政治人物<br>19. 革命志士<br>第四单元　金陵墨香<br>20. 金陵诗词　21. 金陵书画　22. 金陵美文<br>第五单元　金陵拾趣<br>23. 方言俗语　24. 地名溯源　25. 民俗风情　26. 金陵美食<br>27. 石城物产　28. 百年老字号　29. 金陵掌故<br>第六单元　都市风采<br>30. 市民广场　31. 商业中心　32. 四通八达 |

**表4　高年段素材目标及目录**

| | |
|---|---|
| 三维目标 | 【知识与技能】<br>1. 了解长江流域主要的自然风光、历史典故和自然蕴藏。<br>2. 了解下关的风景名胜和历史变迁。<br>3. 了解长江流域主要的古城风貌和民俗风情，感悟巴蜀文化、荆楚文化、徽皖文化和吴越文化的特点。<br>4. 了解长江流域主要的文化流传以及名人轶事，感悟长江文化的魅力。<br>【过程与方法】<br>1. 在了解长江流域主要知识的过程中，培养学生的阅读能力、归纳概括能力。<br>2. 在拓展长江文化的相关知识的过程中，发展学生的推理能力和想象能力。<br>3. 在课外积累与操作中，发展学生的动手实践能力和多学科的整合能力。<br>【情感、态度、价值观】<br>1. 通过校本课程的阅读，丰富学生的视野，提升学生对长江文化的认识，激发学生热爱校园、热爱长江、热爱祖国的美好情感。<br>2. 以优秀的长江文化浸润并引领促进学生成长，学习长江虚怀若谷、胸襟博大的情怀；学习长江百折不回、勇往直前的精神。<br>3. 通过课外合作的实践活动，发展学生的个性，培养合作意识，使学生在合作中获得和谐共处的愉悦感。<br>4. 通过校本课程的阅读与积累，培养小学生的主人翁意识，为建设美好的祖国勤奋学习，立志成为一名传播并发扬长江文化的小主人。 |
| 篇章目录 | 第一单元　风景如画<br>1. 青山依旧　2. 一江春水　3. 湖光潋滟　4. 九寨天堂<br>第二单元　历史遗迹<br>5. 大佛东渐　6. 赤壁怀古　7. 水利鼻祖 |

(续表)

| |
|---|
| 第三单元　钟灵毓秀<br>8. 动物大观　9. 非常植物　10. 地下宝藏<br>第四单元　悠悠下关<br>11. 幕燕风情　12. 西站记忆　13. 凭楼临风　14. 历史名片<br>第五单元　古城余韵<br>15. 沧桑重庆　16. 荆州览古　17. 九省通衢　18. 烟花扬州<br>19. 曲水姑苏　20. 成都漫步　21. 上海掠影<br>第六单元　民俗风情<br>22. 强悍巴蜀　23. 顽勇荆楚　24. 通达徽皖　25. 精致吴越<br>第七单元　艺文风采<br>26. 诗话江魂　27. 水墨江韵　28. 长江曲乐<br>第八单元　千古绝唱<br>29. 异代知音　30. 双星辉映　31. 江畔"刘白"　32. 水波不兴 |

### 3. 完成校本素材编写

在完成了校本素材初稿之后,又先后两次对校本素材的内容进行了大规模的修订,先后形成黑白简易版纸质校本素材和彩印版纸质校本素材,同时形成配套的电子素材。

至此,我校形成了以"长江文化"为特色的校本素材《小灵娃看长江》系列。低、中、高不同年级的素材既让不同年段的学生从源头至源尾全面了解了长江以及周边的主要风貌、风土人情、历史遗迹,同时又能够兼顾不同年段学生的特点,进行素材结构的区分,便于不同年段学生更好地进行阅读,更有利于在自身年段拓展和长江有关的知识,进行知识的延伸性学习。

素材的形成也让教师的校本课程的实施有了重要的抓手。不同年段教师在进行校本教学的过程中有了重要的教学参考和教学的资源库。教师以此为依托,结合自己的学科特点和自身的教学风格可以进行教学的尝试、实践。不同学科的教师、不同风格的教学给校本课程的实施注入了不同的色彩,充盈着校本课程实施的过程。

### 4.《小灵娃看长江》教学设计集

在形成《小灵娃看长江》的校本素材之后,我们立即开始推进校本课程的实施工作,以课堂为阵地进行校本课程的课堂教学实践研究,在研究过程中产生了一些优秀的研究课例。

研究初期,我们在低、中、高年段分别选取了3节课进行尝试和推广。在低年段衡璇老师的《动人传说》一课中,导入部分从"长江文化"的主题特色切入,在低年级语文教学中渗透"科学识字"词串的教学,在课堂上让学生进行了充分的交流与分享。

中年段徐洁琼老师执教《秋韵正浓》，学生利用信息化手段在前期进行充分的调查，在课堂上分组进行了呈现和分享。高年段的陈天老师执教《烟花扬州》一课，整节课以老师在幕后、学生在台前的形式展开，分为"名胜回顾"、"古诗赏析"、"美食品鉴"、"剪纸实践"四个环节。小主持人带着全班同学回顾了从教材中认识到的扬州文化精髓，对有关扬州的经典诗句进行赏析，再集体品鉴了老师带来的扬州茶点，学着用扬州话夸赞一番；最后同学们了解了扬州的剪纸技艺，当堂设计、剪出了美丽的蝴蝶，并进行展示、解说。

从三节课的尝试和开展中，我们感悟到校本课程的研发可以更明显地改变我们的课堂，改变教师的教学方式和学生的学习手段以及学习方式。由于校本教材更多地起到一个"资源库"的作用，所以教师在教学中更多地是在使用教材，而不是在教教材。除了教材上呈现的一些内容之外，三位教师不约而同地引导和激发孩子在课前收集了大量的资料，在课上进行精彩的分享。教师在校本课程的实施过程中更加愿意把讲台"让"给学生，这正与义务教育课程改革的理念相吻合。

除了教师的教学方式发生改变之外，学生的学习手段和学习方式也在发生着改变。学生在进行资源整合的过程中主动地运用信息化手段，iPad的使用、PPT的制作、图片的处理等技能都有了明显的改变。在课堂教学过程中，学生更加偏向于进行小组的汇报、分享和合作。这些变化是课题研究的瑰宝，是研发校本课程过程中逐渐明晰的改变。

有了教研的支撑，我们在全校范围内进行了校本课程实施的推广。将校本课程的实施渗透到每一门学科、每一个老师的教学中。要求教师在教学中使用校本素材，激励教师主动申请校本课程实施研究的教研课，并且通过教师对教学设计的使用丰富教学设计的内容。教师将自己在实践过程中的想法、感悟通过"二次备课"的形式书写出来，为教学设计的不断完善提供了向前的动力。

## 五、长江文化课程对支持儿童差异性学习的意义

（一）提供一个探索长江文化的机会

滨江小学地处长江之滨，长江文化是这所学校地理位置所赋予的文化财富之一。支持儿童的差异性学习重在重构学生的认知经验，使学生的认知经验在小学六年的生涯中得到更好的增长。作为处在长江之滨的滨江小学学生，在已有的认知经验中少不了对长江文化的认知。

长江文化课程的建立使得滨江小学学生有了重构长江文化认知经验的机会。课程根据学生的特点分为低、中、高三个年段，分别支持低、中、高年段学生的认知特点。

经验重构：支持儿童差异性学习的创新探索

在低年段将长江文化更多地和字词的认知相结合；在中年段将长江文化更多地和阅读相结合；在高年段将长江文化更多地和实践活动相结合。这样的课程一方面有利于循序渐进地了解长江文化，另一方面也有利于支持儿童主动探寻长江文化。和课外阅读相结合，可以使学生对长江文化有更加全面的了解。

（二）搭建一个自主学习知识的平台

长江文化课程以长江文化知识为载体，注重的是拓展学生的自主学习能力。在低年段和中年段，对于长江文化的学习蕴含在语文、美术学科中，学生通过对字词的认识学习长江文化，在学习的过程中学生可以制作字词卡片；中年段的学生可以通过图文并茂的方式积累自己对长江文化的学习和了解，学生呈现出丰富多彩的作品。

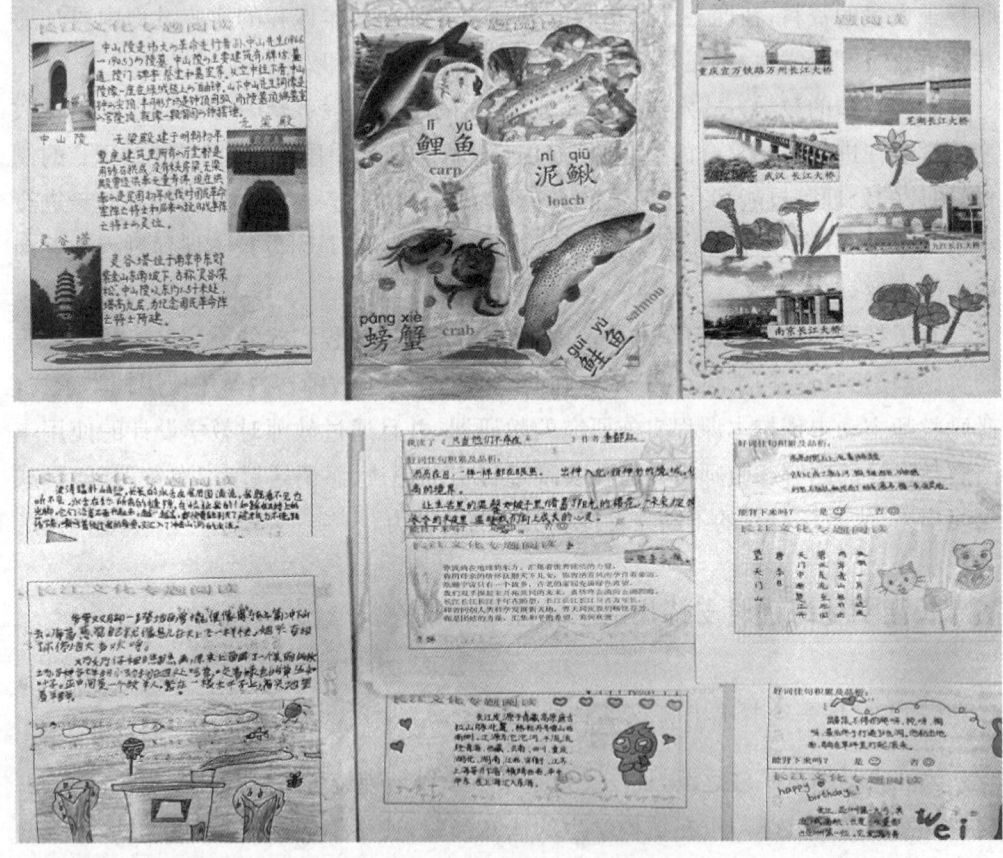

高年段长江文化课程的学习更多地和综合实践课程相结合，发挥高年段学生自主学习和实践的能力，通过走访、调查、检索等方式了解长江文化的有关知识。在作业呈现方面，长江文化课程带来的更多是多样性的练习展示；在课堂教学方面，长江文化课程呈现出的更多是开放性的对话状态。

(三) 建立一个学校长江文化的品牌

一个学校的文化是支持儿童差异性学习的最好平台。在学校文化的平台上,学生的学习必然是多彩多样、精彩纷呈的。对于滨江小学而言,建立长江文化课程既是支持儿童差异性学习的需要,也是这所学校必然要肩负的使命。

以长江文化作为学校文化之一,让滨江小学的学生进一步打开了学习的眼界,进一步开阔了学习的空间,进一步提升了学习的品位。同时,长江文化课程也给长江之滨的滨江小学带来了更多的灵气,让灵动教育有了更深的内涵。

(本节整理:武昆)

# 第九章　滨江小学云课堂

## 云课堂概述

滨江小学云课堂是一个支持儿童差异性学习的常态课堂教学范式,以微课、问答、评价为主要功能,以知识点为脉络贯穿相连,以学生的学习体验和效果为目标,利用移动学习、数据采集等技术,追求体验、追求实用,为学生和老师带来不一样的学习体验。

滨江小学云课堂立足于数字化学习等项目的研究,利用平板电脑、答题器、智能手环、虚拟现实、自助阅读等先进的信息技术产品以及配套的软件平台,引领常态课堂变革,突出鲜明的滨小特色。

相较于传统课堂,滨江小学云课堂注重三个转化,即注重课件向注重学件转化,以经验定教向以学定教转化,从讲授向分享转化;实现儿童学习的三个变化,即实现更大范围的合作式学习,实现更多选择的自主式学习,实现更深程度的探究式学习;融合信息技术,深入推进课堂结构变革,建构了滨小特色的支持儿童差异性学习的常态课堂教学范式。

未来,滨江小学云课堂将通过为老师提供基础的教学服务,以师生的教授关系,构建班级圈、家长圈,形成真实可信、关系明确的网络空间,老师的各类资源在教学中自然积累,学生的学习行为数据自然积累,圈子的动态内容自然积累,构建一个稳定的、自循环的平台,并通过此平台,为学生和家长提供更加精准的、个性化的服务内容,逐步实现从教学范式向智慧化教学生态系统的进化。

## 第一节　云课堂教学平台

智慧校园是为学生、家长、教师、教育工作者提供开放的,可扩展的,可持续服务的校园智慧综合性服务平台。智慧校园"以统一平台为基础,以智慧课堂为核心,以智慧管理为支撑,以教师发展为引擎,以平安校园为保障,以和谐家校为纽带,以优势发展为导向",最终建成促进学生、教师、学校优势均衡发展的智慧校园生态体系。滨江小学自成为南京市第一批"智慧校园"示范校以来,一直致力于智慧校园的建设并得到显著发展。为了适应学生个性发展的需要,建立了滨江小学特色的云课堂教学平台,包括教学专用平板电脑、一卡通智慧卡(答题器)、未来教室、智慧手环等。

## 一、平板电脑

首先,利用平板电脑教学可以激发学生的学习兴趣。平板电脑功能多样,随机抽学生答题、抢答等,极大地调动了学生的参与热情。利用平板电脑可以进行体验式教学,例如傅蓉老师的一节英语课"My snack bar",整节课以如何开一间小吃店为线索,在平板电脑平台的依托下,学生经历了给小吃店起名、摆放食物、设计菜单、定价等步骤,完整的情境让学生充分地体验到开一家小吃店的成就感。

其次,利用平板电脑的软件可以有效地突破重难点。王蓓老师上的音乐课《送别》,充分利用智慧校园的资源,运用平板cool乐队软件进行两个声部的演唱练习,让学生分组合作创编,在课上即时进行合作演奏,数码音乐的介入既增加了课堂的趣味性,又解决了二声部合作的音准问题。在平时的课堂中,教师还可以利用平板的投屏功能,及时将学生的作品上传、分享、交流,让学习更具效率。

最后,通过平板电脑引导学生主动探究,还能及时掌握学生真实的学习情况,从而有针对性地进行指导。平板大小合适的屏幕、多点触控技术、资源的丰富性等优点很好地支持了合作学习,师生、生生之间及时评价,让学生成为课堂的主人,学习过程呈现了支持儿童差异性学习的滨小样态。作为教学移动平台,使教与学不受地域、时间限制,实现随时随地地学习。

## 二、智慧答题器

融合课堂答题功能的一卡通智慧卡——答题器促进了教育信息化与教育教学的深度融合。在课堂中使用答题器使学生能随时参与到课堂学习中,有利于教师及时了解学生的掌握情况,促进学生更好地自主学习,教师可以非常清楚地看到学生学习的进步,对于学习有困难的学生可以精准给予指导与帮助。而"焦点教育"软件后台保存的数据可以供老师们课后进行对比与研究,通过前后数据的对比来了解学生是否达成了预设的教学目标。

比如杨逸帆老师执教的"At weekends",实现了课堂随机数据的实时收集,能精准定位到每个人,摸清学情,实现"智慧+"课堂,切实提高了课堂效率。当然,对于课的选择也是需要考究的,选择适用答题器的课例可以最大限度地显示出它的优势。

## 三、未来教室

未来教室是集成多种现代科学技术的增强型教室，师生可以无时无刻、无所不在、自由地从事教学活动。它创造了一种新型的教学环境，在这种教学环境中，新技术教学设备和数字媒体能够有效地整合，充分发挥师生教与学的主动性和能动性。未来教室以互动为核心，充分发挥各要素的作用，调动课堂教学主体的能动性，构建和谐、自由的教学环境。未来教室系统将是智能系统，其最终目标是实现整个教学环境的智能化。

我们的未来教室最大的特点是实现多屏互动，四个小屏幕可以同时呈现四个学习小组的作品，小组之间可以互相学习、借鉴。前面的大屏可以作为白板用来书写，另一个屏幕可以播放课件，教师也可以利用 iPad 投屏展示。

"十三五"课题中期汇报时朱丹老师展示的是六年级的一节综合实践课《奇妙的绳结》，学生可以打破物理空间的限制，选择"志同道合"的同伴组队研究，还可以通过 iPad 进行小组的投影展示，在硬件技术上为孩子们的学习提供最大的支持，在任务设计上为孩子们的学习提供最大的助力。练习环节，朱老师准备了三种不同的选择菜单，为孩子们提供了更大的学习空间。未来教室中还独具创意地设计了"作品展示区"，让学生的作品得以美好地呈现。

## 四、智慧手环

智能手环是一种穿戴式智能设备，通过智能手环可以记录日常生活中的锻炼、睡眠等实时数据，可以将数据与手机、平板同步，起到通过数据指导健康生活的作用。如何将这一功能用于教学？于是有了将智能手环与体育教学相融合的想法——智慧手环，通过运动手环检测心率，使其达到一个适宜的参考值，其目的是使学生的身体在一个有限的时间内达到持续性的发展；通过智慧手环可以准确地帮助有需要的人，实现定制性辅导。

以肖元山老师的《往返接力跑》为例，过程中通过检测学生的心率，将练习心率控制在 120 次左右，在确保练习强度的前提下，对于体能弱的学生给予更多的指导、体能好的学生给予更多的鼓励。通过教学观察，定制辅导的方式让每个孩子得到更大的进步。

近年来，滨江小学以数字化学习与学科教学深度融合为主题，多次主办或承办市、区级教学研讨与展示活动，展示数字化学习课例数十节次。2015 年，我校成功申报了江苏省现代教育技术课题"基于'移动学习'模式的差异化教学研究"。以该课题研究为抓手,我们积累了一大批教研课、展示课、论文、教学案例、电子书、微课等资源,在各类竞赛和评比中获得省、市、区级奖励40余次。此外,项目研究组中的多名教师还成功申报了市级个人课题,更加深入地开展相关信息化应用的研究。2017年6月2日,在我校承办的南京市数字化学习教学展示活动中,南京市教育局潘东标副局长对我校"云课堂"利用智慧技术手段,实现对学生认知结构重建的先进做法给予了充分的肯定。

2017年10月,我校申报的国家级课题"基于移动互联技术的差异化教学研究"成功立项,各学科都以"云课堂"为载体,普遍开展融合研究,并不断绽放异彩。

总之,我们根据学生的需求,选取合适的信息手段给予学生学习上的支持,关注差异性,让每一位学生都能获得应有的发展。

## 第二节 云课堂教学案例

【实用案例透析】

案例一

### 读懂科普文
——《人类的"老师"》教学设计

胡 珺

【教材分析】

《人类的"老师"》一课采用了总—分—总的写法,主要写人们从动物身上得到启示,发明了很多有益于人类的东西,从而说明了广大生物是人类的好"老师"。

【教学目标】

1. 能借助课文具体的语言材料,了解人类以生物为师的有关事例,弄懂三个主要的例子中人类从生物身上受到了什么启发、解决了什么问题。激发学生主动探索自然的愿望和对科学的热爱之情。

2. 通过"质疑问难,确定目标,再自主学习,交流讨论,合作学习激发情感,拓展延伸"的模式进行教学。了解仿生学在人们日常生活中的应用。

【教学重点】

凭借具体的语言材料,了解人类以生物为师的有关事例,激发学生主动探索自然的愿望和对科学的热爱之情。

【教学难点】

领会文中的"厚斑点"、"流线体"、"薄壳结构"等抽象的科学名词,懂得要发现大自然的奥秘,需要长期观察并思考的道理。

【教学过程】

**一、复习导入(我来展示)**

1. 复习字词,谁来选一选?

2. 今天这节课我们继续读懂科普文,齐读课题。

3. 通过上节课的学习你知道了什么?用这样的句式说一说。

人类从_____得到启示,发明(改进)了_____,可以说_____是人类的老师。

**二、教师引领,了解"飞行设计"秘密**

30年以后,人类在飞行设计上遇到了什么难题?又是怎么向"老师"学习寻求解决方法的呢?

1. 阅读第三小节相关内容,思考。

2. 交流。

(1)(出示蜻蜓的图片)重点认识"厚斑点"。看到"厚斑点",人们会想到些什么呢?

(2)教师补充介绍人类改进飞机的具体策略。

3. 小结:每只蜻蜓的翅膀末端都有一块比周围略重一些的厚斑点,这就是防止翅膀颤抖的关键所在。所以,人类从蜻蜓身上找到了防止机翼因剧烈抖动而破碎的方法,避免了机毁人亡的惨祸,提高了飞机的安全性,可见蜻蜓是——人类的"老师"。

4. 现在,飞机设计师吸取了这一教训,注重研究苍蝇、蚊子、蜜蜂等的飞行特点,又为科技进步作出了哪些贡献呢?(学生回答,指名读句)所以说苍蝇、蚊子等昆虫是——人类的"老师"。

**三、合作学习,共探"轮船设计"和"建筑设计"**

出示要求:

1. 小组内选择"轮船设计"、"建筑设计"中感兴趣的一位"老师",阅读电子书相关内容,按照下图表格,圈画重点词句。

2. 组长组织交流讨论,小组成员在自我感悟的基础上进行组内交流。

| 人类的老师 | 人类得到的启示 | 人类学习的收获 |
| --- | --- | --- |
|  |  |  |

打开 iBooks,小组内挑选感兴趣的一位"老师",阅读电子书相关内容,圈画重点词句,组长组织交流。

汇报交流：

1. 探究轮船设计的秘密

（1）学生汇报，其他小组注意补充。

（2）你知道什么是"流线体"吗？认真品读文字我们就能有所发现。

师适时点拨并现场勾勒鲸的外形，过渡：前圆后尖，表面光滑，略像水滴的形状，这就是"流线体"。具有这种形状的物体在流体中运动时所受到的阻力最小，所以汽车、火车、飞机机身、潜水艇等外形常做成流线体。

（3）现在，如果你是鲸，能向大家介绍下"流线体"吗？

2. 探究建筑设计的秘密

（1）学生汇报，其他小组适当补充。

（2）实验探究：为什么薄薄的鸡蛋壳这么难捏碎呢？

（3）出示句子：

薄薄的鸡蛋壳之所以能承受这么大的压力，是因为它能够把受到的压力均匀地分散到蛋壳的各个部分。

① 指名读。

② 抓住关键词"均匀地分散"、"各个部分"，理解鸡蛋壳的秘密。

（4）你还知道哪些建筑物采用了"薄壳结构"？

（5）欣赏投影出示图片：采用"薄壳结构"的著名建筑还有白宫、悉尼歌剧院等。这样的建筑在我们身边还有很多，课后同学们不妨去了解一下。

（6）齐读第5自然段，小结：人类从蛋壳中得到启发，设计出既轻便又省料的建筑。

**四、运用移动设备，课外拓展延伸**

1. 人类以生物为师的例子仅仅是第3—5自然段中的那几个吗？通过什么可以看出来？（越野车设计、坦克设计、省略号）

2. 你还知道哪些例子呢？（我会拓展）

使用平板，打开百度搜索人类的"老师"还有哪些。通过录制语音或者填写学习单的形式上传至分组讨论区，完成后读一读同学们的发现，给你喜欢的评优！

3. 得分最高的同学交流自己的发现。

4. 课堂总结：大自然多么的奇妙，今天这节课我们认识了这么多的——"老师"，它们生活在海洋里、天空中、草原上……就让我们用一双善于发现的眼睛，以自然界的生物为师，相信在走近自然的同时，一定会得到更多的启示、更多的收获！

**五、课后探究**

1. 给你最喜欢的一位"老师"制作介绍卡。

2. 推荐科普读物《当自然赋予科技灵感》。

**板书设计**

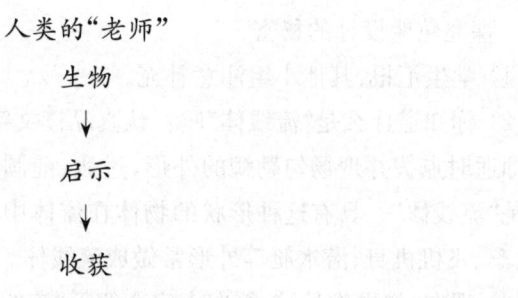

人类的"老师"

生物

↓

启示

↓

收获

**案例二**

## 天游峰的扫路人

徐洁琼

【教学目标】

1. 引导学生正确、流利、有感情地朗读课文,在朗读中品味。

2. 学生在 iBooks 中阅读并批注课文,充分与文本对话。

3. 就人物描写的某一方面进行分组探讨及互动汇报,品味天游峰扫路人热爱大自然和自强不息、豁达开朗的生活态度。

4. 用本课学到的写作方法,观察自己熟悉的一个人,抓住他(她)的外貌特点,用准确生动的词句写一段话。

【教学重点】

就人物描写的某一方面进行分组探讨及互动汇报,品味天游峰扫路人热爱大自然和自强不息、豁达开朗的生活态度。

【教学难点】

用本课学到的写作方法,迁移写话。通过学习平台自主选择阅读、点赞、评价,实现生生、师生互动。

| 教学过程 ||||
|---|---|---|---|
| 教学环节 | 教师活动 | 学生活动 | 技术应用 |
| 一、我能展示 | 课前三分钟:<br>请学生介绍书中的一位小伙伴,猜猜他是谁。 | 学生利用 iPad 介绍书中的一位小伙伴并让全班同学竞猜。 | iPad |
| 二、自我品读 | 1.导入:这节课让我们再次跟随作者走进天游峰,走近这位——天游峰的扫路人。<br>2. 请同学们打开 iBooks,自主阅读,感悟人物品质,可以一边读一边圈画批注,写下自己的感受。 | 学生在 iBooks 中圈画批注,感悟人物品质。 | iBooks<br>批注功能 |

(续表)

| 教学过程 |||| 
|---|---|---|---|
| 教学环节 | 教师活动 | 学生活动 | 技术应用 |
| 三、合作感悟 | 1. 品读课文第 3—12 自然段,思考作者从哪几个方面描写了天游峰的扫路人。小组合作选取其中一方面研读感悟:天游峰的扫路人是个怎样的人?<br>2. 出示合作要求:<br>(1) 组长负责组织组员品读语言文字,讨论交流;<br>(2) 小组成员在自我感悟的基础上进行组内交流;<br>(3) 记录员负责填写学习单。<br>3. 小组讨论交流。<br>4. 全班汇报感悟。<br>5. 师:笑声应该是短暂的,为什么它能一直伴随我回到住地呢?<br>留在作者心里的,除了那爽朗的笑声,还有什么?(充满自信、豁达开朗……)<br>6. 指名分角色朗读。 | 将自己的感悟推到墙面的大屏,组内分享交流。<br>学生结合墙面大屏全班汇报。 | iPad 与教室大屏的多屏互动技术 |
| 四、迁移写作 | 1. 作者游览了武夷山,不仅登上天游峰,饱览了无限风光,而且遇到了一位乐观开朗、工作负责的扫路老人。于是他不禁把自己看到的、听到的、感受到的写了下来,告诉大家。作者是怎么把人物写好的呢?<br>师:作者通过传神的外貌、语言描写,以及穿插其间的动作、神态描写,把一个丰满的扫路人形象展现在我们眼前,本文堪称写人的典范。<br>2. 写作练习:仿照课文的写法,观察自己熟悉的一个人,抓住他(她)的外貌特点,用准确生动的词句写一段话。<br>3. 完成片段后上传学习平台,自主浏览评价。<br>4. 选取关注度最高的作品全班评析。<br>5. 作业设置,内化吸收。<br>(1) 读一读章武的《武夷撑排人》和作家冯骥才的《挑山工》。<br>(2) 以"我……的一个人"为题写一篇作文。 | 学生完成人物片段的描写,通过 iPad 拍照功能上传学习平台,自主浏览、阅读、点赞、评价。 | iPad 拍照学习平台 |

## 案例三

# This is Chicago 教学设计

傅 蓉

【教学目标】

Teaching aims：

By the end of the lesson, the students will be expected to：

1. Learn the city of Chicago

2. Know how to introduce a city

3. Develop reading skills

【教学重点】

Key points of teaching：

1. Learn the city of Chicago

2. Know how to introduce a city

【教学难点】

Difficult points of teaching：

1. Know how to introduce a city

2. Develop reading skills

【教学过程】

Teaching procedures：

1. Pre-reading

(1) Let students know the teaching aims of the lesson

(2) Enjoy a video about China

(3) Free talk

T：What cities can you find from the video?

S：I can find...

T：What do you usually do for the holiday?

S：I usually...

(4) Play a game

T：I usually go travelling for the holiday and I've been to many beautiful cities in China. These cities all have nicknames. Now let's play a game, look and say. If you know the answer, press the button on your answering machine quickly.

S：This is... The city of...

2. While-reading

(1) Brain-storm

T: Nanjing is our hometown. What can you find in Nanjing?

S: I can find...

T: Nanjing is a colourful city. I've found another colourful city in the picture book. What's its name? Can you read?

S: ...

T: Follow me Chicago, chic, Chicago, this is Chicago.

S: ...

T: Today we are going to learn the city of Chicago. What do you know about it?

S: ...

T: Actually, Chicago is the third largest city in the US. It's near the Lake Michigan. Follow me Lake Michigan. We have Xuan Wu Lake in Nanjing, do you think it's big? Lake Michigan is even bigger, its nearly as big as Nanjing, and you can find a famous basketball team, Chicago bulls. Micheal Jordan was in this team. You can also find a lot of burger shops.

Now we know something about Chicago.

T: What else do you want to know? You can ask some questions.

S: Is there...?

S: Dose it...?

(2) Watch and circle

T: Chicago is a city with three nicknames, what are they? Take out your paper, skim the passage in 1 min, skimming can help us understand the main idea of the passage. Now let's skim, go!

S: Big shoulders, Windy city, Bear country.

T: Good job, read after me.

(3) Read and match

T: Now we know the 3 nicknames of Chicago, why does it have its nicknames? This time read by yourself, underline the reason because, if you have any problems with the meaning, you can guess through the content, or ask me and your partner for help.

S: They call it because...

T: Read after me wide, which one is right?

S: ...

T: Yes, this is wide, follow me wide, tall and wide.

T: Windy City. Any Volunteers?

S: ...

T: The last one, Bear Country.

S: ...

T: Read after me: famous. The football in the U.S. is different from the football in the UK or China. The American football is called rugby, it's oval, people hit with hands and kick with feet. Understand?

(4) Read and find

T: Boys and girls, Chicago is a colorful city, anything can happen in Chicago. Read after me happen, anything can happen in Chicago. What does it mean?

S: ...

T: I think it means you can find a lot of things. This time work in two, read the passage and scan the key word "find". We use scanning to locate the details of the passage. It's very important. Now read in two, go.

S: You can find...

(5) Let's read

T: Boys and girls, I am a fan of Chicago. Now please enjoy the city with me. Follow me with feelings and emotions.

(6) Let's show

T: It's your time to read. Work in four, if you choose 1 chapter, you'll get 1 sticker, choose 2 chapters, 2 stickers. If you can read all the passage, you can get 3 stickers.

S: ...

T: How many stickers can they get?

S: ...

3. After-reading

(1) Let's retell

T: So much for your reading. Chicago is a city with 3 nicknames. I have a brochure of it on my We Chat, but it's not complete, let's do it together.

S: ...

T: Key words, pictures and key sentences can help us retell the passage. They're very useful, remember!

(2) Let's make

Today we've learned a lot about Chicago. In fact, there are millions of cities in the world. Every city has its own feature. Which one do you like?

S：…

T：Now work in four，let's make a brochure for your favorite city，then introduce it to us，let's see how many stickers will your group get.But first tell me what aspects can you talk about a city？

S：…

T：What sentences can you use to describe a city？

S：…

T：Now four minutes for you，make your brochure. Go！

T：Time's up，let's enjoy our brochures. Which group can try？

S：…

T：How many stickers can they get？

S：…

T：Now we have 3 brochures here，which one do you like best？Let's vote with your answering machine.

S：…

T：…is more popular. Congratulations. And which group is the winner today？Group… Big hands too！

4. Homework

T：Well time flies，boys and girls don't forget your homework for today.

（1）Share the city of Chicago with families and friends

（2）Go on making the brochure for your favorite city

（3）Finish the self assessment form

**案例四**

## 蹲踞式跳远教学设计

肖元山

| 学习目标 | 1. 通过蹲踞式跳远的学习，提高学生的弹跳能力和跳远的基本技术<br>2. 发展学生的弹跳、协调、灵敏等身体素质，促进身体的正常发育<br>3. 学会学习、学会评价，在尝试中找出最佳的跳远方式 |||||
|---|---|---|---|---|---|
| 水平阶段 | 水平二 | 学习单元 | 跳的单元 | 单元课时 | 2—3 |
| 教学内容 | 跳跃：蹲踞式跳远<br>游戏：看谁爬得快 || 教学重点<br>教学难点 | 单脚起跳双脚落地<br>提膝屈腿、越过一定高度 ||

(续表)

| 程序 | 教学内容 | 教师活动 | 学生活动 | 要求 | 运动负荷 时间 | 运动负荷 次数 | 运动负荷 强度 |
|---|---|---|---|---|---|---|---|
| 一、导入部分 | 一、课堂常规 | 1. 课前准备器材,准备场地<br>2. 师生问好,宣讲本课内容与要求<br>3. 队列队形练习 | 1. 学生集合,快、静、齐<br>2. 体委整队,动作规范<br>3. 明确本节课的内容目标与要求<br>4. 队列队形练习 | 四列横队集中注意 | 30″ | | |
| 二、热身活动 | 1. 热身游戏:抢垫子<br>2. 垫子操 | 1. 教师讲解并示范游戏<br>2. 组织学生游戏<br>3. 带领学生进行垫子操 | 1. 认真听讲、观看示范<br>2. 在欢快的音乐伴奏下,进行热身游戏<br>3. 模仿老师的动作进行练习 | 遵守规则 积极参与 散点 | 3.5′ | 1 | 中 |
| 三、知识与技能学习阶段 | 1. 单跳双落练习<br>2. 蹲踞式跳远 | 1. 教师讲解练习要求,组织学生练习<br>2. 巡回指导<br>3. 教师组织学生观看视频集体学习<br>4. 学生进行自主尝试练习,教师巡回指导<br>5. 教师组织小组拍摄小组练习动作,小组讨论分析动作<br>6. 教师组织学生再次练习,改进动作,教师巡回指导<br>7. 组长拍摄本组同学练习视频,再次讨论分析动作<br>8. 再次进行练习,教师巡回指导<br>9. 教师组织学生按能力分组练习,教师巡回指导 | 1. 认真听讲要求,积极参与练习<br>2. 认真观看动脑思考,积极参与讨论<br>3. 有序进行练习<br>4. 组长拍摄视频,组织小组讨论<br>5. 认真动脑思考,再次练习<br>6. 组长组织学生拍摄视频,组织小组讨论<br>7. 再次进行练习<br>8. 根据自己的能力参加不同的练习 | 积极参与分组练习 | 6′—7′ | 每组2—4次 | 中大 |
| 素质练习 | 素质练习:仰卧起坐 | 1. 教师讲解并示范<br>2. 组织学生练习 | 1. 认真听讲,明白练习的方法及要求<br>2. 仔细观看老师的示范 | 积极参与 散点 | 1′ | 2—4 | 中 |

(续表)

| | | 1. 教师讲解示范游戏方法和规则<br>2. 合理安排好场地，严格按统一信号进行练习，加强安全教育<br>3. 组织学生按统一信号进行比赛 | 1. 看示范、听讲解，明白游戏规则与方法<br>2. 分组听信号练习，能顺利地完成游戏安全练习<br>3. 分组比赛，评选出优胜小组 | 遵守规则 积极参与 六路纵队 | 1′—2′ | 1—3 | 中 |
|---|---|---|---|---|---|---|---|
| 游戏比赛 | 游戏：看谁爬得快 | | | | | | |
| 结束放松 | 1. 放松活动<br>2. 总结<br>3. 师生再见，归还器材 | 1. 指导学生跟随音乐一起放松身心<br>2. 对课堂进行总结、评价<br>3. 组织学生进行自评、互评<br>4. 师生再见，归还器材 | 1. 跟随老师一起进行心放松<br>2. 认真听取课堂总结<br>3. 进行自评、互评<br>4. 师生再见，帮助老师整理器材 | 积极参与 放松 六路纵队 | 30″ | 1 | 小 |
| | 田径场一片，泡沫垫每人一个，运动手环40个，平板电脑7台 | | 练习密度 | 35% | 平均心率 | 120—135次/分 | |

## 案例五

# 怎样到达目的地（出行篇）

张瑞如

【教学目标】

情感态度价值观：感受交通的发展给人们的生活带来的巨大便利。明白交通出行方式的选择没有好与坏，只有合适与更合适。

能力与方法：比较不同交通工具的出行方式，尝试选择合适的交通工具并制定出行方案。

小组讨论交流中能够清楚表达自己的观点并认真倾听别人的发言。

知识：阅读电子书，了解从古至今人们出行方式的巨大变化。

【教学重点】

根据自身情况，利用高德地图、T3等软件，选择合适的交通工具，设计春游的出行方案。

【教学难点】

合作中能够清楚表达自己的观点并认真倾听别人的发言，学会合作。

【教学准备】

制作电子书　PPT课件　设计出行方案（打印）　学生熟悉aischool平台和平板操作

【教学设计】

课前三分钟我能展示：

图文互动介绍南京的四个景点：老门东　珍珠泉　牛首山　绿博园

## 活动（一）：交通工具我了解

1. 请同学们拿出 iPad，点击 aischool，在四个景点中投票选择一个自己最想去的地方。

2. 屏显投票结果：引出目的地的概念。（板书：目的地）

3. 那么我们怎样才能到达想去的地方呢？（板书：怎样到达）这节课我们就来聊聊这个话题。（板全标题：怎样到达目的地）

4. 回到投票结果：4 个景点中，最受欢迎的是_____，谁去过？你怎么去的？（提问 2—3 位学生）

5. 同学们刚才说的汽车、地铁、公交车等，它们有个共同的名称，你们知道叫什么吗？没错，叫——交通工具。那么除了刚才大家提到的，你还使用过哪些交通工具呢？

（若生提到自行车，适时屏显：《中华人民共和国道路交通安全法实施条例》第七十二条指出，未满 12 周岁的孩子不得在道路上驾驶自行车、三轮车。）（请生读）

6. 过渡：生活中有这么多的交通工具去选择，那么就会产生不同的出行方式，那自古以来人们出行就有这么多的交通工具可以选择吗？从古至今那是一个怎样的变化过程呢？

7. 生阅读电子书

（屏显要求）

（1）先浏览一下整本书，再选择自己感兴趣的内容细读。

（2）时间 5 分钟。

8. 通过刚才的阅读，你感受到这个发展的过程了吗？谁来说说自己的感受？

9. 追问：那你感受到了我们身边交通工具的发展和变化吗？

（若生说到地铁，适时补充地铁。图：离大家最近的就是三号线——上元门站，五塘广场站）

A. 提到地铁，张老师想来考考你，你知道南京目前开通了多少条地铁吗？

B. 看图：南京已经形成了井字形的地铁网。

C. 猜一猜至 2018 年年底，2030 年年底，南京将会分别有多少条地铁线路。（出示数据）

D. 看到这组数据，你有什么感受？

10. 通过刚才的交流，那大家再想想，是不是有了这些交通工具，我们就能顺利到达目的地了？（屏幕出示概念）

11. 强调交通运输设施包括交通工具和用于交通运输的设施。

12. 聊聊南京有哪些用于交通工具的设施。(PPT 图片展示)

## 活动(二):出行方式我来选

过渡:你们看,有这么多的交通工具和这么丰富的配套设施可供我们在出行时选择,种类可真多。(板书:出行方式种类多)那我们在到达一个目的地前究竟该如何选择呢?请大家一起来看看张老师在去夫子庙之前是怎么选的。

1. 集体看{微课}怎样到达夫子庙

2. 张老师最终选择了哪种方式出行?(屏显我的出行方案)

你们想不想也像我这样设计一份适合自己的出行方案呢?

3. 回到课一开始的投票:(再次出示投票结果)

最受欢迎的景点是_____,那我们就以少数服从多数的方式每个人设计一份从我们学校出发去往这个目的地的出行方案。

4. (屏显要求)

(1) 使用"高德地图"软件选择一种最适合自己的出行方案。

(2) 认真填写表格后拍照上传至讨论组。

(3) 思考自己这么选择的原因。

(4) 时间 5 分钟。

提示:写清选择的公交线路或地铁线路。

5. 我会合作:交流自己的方案

(屏显要求)

(1) 四人一小组按 1—4 号顺序汇报自己的方案。

(2) 组长负责拍摄整个汇报过程并最后汇报。

(3) 时间 5 分钟。

备注:汇报时声音响亮,并把自己这样选择的原因说清楚。

6. 我来分享:根据时间,推送 1—2 组视频集体评议。

小结:不同的出行方式,只要合理选择,适合我们自己的,就是最好的。(板书"合理选择")

7. 小结推荐几个 App 供以后做出行计划使用。

8. 结束:希望同学们在以后的生活中能够运用今天学到的方法,合理选择合适的交通工具规划出行,从而使我们的旅途更加地欢乐。(板书"合理选择欢乐多")

**板书设计**

怎样到达目的地——出行

出行方式种类多

合理选择欢乐多

## 案例六

## 《南京的明城墙》教学设计

陈 天

【教学目标】

1. 了解南京明城墙的悠久历史及其显著特点,感受南京明城墙的建筑及历史魅力。

2. 关注有关文化遗迹保护的现状,培养观察、分析、合作、交流和表达的能力,激发热爱生活、热爱家乡的情感。

3. 能将对家乡的热爱落实到行动中去,能在课外积极探究南京明城墙文化,为保护文化遗址贡献力量。

【教学难点】

1. 了解南京明城墙的悠久历史及其显著特点,感受南京明城墙的建筑及历史魅力。

2. 关注有关文化遗迹的保护现状,培养观察、分析、合作、交流和表达的能力。

【教学过程】

一、导入(5分钟)

【我能展示】学生介绍,南京是十朝都会……

生:大家好,在座的各位是南京人,我想考一考你们,都说南京是"十朝都会",这"十朝"分别指的是哪些朝代呢?你知道吗?猜出一个就可以得到一个神秘礼物哦!

(生 ABC 猜)

生:看来,这个问题对大家来说可不简单哦,现在请听我来公布正确答案吧!东吴、东晋、宋、齐、梁、陈、五代南唐、明、太平天国、中华民国,先后定都此城,所以才称"十朝都会"。作为南京人,你可不能忘记哦!我会把二维码分享在我们的电子班牌和我们班的 QQ 群上,如果你想进一步了解南京"十朝都会"名称的由来,请在课后扫码深入了解哦!谢谢大家!

师:说得真好,从一个城市的别称就能看出它的历史和文化,正如我们《金陵文化》课本的卷首语所说——(教师投屏)

"一个城市就像一个人,虽然不可能十全十美,但有着自己特殊的文化品位和精神气质的城市肯定是最具魅力的,也是最让人难忘的城市,南京就是一座这样的城市。走进她,就如同走进了一个多姿多彩的世界——"

师:提到南京"特殊的文化品位和精神气质",我们就会自然而然地想到一些地方,除了全国人民都耳熟能详的秦淮河、夫子庙、玄武湖、紫金山和中山陵,还有哪些地方赋予了这座城市"特殊的文化品位和精神气质"呢?如果我们要再增加一张南京的"城市名片",在以下的选项中你会优先投给谁呢?

(发布投票:请大家进入平台,进行投票。)

投票:以下哪个地方最能代表南京的特殊文化品位和精神气质呢?

栖霞山　金牛湖　明城墙　莫愁湖　瞻园

(师根据投票结果,引出明城墙)

师:大家为什么会选择明城墙呢?你对明城墙有了解吗?

(学生自由谈谈)

### 二、研究:南京的明城墙(15分钟)

1. 师:确实,我们南京的明城墙极具"南京气质",也正是我们南京市政府多年以来一直着力打造的一张"城市名片"。这节课,就让我们一同深入解读南京的这张"城市名片"。(贴板书:南京的明城墙)

老师给大家准备了电子书,分成"历史"、"设计"、"质量"这三个不同的版块,请根据自己的兴趣任选一个版块进行阅读,一会儿,我们再分小组交流收获。我们先来了解一下阅读要求。

(学生读要求)

阅读要求:

(1) 请根据四人小组大部分同学的兴趣选择一个版块。

(2) 先大概浏览,再选择自己最感兴趣的段落仔细阅读。

(3) 边读边思考,你发现了南京明城墙的什么特点,并留意电子书中相关内容,以关键词或短句的形式记录在个人学习单上,以便过后交流。

(4) 时间5分钟。

**个人学习单**

我发现了南京明城墙在历史(　　　)、设计(　　　)、质量(　　　)方面的特点是:(可以用一个词或几个词)

_____

我找到的证据:(请用关键词记录)

_____
_____
_____

**小组学习单　　第　　组**
**我们小组的发现**

南京的明城墙在(　　　)方面的特点是(可以用一个词或几个词):

_____

理由如下(用简短的语言或关键词罗列):
(1) _____
(2) _____
……

师:请大家打开电子书,抓紧时间,开始阅读。

学生根据兴趣自主阅读电子书。(5分钟)

师:时间到,因为课堂时间有限,我们可能没有足够的时间读完,没关系,老师会把3本电子书都分享给大家,大家可以在课后接着阅读。

师:现在,我们准备进入交流环节,注意交流要求。

交流要求:

(1) 请结合刚才自己完成的个人学习单进行组内交流。

(2) 组长把交流中发现的有关明城墙特点的关键词记录在小组学习单上,并拍摄下来,上传至平台,准备分享。

(3) 时间3分钟。

教师组织学生根据各自阅读的主题进行小组交流,组长组织大家共同完成学习单并拍摄,准备分享。

教师贴板书(历史、设计、质量)

教师巡视,寻找有价值的发言。(3分钟)

2. 全班交流

教师围绕"历史"、"设计"、"质量"这三个版块组织交流,分享有价值的发言,适当点评、补充。

根据学生回答适时展示电子书页面并板书:

    历史悠久

    设计独特

    质量坚固

3. 师:因为时间有限,可能我们有的小组还有更多的收获需要分享,没关系,我们可以留到课后,在我们的学习QQ群里继续分享。通过刚才的交流,我们发现了,正是因为我们南京的明城墙历史悠久、设计独特、质量坚固,才使明城墙成为彰显南京历史文化名城形象的一张名片。无须多言,让我们一起走近明城墙,去感受它的魅力吧。(教师投屏:播放南京明城墙风景视频,时长51秒,定格在最后的城门画面上。)

4. 师:看了视频,大家有什么想说的?

(生交流感受,师点评总结,南京的明城墙的确是能够代表南京这座历史文化名城特殊的文化品位和精神气质的一张"城市名片"。)

### 三、研究:南京的城门(20分钟)

1. 师:刚刚我们在看视频的时候,不仅看到了城墙,还看到了很多城墙都有一座——(指指屏幕上的城门)

(生答:城门)

师:你知道南京的明城墙落成的时候一共建了多少座城门吗?猜一猜。

(生猜)

(教师投屏:明代修造了"外城18座,内城13座"共31座城门。)

师:清代小说家吴敬梓在《儒林外史》中把内13城门编成了一首顺口溜,谁来读读。

(教师投屏)

(指名读)

三山聚宝临通济,正阳朝(cháo)阳定太平。神策金川近钟阜(fù),仪凤定淮清石城。

——清·吴敬梓

师:找找看,你能猜出是哪些城门吗?

(生猜)

师:大家可能很难把这13座城门的名字全部猜出来,这是因为这些城门大部分都改了名字。

(教师投屏,依次读前4个城门名称)

"内十三"

朝阳门(今中山门)、正阳门(今光华门)、通济门、聚宝门(今中华门)、三山门(今水西门)、石城门(今汉中门稍南的汉西门)、清凉门(又称清江门)、怀远门(今定淮门)、仪凤门(今兴中门)、钟阜门、金川门、神策门(今和平门)、太平门

2. 师:你参观过哪座城门呢?

(生:中华门)

师:你去过吗?请你说一说。

(生谈谈自己的印象)

师:你已经有一些印象了,可能我们大部分同学还不太了解它,那中华门到底是座什么样的城门呢?它又有什么样的特点呢?我们来通过一个视频详细了解一下。

请扫描二维码立即观看,一会儿我们来交流各自的收获。

(视频时长2分13秒)

全班交流

师:看了刚才的视频,视频中的哪一段内容给你留下的印象最深刻呢?

(学生谈印象,教师通过投屏展示图片,组织交流,予以总结。)

师:看来中华门真是不简单,不仅外观雄伟,而且在设计上还非常精巧,作为一个南京人,你感到——

(生:作为南京人很骄傲、很自豪)

3. 师:告诉大家,南京还有一座比中华门设计更独特的城门——通济门。它的形状像一艘大船,内部结构极其繁复,比中华门还要高大雄伟,想不想看一看它的样子?

(教师投屏:空白)

师:很遗憾地告诉大家,由于战争和城市建设等种种原因,这座雄伟的城门早在几十年前就已经消失了。更遗憾地告诉大家,消失的还不仅仅是通济门。当年我们外城的18座城门以及城墙都已经消失了。内城的13座城门,如今只剩下四座。

(教师投屏:在城门分布图上,城门一座一座消失,只剩四座)

    聚宝门(中华门)、石城门(今汉中门稍南的汉西门)、

    神策门(今和平门)、清凉门

(教师投屏:城门名称逐渐消失)

师:这些文物都已经不可能再被复原了,我们只有从地名中才能知道这里曾经有城墙、城门的存在。此时此刻,你的心情怎样?(生谈感受)

(生:感到非常遗憾、非常可惜,这样珍贵的遗址需要保护。)

### 四、保护明城墙

1. 师:是的,这些珍贵的历史遗址急需保护。说到保护,我们的政府对于南京的明城墙又采取了哪些保护措施呢?你知道吗?

(生答)

师:我们可能知道得不是很清楚,现在请大家一起召唤语音助手Siri,搜索关键词,去了解一下。注意:现在我们只读搜索结果页面上的大标题,稍作了解,课后再有选择地进行阅读。现在给大家1分钟的时间,请迅速浏览。

  全班交流:我们的政府为了保护南京的明城墙做了些什么呢?

  (生交流:政府采取的保护政策、管理措施、相关宣传活动,在政府的协助下,专家们也展开了相关研究,等等。)

2. 师:看来我们的政府为了保护我们的明城墙是采取了一系列的措施,花了很大的力气的。那作为我们,尤其是一个南京市民,我们自己能够为我们南京明城墙的保护做些什么呢?今天,我们在课堂上先不急着讨论这个问题,老师给大家布置一个作业,谁来读一读?(指名读要求)

作业要求:

1. 请利用课后时间,通过查找资料、实地探访等方式深入了解南京明城墙目前所面临的问题,通过思考,尝试提出解决方案并在力所能及的范围内采取行动。

2. 可以和你的小伙伴结伴探究,并建立相关的QQ对话组,定期讨论探究中的问题,分享经验与收获。

| 发现的问题 | 相关的政策法规 | 我们的方案 | 我们的行动 |
|---|---|---|---|
|  |  |  |  |

3. 注意根据老师分享的表格记录探究的过程,可以在表后添加图片、录音、视频等附件。学期结束前,全班交流。

师:希望我们每个同学都能够用自己的思考寻求更多的方法,用自己的行动去保护我们的明城墙,宣传我们南京的明城墙文化。

下课。

**板书设计**

南京的明城墙<br>历史(悠久)<br>设计(独特)<br>质量(坚固)

## 案例七

## 城门谣——GIF动画教学设计

刘　飞

**【教学目标】**

1. 认知目标:通过欣赏、学习,使学生了解童谣(儿歌)与美术之间的联系。

2. 技能目标:以小组为单位,用GIF创作软件来创作城门谣的动画。

3. 情感目标:培养学生传承传统文化的兴趣,激发学生的创作欲望、团队合作能力及艺术情感。

**【教学重难点】**

1. 重点:了解儿歌插图的创作过程,学习儿歌插画的特点。

2. 难点:以小组为单位,用GIF创作软件来创作城门谣的动画。

**【教学设计】**

**一、欣赏视频,揭示课题(2分钟)**

师:(南京白话开场白)"金陵古城城门大,里城外城甲天下。仪凤清凉到石城,安德凤台一枝花。"同学们,今天老师邀请了南京著名的吆喝艺人——赵爱民爷爷为大家带来一段童谣,请看视频!

1. 教师播放视频(赵爱民唱《城门谣》)。

师:你们听过这首童谣吗?["城门城门几丈高?三十六丈高!骑大马,带把刀,到你家城门(门前)操一操(走一遭),问你吃橘子吃香蕉!"]

生:这是《城门谣》!

师：对！这是我们非常熟悉的童谣，叫作《城门谣》。（出示板书：城门谣）

2. 师：哪位同学会唱？（请一位同学上台展示唱《城门谣》，台下同学可以合唱）

师：你们唱得真棒，都是"老南京"！《城门谣》是一首非常具有南京特色的童谣，可以说家喻户晓，那么作为一名生活在南京的少先队员，我们有必要也有责任将这些优秀的传统文化传承和发扬光大！

二、欣赏动画，学习方法

1. 师：但是老师准备这节课的时候，在网络上却基本搜索不到《城门谣》的动画。那今天，我们就来当一回"文化传承人"，为它《城门谣》)做个有趣的动画吧！

师：（教师播放《两只老虎》儿歌动画版）怎么为童谣配上有趣的动画呢？请同学们欣赏视频，之后告诉我动画与儿歌歌词之间有什么联系。

生：歌词里有的动画里也有。

师：好！也就是说动画里出现的形象都是歌词里的关键词，现在请同学们找一找《城门谣》里的关键词吧！

生：城门、人物、白马、刀……（教师总结并板书：城门、小朋友、马、玩具刀、橘子、香蕉）

师：我们已经找到关键词了，那么你们觉得哪几个画起来有难度？

2. 看图猜门

师：在《城门谣》里提到的第一个信息就是"城门"，作为南京娃，同学们应该或多或少会认识一些南京的城门，现在我来考考大家！

（a. 教师出示相关图片；b. 教师公布答案并简要讲解相关城门的结构。）

3. 师：我们来看看，人为什么会动？（教师请大家活动手臂和腿部，并引导学生说出"关节"）为了让我们画的人动起来，待会就要把手臂和腿部的关节分开画。

4. 尝试初次创作

师：我们要做动画就一定要先画手稿（板书：画），而手稿画的就是刚才找出的关键信息。请看视频！（教师播放示范）

（1）城门的画法。先画一条横线确定城墙的高度，在横线上添加箭垛，在横线下方画上三个拱形门洞并注意包边，错落有致地添画城墙砖和城门的名称，最后根据所画城门的样子添加上层建筑。（2）人物的画法。人物分正面和侧面，手臂和腿部要分段画，以方便人物活动（以前介绍过）。（3）马匹、水果及相关背景装饰。（4）剪下来。（板书：剪）

视频结束后教师出示范画，并解释为何要将手臂和腿部分段画。

5. 学生练习

练习要求：以《城门谣》歌词为蓝本进行绘画创作，小组成员之间需互相合作，绘画工具不限。

学生进行绘画创作,教师巡回指导。

6. GIF 动画创作

(1)教师邀请学生上台创作。

教师按照歌词进行现场拼摆,学生用 GIF App 进行拍摄,自动生成动画效果,并以投屏的方式进行现场展示。(教师板书:GIF 动画)

(2)学生练习

练习要求:小组合作继续完成《城门城门几丈高》的 GIF 动画创作,完成后以小组为单位上台进行展示。

7. 小组汇报

(1)学生上台展示 GIF 动画并尝试唱一唱童谣。

(2)可以说一说自己小组在制作时遇到的问题,或分享经验。

三、课后拓展、传承文化

1. 教师播放《城门谣》游戏视频,并邀请1—2组学生上台游戏。

2. 今天同学们和老师一道为《城门谣》配上了有趣的动画,还有些同学上台玩了《城门谣》的游戏,像这样优秀的传统文化需要传承下去,我愿成为传承人,你们呢?

### 案例八

## GIF 变脸教学设计

徐 婷

【教学目标】

知识与技能目标:在上节课观察、表现表情的基础上,进一步观察表现脸部表情变化时五官的特点。

过程与方法目标:通过探究实践掌握让脸变化的方法,能用绘画和手工制作的方法设计变化的脸。

情感、态度与价值观目标:在同桌合作探究、创作过程中,激发创意,体验合作乐趣,提高动手能力,增强学习美术的兴趣。

【教学重点】

通过观察、探究,了解让脸部的表情动起来的方法,用画、剪、摆、拍的操作方法,让画上的脸动起来。

【教学难点】

激发创意,让脸的变化出人意料。

## 教学设计

**一、导入(3′)**

1. 精彩回顾——《表情丰富的脸》学生作业,让学生抢答该学生的作业是表现的什么表情。

师:上节课,我们一起学习了表情丰富的脸,让我们一起来回顾同学们精彩的作品,抢答画的是什么表情,老师看看谁的反应最快!

生:……

2. 欣赏 GIF 动态表情图,让学生说说是什么表情。

师:同学们上节课画了很多丰富的表情,但是老师在研究表情的时候还发现了更丰富的表情,你们来看看是什么表情?

生:……

3. 交流:GIF 表情有什么特点?

生:这些表情会动,脸上的表情会变。

师:这些会动的表情叫 GIF 表情,这些表情还会变脸,变、变、变,让表情变得更丰富!这节课,我们就一起来玩一玩表情游戏——GIF 变脸,让丰富的表情动起来。

4. 揭示课题:GIF 变脸

**二、新授**

1. 玩一玩:分享 QQ 动态表情

师:除了这些有趣的动态表情,我们在哪里也会经常用到这样的表情啊?

生:QQ 聊天中。

师:请同学们打开 QQ,与你的好朋友分享自己喜欢的 QQ 表情,并且挑选你最喜欢的一个表情发给徐老师。

2. 交流:

a.互相说说:你为什么最喜欢这个动态表情?(特点、作用)

师小结:这么多有趣的 QQ 变脸表情,能形象地反映我们的心情,增加聊天的趣味性,但这些表情都是别人设计出来的,有时也不能完全表达我们的内心想法,同学们想不想设计一款属于自己的 QQ 表情呢?

3. 探究:GIF 变脸过程中什么发生了变化?学生上节课画的表情和这些 GIF 表情有什么不同?

生:眼睛、嘴巴。

4. 看一看:教师范画欣赏(1′)

师:看似高大上的 GIF 动态表情,其实制作起来不难,徐老师用一个神奇的软件把同学们设计的表情也变成了有趣的 GIF 变脸,瞧!——泪流满面、怒火冲天、垂涎欲滴等。

5. 教师示范:(师生合作)(5′)

准备工具:上节课《表情丰富的脸》作业、其他表情、文字。

老师自己先制作一个 GIF 变脸,遇到困难请学生帮忙。

师:我要请一名小助手来帮帮徐老师,你来变表情,我来拍。大家看好我们是怎么制作变脸的,并且猜一猜这位同学想表达什么意思。

生:……

师:刚才我们用了什么方法制作 GIF 变脸呢?

生:……

6. 师小结:方法——添加、移动、替换。

**同桌讨论:**(1′)

师:如果你来玩变脸游戏,根据自己上节课设计的表情,你想设计怎样的变脸呢?

生:……

(教师提供部分场景,如:欢庆六一,卖萌,拿到期末考试卷,午自习打瞌睡,哭笑不得,么么哒……)

(续表)

| 教学设计 |
|---|
| **三、学生创作(15′)**<br>作业要求：<br>1. 对照自己上节课设计的表情，画出你想变化的表情，同桌合作剪、摆、拍，完成 GIF 变脸。（至少变两次脸）<br>2. 分享到 iPad 小组群。<br>**四、展示评价(5′)**<br>开展"GIF 变脸表情秀"，谁的变脸表情最有趣？<br>(1) 自评：我的作品表达了什么样的心情？<br>(2) 互评：谁的作品最有趣？谁的作品还需要哪些改进？<br>(3) 师评：老师说说学生作品的创意之处和需要改进之处。<br>**五、课后拓展**<br>教师小结：同学们通过美图 GIF 体验了有趣的 GIF 卡通变脸游戏，同学们课后可以去玩一玩真人变脸。你瞧！而且我们吃的瓜果也能变脸，不信？你瞧！你还能给什么变脸？课后同学们大胆创新吧！其实动画的制作也是如此。不论拍的是什么，只要一张一张拍，观看时连续播放，就会形成活动的影像，它就是动画。下面徐老师要请大家看一场电影，滨江小学制作的定格动画《彩色的黑》。同学们，创意无限，就能精彩无限！课后百度搜索"定格动画"，欣赏更多有趣的定格动画吧！ |

## 案例九

# 玩转微信

巢丽芬

【教学目标与要求】

1. 知识与技能

(1) 掌握微信添加好友的方法。

(2) 能够使用微信建群、加入群聊等。

(3) 知道微信使用的优势。

2. 过程与方法

(1) 通过观看电子书，了解现代常用的网络交流方式。

(2) 通过观看微课，利用微信添加好友。

(3) 通过自主学习、小组合作的方式，合理使用微信与他人进行网络交流。

3. 情感、态度与价值观

(1) 认识微信等网络交流方式在现代社会中的作用。

(2) 提高自主学习、合作学习的能力。

(3) 培养根据喜好来合理选择交流方式的能力。

4. 行为与创新

通过探究微信与他人进行交流，培养自主探究与协作学习的能力。

**【教学重点与难点】**

重点：

(1) 掌握微信添加好友、建群、加群的方法。

(2) 能够利用微信与他人进行网络交流和分享。

难点：

能够合理利用微信与他人进行网络交流和分享。

**【教学方法和手段】**

任务驱动、自主探究、小组合作相结合的教学方法。

**【课时安排】**

1课时

**【教学准备】**

"网络交流我做主"电子书、教学课件、无线网络、四楼阶梯教室、微课。

**【教学过程】**

| 教学环节 | 教师与学生活动 |
| --- | --- |
| 一、导入 | 　　我能展示：一位学生带领全班大致浏览电子书,简单地介绍网络交流方式。并提问其他同学：你对哪个网络交流方式最感兴趣？请3—4位同学说一说。<br>　　师：谢谢某某同学,掌声送给他。看来大家对微信最感兴趣。课前,通过家长的指导,注册了属于小朋友们自己的微信账号,并且成功登入在了我们的平板上。下面就让我们来"玩转微信"。 |
| 二、探究学习 | 　　师：大家都知道,微信是一种网络交流方式,如果现在想要和你的朋友用微信进行交流的话,首先需要做一件什么事情？<br>　　生：添加好友。<br>　　师：真聪明,表扬你！大家想加老师和班级同学为好友吗？下面就让我们来完成第一个任务：<br>　　(出示课件)<br>　　任务一：<br>　　1. 观看微课,学会微信添加好友的方法,尝试添加老师为好友。<br>　　2. 添加成功的同学,尝试添加你周围的同学为好友。<br>　　3. 时间：3分钟<br>　　小提醒：遇到困难的同学可以请小组同学帮忙,或者自行观看微课再次学习。<br>　　微信：××××××××××<br>　　师：当你添加老师为好友后,可以看大屏,看看老师的通讯录中是否有你。如果有的话,就说明你已经成功了。<br>　　师：好,时间到。把平板合上放在桌角,没添加好的同学等会继续添加。<br>　　提问：大家是通过什么方法添加好友的？<br>　　预设：查找微信账号。<br>　　师：除了用查找账号的方法,还有更快的方法吗？<br>　　(二维码)<br>　　预设1：如果学生之前在添加好友的过程中已经用到了这个方法,请学生演示。 |

(续表)

| 教学环节 | 教师与学生活动 |
| --- | --- |
|  | 预设2:如果没有学生使用二维码的方法,教师进行演示并介绍。<br>师:下面给大家1分钟时间,选择你觉得最合适的方法继续添加好友。(师出示自己的二维码)<br>……<br>师:同学们,老师平时喜欢看电影,我最喜欢看的是《阿甘正传》。(出示课件)<br>师:大家又有哪些兴趣爱好呢?<br>生1:看书。<br>师:有没有和他兴趣一样的?举手。<br>生2:听音乐。<br>师:有没有和他兴趣一样的?举手。<br>……<br>师:老师发现,很多同学都有相同的爱好,大家觉得有什么方法可以让你们一起来分享你的爱好?那么大家知道如何建群吗?我请同学来演示一下。<br>预设:(1)先添加一个,然后其他同学扫描群二维码。<br>(2)先添加为好友,然后一一选择,新建一个群。<br>师:现在老师也给大家提供一种更加方便快速的方法:面对面建群。师演示,如果没有掌握的同学,可以观看微课再次学习。<br>师:因为我们是三(1)班,为了方便记忆,音乐组可以是3101,运动组可以是3102……<br>出示板书:每个兴趣组的名字及相应的数字<br>任务二:<br>1. 快速加入到你的兴趣小组群里面。<br>2. 最快的同学可以修改一下群名:比如音乐组。<br>3. 时间:3分钟<br>4. 成功的小组,可以在群里面发条信息打个招呼。<br><br>师:时间到,下面请大家把平板合上放在桌角。请大家思考:我们可以如何在群里分享自己的爱好呢?<br>生:我可以发书名、歌名……<br><br>任务三:<br>1. 各自在兴趣小组的群里进行分享。<br>2. 说出自己的分享内容和分享方法,并拍摄下来发送到兴趣小组群里。<br>3. 选出小组内你最喜欢的分享内容,说出原因,并拍摄下来发送到群里。<br>4. 时间:10分钟<br>我来表达:<br>选择2—3组,用iPad拍摄好的视频进行全班展示。<br>师:你们的班主任看到大家用微信这么熟练、这么厉害啊,都迫不及待想加入到同学们的分组中!现在,我们就与张(陈)老师进行视频通话吧!<br>(对话内容:师:"听说大家都会用微信啦,那现在老师要布置一个家庭作业:添加老师为好友,并邀请老师加入你们的兴趣群里!以后我们可以继续分享你们的兴趣爱好!")<br>师:看来我们的微信作用可真大,不仅可以建群,也可以布置作业,还可以进行学习呢! |

(续表)

| 教学环节 | 教师与学生活动 |
| --- | --- |
| 三、拓展延伸 | 师：咦，老师的微信收到了一条好友验证的信息，我们一起来看一看。（陌生人）<br>　　提问：大家觉得可以同意验证吗？为什么？<br>师：虽然网络的内容很丰富，可以帮助我们学习、休闲，但是一定要注意网络安全。<br>　　出示课件：不能添加陌生人、点开不安全的链接…… |
| 四、课堂小结 | 师：同学们，通过这节课的学习，你有什么收获？<br>　　预设：微信添加好友、建群、分享交流……<br>师：通过今天的学习，大家在生活中，就可以正确地、合理地使用微信！但一定要注意网络安全，并且文明健康地使用！<br>今天这节课我们就上到这里，下课！ |

（本章整理：陈天）

# 第十章 "差异性学习"的组织与管理

## 第一节 "差异性学习"的科研背景

### 一、滨江小学章程总则

第一条 为推进依法治校,全面贯彻执行国家教育方针,积极实施素质教育,提高教育教学质量,依据《中华人民共和国教育法》、《中华人民共和国教师法》和《小学管理规程》等有关法律法规制定本章程。

第二条 学校名称:南京市滨江小学

学校地址:南京市鼓楼区燕康园20号;

南京市鼓楼区金陵新四村30号

第三条 学校性质:南京市鼓楼区教育局直属公办全日制小学

第四条 学校规模:每个年级5个教学班。

第五条 办学思路:学校以"灵动教育"引领学校全方位发展,聚合各方能量,以师生发展为本,建设数字化校园、和谐校园、科研校园、绿色校园,全力打造学校品牌建设,办成社会和广大家长满意的城市现代化小学。

第六条 办学特色:数字化引领下的灵动教育,艺术熏陶中的全面发展。

第七条 办学目标:学校本着"质量立校、特色立校、科研兴校、强师兴校"的指导思想,在"灵动教育"办学理念的指引下,灵动每一个,精彩每一天,着力营造"文明校园、数字校园、绿色校园、书香校园"。

第八条 校训:尊道问学

校风:乐学向善

教风:厚积薄发

学风:博览博识

## 二、滨江小学教科研及校本研训管理制度

学校教育科研及校本研训工作以习近平新时代特色社会主义思想为指导，坚持理论联系实际的原则，注意发挥教育科研对教育实践的指导功能，体现教育科研的服务功能：为学校的领导决策服务，为教育教学服务，为提高教育教学质量服务，为提高办学效益服务。

学校设教育科学研究室。教科室在学校校长室领导下，具体负责全校教育科学研究工作以及校本研训工作，业务上接受省、市、区教育科研部门的指导。科研室配备教科室主任一名，日常工作由教科室主任负责。

（一）教科室主要工作

1. 开展教育科学知识普及宣传，组织教职工学习教育理论和教育科学研究知识。

2. 每学年制订教育科研计划，有步骤有重点地进行教育科学研究，协调、组织学校教育科学研究工作。深入教育教学第一线，总结筛选教科研成果，举荐、推广优秀教育教学研究成果。

3. 组织学术交流，定期举行优秀教育科研论文、案例、叙事研讨会，办好教育研究成果的汇编，刊登优秀教育教学论文、案例。

4. 建立教育科研档案，做好各项研究资料、研究成果的整理与保存工作。

5. 每学年制订校本研训计划，有步骤有重点地进行校本研训工作，组织好区级及以上、校级、组级三级校本研训。

6. 结合校本研训工作致力于课堂教学改革，关注国家、市、区级最新的教学改革动向，结合滨江小学现状与实际情况，进行具有我校特色的教学改革工作。

7. 每学期组织进行优秀教研组评比工作，将校本研训工作纳入常规考核之中，打造年级教研团队和科研团队。

（二）教科研课题管理条例

1. 为了保证教科研工作的顺利开展，使我校教科研工作规范化、制度化，必须加强教科研的管理工作。

2. 教科研课题管理体制：

我校教科研的课题分为学校主课题，省、市、区主项（包括招标）的重点课题和教师个人研究的课题三大类，应按系统、分类分级管理。

3. 教育教学研究课题管理的基本内容：

教科研课题管理由研究的准备、实施、成果三个阶段的管理组成，分别称为规划

管理、过程管理和成果管理。

规划管理：决定研究者提出的研究课题是否符合该级课题管理部门的规划要求。规划管理主要有四项工作：申报、论证、立项、分类。

过程管理：保证研究者按《议定书》和课题研究的实际工作，有效地开展科学研究。过程管理主要有三项工作：经费使用、进展报告、进度调整。

成果管理：保证课题预期成果的产生，并对成果进行合理的鉴定和评价。成果管理共有三项工作：总结、鉴定、颁奖。

（三）教科研优秀成果评选、奖励实施条例

为了进一步推动我校教育科研工作的开展，发挥教科研在办学、治校、育人中的重要作用，促使我校教育科研上规模、上层次、出效益，特拟定教科研成果评选奖励意见。

1. 优秀教科研成果评选奖励工作在学校校长室领导下，校教科室负责进行评选。采取教师个人申报和研究组推荐的办法，从研究的指导思想、学术价值、研究方法和教育教学效果等方面全面综合地评价。

2. 参加评选的课题必须是学校教育、教学改革和学校发展中急需解决的问题，研究成果应有独立创新的见解，符合教育规律、效果良好，具有一定的推广价值；所有的材料必须资料翔实，具备数据准、创造性、先进性和适用性。

3. 凡参加各级各类课题研究的教师，按照《滨江小学教职工绩效考核方案》予以奖励。

4. 凡教科研工作中，论文、案例、叙事获奖的教师，凭论文获奖证书按级别分别给予学校奖励。

5. 凡教科研工作中，在各级各类报纸杂志上发表文章的老师，按级别分别给予学校奖励。

6. 每学期凡参加论文撰写的教师，给予一定的奖励或表彰。

（四）教科研资料管理条例

1. 为促进学校全体教师教科研工作质量的提高，使教科研工作规范化、常规化，教师科研资料由科研室统一进行管理。

2. 参加课题研究的教师，需制订科研课题研究计划，计划一式二份，交一份给学校科研室存档。

3. 科研工作情况记载，按月进行，月底或学期结束前一并上交科研资料。

4. 开展教科研资料展评工作。

5. 教师教科研情况记载和资料的评比，作为推选先进（科研）个人或优秀课题组的重要参照条件。

（五）青年教师培养制度

1. 指导思想：以教师的发展为本。

2. 实施计划纲要

（1）青年教师培养对象为35周岁以下的教师。目前首要任务是加强近五年参加工作的新教师的培养。

（2）对新教师的培养按类别、定目标、分阶段进行。

① 培养类别：常规教学工作培训、班主任工作培训、现代教育技术应用及科研理论与实践的培训。

② 培养阶段及其目标：

第一步，学上课。新教师参加工作的第一年，要适应学科教学各项工作，掌握学校工作的一般规律，遵守学校规章制度，谦虚谨慎、勤奋努力，初步掌握教学常规和教学基本功。熟悉教学课程标准和教材；懂得课堂设计；能够调控课堂。学习班主任教育及管理工作。能初步应用教育技术服务教学。

第二步，会上课。在教学第二年要对照落实课程标准的各项要求，严格按教学规律办事，突出学科教学特点，总结经验教训，改进完善教学办法，养成良好的教学习惯，掌握教学基本功。得到学生的信任，力争考评"合格"。力争可接任班主任工作。在教学过程中，能应用现代教育技术及理论服务和指导教学。

第三步，上好课。在教学第三年要理论联系实际，在课标的指导下创造性地开展教学工作，在吸收他人经验的基础上形成自己的教学风格。研究课堂教学最优化，争创优质课，教学基本功全部达到合格。胜任班主任工作。熟练使用现代教育技术，能进行教改教研实践。

第四步，独当一面。教学五年左右，教育教学基本功熟练扎实，教育教学思想先进，有与时俱进的教育理念。善于学习研究，有很好的教育教学方法，教学水平高。具有一定的教育科研能力，针对教学实践，开展课研活动和教育创新，成为教育改革和研究的探索者、实践者。能在学校工作中成为教育教学和科研骨干。

（3）培养工作实施措施

组建"一对一结对子"的帮带关系，落实教学工作培训。

在学科教学中，由教导处指定一个同年级同学科的骨干教师为指导教师，与一个新任教师结成"一对一"的师徒帮带关系。特殊情况下指定同科跨年级的骨干教师为指导教师。

指导教师要指导青年教师树立先进的教育理念，理解熟悉教学课程标准、教材，进行教法指导，全程指导常规教学的各个环节，具体包括：A. 教学计划的制订及总结的书写；B. 备课及教案书写；C. 作业批阅及学生学习评价；D. 课堂教学过程的指导

(说课,跟踪听课,评课);E. 了解学情及教学辅导等。

指导教师每两周至少跟踪听课一节,用专用听课笔记记载,做好说课、评课等指导工作。

培养对象每周至少听指导教师的课两节,用专用听课本做好听课笔记。培训教师要对评课意见如实记录。

坚持以校本培训为主,新任教师必须参加,创造机会,组织青年教师外出参观学习。提倡继续教育,倡导一专多能。组织符合校内实际的教学研究实践,指导撰写论文、经验、总结、个案研究等,使青年教师有成功和发展的机会等。

## 三、滨江小学科研室主任及有关人员职责

科研室负责全校的教科研工作、课题管理工作和实践经验的总结推广。

（一）教科室主任职责

1. 科研室负责教科研工作,在学校党支部和校长室的领导下,坚持理论联系实际,为学校领导的决策服务,发挥教育科学研究对教育教学实践的指导作用,体现教育科研为教育教学服务功能,为教师的教育教学服务,为提高学校教学质量服务,为学校素质教育服务,为全面提高学校办学效益服务。

2. 结合上级教科研领导部门的部署以及学校的具体情况,制订每学期工作计划,有步骤有重点地开展教科研活动,协调组织学校教科研工作。

3. 总结筛选教师的教育教学研究成果,向上级举荐并在校内宣传推广。

4. 组织好每学年的教育教学论文的评选和交流工作,定期汇编学校教育教学的论文集。

5. 做好课题的管理工作,认真参加每个课题的中期评估和验收,要有成果意识,全面认真做好课题的结题工作。

6. 抓好青年教师理论班的学习与研讨,以点带面,逐层推开。进一步更新教师观念,改变传统的教学行为,推进素质教育。

（二）教科研助理职责

1. 与科研室主任共同搞好学校各方面的科研工作。

2. 办好具有我校特色的各类刊物,宣传教科研知识,进行教育信息交流。

3. 保存好教师教科研材料,做好各课题资料、研究论文的整理工作,并记录教师论文在外发表和获奖情况。

4. 主动与有关职能部门、专家教授密切联系,以求得到更多的指导帮助。

(三)课题组组长职责

1. 根据学校总课题研究而组成的课题研究小组是学校课题研究取得成果的重要渠道。

2. 课题组组长是课题组开展研究活动与学校教科室调控课题研究的联系桥梁,是课题组开展研究的组织者,应及时主动向教科室反映课题研究进展情况。

3. 课题组组长在课题组成立之后,应及时召开课题组会议,研究确定课题组及个人研究计划,每学期开学初制订本学期的研究计划,组长负责撰写课题总计划及学期研究计划。

4. 课题组组长日常工作:每月召开一次课题组全体成员会议,交流研究情况并做好会议记录,及时向学校汇报研究进展情况,报告研究中出现的问题、遇到的困难。对于研究中出现的倾向性问题,及时提出建议等,并经常与教科室主任交换意见。

5. 每学期结束,书面汇报课题组研究成果,临近结题,组织本课题组成员准备结题所需各种资料。学校每年评选优秀课题组及组长,组长要做好研究工作汇报。

## 四、课题核心组积分管理条例

(一)指导思想

课题的研究是一个历经 3—5 年的漫长过程。为加强对课题组的科学管理,充分发挥课题组成员的研究主动性,目的性更强,更有效地进行研究,同时为了彰显研究过程中的价值,特制定本条例。

本条例后续经课题组会议,2/3 成员通过即可进行修改完善。

除分管科研校长必须为核心组成员外,课题结题时积分前 9 的成员为课题核心组成员。

(二)积分管理条例

**1. 研究结论性成果积分**

(1)发表文章类

在省级刊物(知网可查)上发表与课题相关文章,每 1 篇积 10 分;在市级刊物(知网可查)上发表与课题相关文章,每 1 篇积 8 分。

(2)论文、案例获奖类

与课题相关的论文、案例或其他文章,省二等奖每篇积 10 分,市一等奖每篇积 8

分,市二等奖每篇积6分,区一等奖每篇积4分,区二等奖每篇积2分。

(3) 公开课、讲座类

与课题相关的公开课(讲座),市级每节次积8分,区级每节次积4分,校级(独立承担)每节次积3分。

**2. 研究过程性成果积分**

(1) 每学期上交资料类

对于课题组教师每学期上交的过程性资料,由课题主持人及分管科研校长组成评估组进行综合评估。评估出3种等第:优秀、合格、不合格。其中"优秀"等第占比不超过40%。获得"优秀"等第积10分,"合格"等第积6分,"不合格"等第积0分。

(2) 特殊任务类

遇到课题组的特殊任务,如编撰论文集、案例集、作品集等,经双向选择成立特殊任务研究组。任务完成后显性任务每人积10分,隐性任务每人积8分。

**3. 课题组考勤管理办法**

(1) 课题组教师应能调节自己时间出席课题组会议及培训,如不能出席应向课题主持人或分管科研校长请假。请假缺席不减分。无故缺席1次减5分,2次调整出课题组。每学期设1次全勤奖,奖励2分。

(2) 课题组过程性资料应按时间节点上交,逾期请说明原因。没有任何说明,1次逾期减5分,2次调整出课题组。

本条例本着相互尊重、共商共议、多劳多显的原则。望全体课题组成员齐心同进,抱团成长,共研共赢,成长自己,成就滨小!

(本节整理:武昆)

## 第二节 "差异性学习"的科研管理

随着支持儿童差异性学习研究的进行,滨江小学原有的制度也在发生着变革,最明显的是从2018年开始校本研训制度的变革。

学校对教学改革方面的研究更多以校本研训的形式开展,一个学校校本研训活动中蕴含了学校的教育教学主张,教师的教学理念、教学行为,学生学习的路径、学习的平台,等等。2018年至今,滨江小学校本研训方面主要的变革可以归结为以下几个方面。

## 一、打开思维：让每一个教研组都有缤纷的绽放空间

2018年之前，学校的校本研训制度是每个老师每学期开设1节公开课，分为校级课和组级课两种级别。全校在职在编教师共70余名，学期初上报之后每学期就有70余节公开课。这种制度可以让每个教师在一个学期中都经历公开课的锻炼，它的弊端是公开课的质量无法得到很好的保障。

首先，学校全体教师涵盖老、中、青三个年龄阶段，并非每个教师都擅长公开课的形式。有的教师教学形成了自己独特的风格，教学效果非常好，但如果以公开课的标准去衡量，则有失偏颇。

其次，一个学期70余节公开课，管理层不可能做到走进每一个教师的课堂。时间久了，有的课偷偷开设，有的课草草结束，甚至有的课同年级没有一个教师去听就已经开设完毕。校本研训渐渐流于形式。

有鉴于此，2018年9月，我们对已有校本研训的模式进行变革，采用"选择式研修"。我们研究的课题是支持儿童的差异性学习，首先我们要支持教师的差异性研修。很难想象一群按照学校规定、要求操作，没有自己想法和创意的教师，能够支持儿童的差异性学习。变革从教师开始，我们通过研训制度的变革吹响课题研究的号角。

**2018—2019学年第一学期**
**滨江小学校本研修选择式研修单**

教研组名称：_____

研究团队成员：_____

| 研修主题 | 支持儿童差异性学习的课堂新样态的研究 | | |
|---|---|---|---|
| 展示级别 | 校级 | | 组级 |
| 主研方向 ||||
| 1. 我的微课程 | | | |
| 2. 我的轻团队 | 小组合作团队 | | |
| | 学科兴趣团队 | | |
| 3. 我的小平台 | 数字化平台 | | |
| | 纸媒体平台 | | |
| | 活动性平台 | | |
| 4. 我们想研究的其他方向： ||||

(续表)

| 展现形式 | | | | | |
|---|---|---|---|---|---|
| 课堂教学 | | 活动介绍 | | 儿童表演 | |
| 沙龙研讨 | | 经验分享 | | 文献综述 | |
| 我们想展现的其他形式： |
| 活动名称(暂定)： |
| 活动时间(暂定第几周)： |

在选择式研修中，我们规定一个研修主题，即支持儿童差异性学习的课堂新样态的研究。在这个研修主题之下，提供2种展示级别、3+X个主研方向、6+X种展现形式供教研组选择，以14个教研组为单位进行选择式研修。

选择式研修一直沿袭到2018—2019学年第一学期，每学期选择的方案都会有不同的变化，不变的是我们都会给教研组、给教师留出选择的空间，支持教师的差异性研修就是向教师传递支持儿童差异性学习的理念。

在这个学期，我们的研究成果是初显差异性学习的课堂样态，形成差异性学习的支持策略，汇集差异性学习的学习成果，萌发校本化研修的自主设计。

这个学期有5个教研组呈现的是课堂教学。分别通过前置性学习、学材的制作、学具的提供、歌词的自主创编在课堂教学中支持儿童的差异性学习。更多教研组通过学科活动的形式让更多学生参与到学科学习中来，例如"快手查字典"活动、"拼音拼读比赛"活动、"我的微课程——灵娃 show"活动，等等。更有一些教研组通过开展研训活动汇集了显性化的学习成果：科信组通过"科学实验站"活动形成了9篇优秀科学小论文，十余个科学实验视频；品综组通过"综合实践小调查"活动形成了十余份优质的小组调查报告；英语组通过"缤纷特色作业，灵动英语学习"，三年级至六年级每个年级都形成了丰厚的作品集。学生参与面之广、作品之丰富精美令人赞叹。教师的研训形式也出现了自发的改变，四年级语文组设计了同课异构的教学片段对比展示，六年级语文组策划的是"小灵娃独幕剧争霸赛"活动。这些活动背后透露的是教师对教学的热爱，对每个孩子成长的关爱。

2019年上半年，我们沿袭了"选择式研修"的方式，提倡各个教研组围绕研究主题自主设计。有的教研组将上个学期的研究进行深入，有的教研组重新选择主题，还有的教研组在上个学期别的教研组的研究主题上进行深度研究和借鉴。三年级语文组和六年级语文组开展了全校的教学展示活动，分别就自主性先学和多样性练习样态进行了教学、研讨。高年段数学组、体育组、音乐美术组也纷纷围绕支持儿童差异性学习的课堂样态进行课堂教学研究。同时，各教研组还围绕学科教学开展了丰富多彩的学科活动。其中最有特色的要数五年级语文组"悄悄话攻防战"和中年段数学组的"魔方大比拼"活动。这些活动都从儿童已有的经验和兴趣出发,让更多孩子得到充分的生长。

## 二、聚焦教学:让每一节课都支持儿童的差异性学习

时间进入到2019年下半年。我们发现教师对于课堂教学改革的热情已经被调动起来,教研组在组长的带领下也能够有自主设计的创意和活力。如果说之前一年我们是在打开教师的研究思维,那么接下来我们需要将课题的研究进一步聚焦,聚焦点显然应该是课堂教学。

2019年下半年,我校正式提出支持儿童差异性学习的课堂六大样态:自主性先学、差异性定标、开放性对话、多样性练习、实证性反馈、定制性辅导。并且明确要求新学期的校本研训活动围绕其中一种或几种样态进行课堂教学展示,以课堂教学展示为形式进行校本研训活动。

经过一个学期的实践,14个教研组都拿出了课堂教学的实践课例。英语组在四A Unit 4 I can play basketball 一课中尝试了差异性定标和多样性练习的课堂教学样态,五年级语文组在《古人谈读书》这节课中实践了自主性先学和开放性对话的课堂样态,中年段数学组在《角的度量》一课中实践了自主性先学、差异性定标、开放性对话、实证性反馈四种课堂教学样态,并结合教学视频片段对儿童差异性学习的支持效果进行全校汇报。每一个教研组都给出了对滨江小学自己课堂样态的理解,给出了对滨江小学教学改革的实践行动。虽然有的课还稚嫩,有的实践还有明显的缺点,但课堂教学实践已扬帆起航。

## 三、追根溯源:让每一个教师都直面学情和经验重构

2020年上半年,突如其来的新冠疫情打乱了学校的所有节奏。复学之前是线上学习,复学之后很长一段时间不允许学生小组合作交流,甚至要求减少学生回答问题的次数,以教师讲授为主要教学形式。但是,在这一特殊的时段,我们却抓住契机,逆流而行。

2月10日开始,在教育部"停课不停学"的思想指导下,鼓楼区通过微信"鼓楼e学习"开展了线上教学。我们敏锐地察觉到线上学习和支持儿童差异性学习的结合点,面对全体教师发布了"线上抗疫学习,滨小定制辅导"的线上教学工作细则,以教研组为单位,通过对每一门学科、每一个年级、每一个班级、每一个孩子的定制辅导,支持儿童的差异性学习。

3—6年级语文、数学、英语学科教师会结合鼓楼区的作业单为滨江小学孩子们

定制更加适合的课后作业。教师们会对鼓楼区的作业单进行网上研讨、修改和补充，结合本校、本班的特点布置更加扎实、有效的巩固练习。无论是练习的形式，还是练习的种类都更加丰富。

其余年级和学科以"生活与学习项目"的形式，由各科教师精心设计，既符合学科特点，又符合孩子的年龄特点，同时有滨江小学自己的特色。科学学科为不同年级的孩子制定了丰富多彩的科学实验小项目；音乐学科为孩子制定了不同类别的音乐学习项目；综合学科让居家的"小能人"有了展示的一方天地。

为使线上教学更具实效，滨江小学教师有自己的"绝招"。他们有的录制教学的补充视频，有的录制健康运动的音频视频，有的进行线上的集中讲解，有的针对典型错误进行视频辅导，所有的方式都是为了更好地支持儿童的差异性学习。

通过疫情期间的教学实践，我们前所未有地意识到学生的学情对支持儿童的差异性学习的重要性。支持儿童差异性学习就是源于每个儿童具有不同的认知经验，每个学生都有不同的学情。只有先充分了解学情才能进行差异性定标，在差异性定标之下才能够用具体的手段支持儿童的差异性学习。

于是当老师们对六种样态都有所了解，并且有了课堂教学实践之后，在2020年下半年我们把更多精力聚焦在了解学情和认知经验的重构上。我们沿袭"选择式研修"的方式，拟定了四个研修主题：以学生问题为导向的自主先学，以学生兴趣为导向的自主先学，对部分群体的目标观照，基于数据的学习进阶研究。这些主题从学术的角度而言未必严谨，但我们用最直接的语言让全校教师明白教学关注的重点是什么。

通过校本研训制度的变革，滨江小学的老师们更深刻地认识和了解了支持儿童差异性学习的理念。一位已经退休返聘的体育老师有一次见到我，热情地说："我知道你们研究的是差异性学习。"支持儿童的差异性学习的理念逐渐地在滨江小学每一位教师心里生根。通过校本研训制度的改革，滨江小学教研团队有了更深的凝聚力。每一个教研组都能带着研究的态度面对教学，很多教研组都逐渐地有了自己的教研文化。有一位语文组长说："我们教研组是'一言不合就教研'。"教学、研究正在每时每刻发生。通过校本研训制度的变革，滨江小学将教研和科研结合得更加紧密。教研为科研之根，科研为教研之魂，这是滨江小学对教研、科研关系的理解。科研工作在学校要扎根在日常教研中，脱离教研的科研只是空中楼阁，科研的成果只是编造材料的堆砌。教研的工作要以科研方向为引领，有了科研的引领，教研收获才不会变成一盘散沙，教研的成果才能够得到及时的总结和升华。

（本节撰写：武昆）

## 第三节 "差异性学习"的儿童立场

支持儿童差异性学习的研究使滨江小学立足于儿童的立场开展教育教学,使得滨小的教育教学理念逐渐地为更多同行和兄弟学校所共知共识。下面节选的是当时负责学校校本研训和教学工作的力新兰副校长在全区校本研训会议上的一段发言稿,阐述滨江小学的儿童立场。

### 只拣儿童多处行
——基于儿童灵·动生长的校本研训的实践和思考

#### 第一部分:概念认知与反思

对于校本培训的含义,有三句话是大家所熟悉的,即:为了学校,基于学校,在学校中。(郑金洲教授最早在2004年提出)

我们对三句话进行了反思,基于教师成长,我们提出:为了教师,基于教师,在教师中。

几年的实践,我们对三句话又进行了追问:为什么要为了教师、基于教师、在教师中?思源于疑,我们有了这样的思考:校本研训,为了儿童、基于儿童、在儿童中。

鼓楼区提出了"为儿童的学习"课堂改革要求,确立了看得见儿童、看得见儿童的学习、看得见儿童生命的成长的改革目标。

我们觉察到鼓楼课堂教学改革的时机也正是提升我校校本研训工作质量的契机。在深入学习认知鼓楼区课堂教学改革目标和要求的基础上,对我校"灵动课堂"进行了概念反思,提出了"灵·动课堂"的概念,加一个点,把一个词变成了一组词:灵气、灵性、灵通;活动、互动、行动……确立了以儿童思维生长为核心,在自主实践体验中激发灵气、灵性生长的滨江小学课堂改革的目标。

我校的校本研训也由此出发……

#### 第二部分:现状分析与思考

在我们的课堂中,"学生被学习"现象依然普遍存在,学生学习的自主性、主动性与我们的期望都存在较大的差距。为儿童的学习,首先是激发儿童学习。如何激发?这是校本研训要解决的根本问题。所以,我们认为:每一次校本研训,都是指向"为儿童学习"的研训,都是追求儿童灵动生长的研训。

#### 第三部分:研训实践与推进

在教师中:时时刻刻都在研训

(1)自主研训

每周一下午,是我校教研组自主研训的时间,学校对"自主研训"提出了4个"可见":主题可见、记录可见、评价可见、成效可见。每学期校本研训分组汇报,评优、绩效奖励,"自主研训"已经成为滨江小学教师习惯了的行走方式。

(2) 主题研训

围绕"为儿童的学习"的理念,我校开展了一系列主题鲜明的校本研训活动。如"营造思辨空间,打造对话平台"为主题的优师展示活动。有"看见学习中的儿童"为主题的青年教师赛课、职初教师展示课。"看得见的教与学"为主题的每月一次教学研训会,我们把这样的研训会不仅仅开成工作的布置会,更重要的是开成教学思想的提升会、教学经验的分享会、教学改革的推进会。

(3) 跨界研训

每学期2—3门学科面向全校教师、部分学生的教学展示、沙龙研讨,如"为了儿童思维的生长"数学学科的研训、《走出教学误区,提高品德教学的有效性》品社学科的研训、《关注儿童学习　师生共同成长》的英语校本研训、《立足儿童视角　打造多彩课堂》的科学研训、《灵动的语文课堂》语文学科的研训。在所有研训活动中,洋溢在老师们脸上的是校本研训带给他们的自信与幸福。在跨学科研训中,老师们互相学习,共同成长。

(4) 随机研训

学校每学期分层次、分年段、分学科进行教学专项视导,建立随机听课制度。

(5) 科研研训

2016年9月,我校有12位教师获得了市级个人课题的立项。以此为契机,我们组建了科研团队,并开展了主题为"科研有根,教研有魂"的研训活动,将科研工作与研训工作相融合,促进教师专业素养的提升。

(6) 项目研训

围绕"进班就读书"项目推进的要求,如何让儿童喜欢诗词、读得有效,教师多次进行专题研训,"班级赛诗会"、"我喜爱的诗句"、"诗词里的故事"等课前三分钟的微课程就是在这样的研训中产生的。

研训不只在一次活动中,而是在每一天的教学实践中,我们用实际行动——让"为儿童学习"的研训随时随地地发生。

**在课堂中:分分秒秒都在激发**

以"三我课堂"建模过程中的三个阶段为例,简要谈谈如何通过校本研训推动课堂改革,激发儿童学习内驱力。

2015年11月,在青年教师赛课活动方案研讨中,针对课堂中教师讲得多、学生学习主动性差、教学目标达成低效的现状,首次提出每节课中要有"三个版块":课开始环节的"我能展示"、学习过程中的"我会合作"和合作学习后的"我来表达"。

2016年3月,在数学胡老师的一节校本研训课中,我们惊喜地看到:学生的学习状态有了变化,课堂生机勃勃。在随后的教研中,大家开始聚焦于课堂中的"三个我",进行了深入的研讨。

当月,全校教学工作例会中,我们明确提出打造灵动课堂现阶段的目标是建构"三我课堂",明确了课堂结构变革的要求,校本研训就围绕"三我课堂"如何实施展开。

2016年9月,在全校教学工作推进会上,聚焦于"三我课堂",进行了一次全校教师的研训。邀请不同年级的学生走上"灵动讲坛",以"课前三分钟"如何展示为主题,为教师讲课。下一步,我们将针对"我会合作"和"我来表达"分别选取典型案例,深入研究完善"三我课堂"的建模。

一年来扎扎实实的研训,我们发现:我们的儿童变了。请看,孩子们正兴致勃勃地与当代著名教育理论家、86岁高龄的鲁洁教授对话互动,孩子们的自信、视野、思辨让专家们直呼想不到。请大家跟随我感受一下如今滨小课堂的孩子们:(短片30秒)

研训不只在一节课中,而是在每一节课中,我们用实际行动——让"为儿童的学习"研训坚持不懈地发生。

## 在学校中:方方面面都在完善

校本研训,重在反思、贵在坚持。靠什么坚持,学校的制度、活动的机制、研训的体系和绩效的评价。坚持是个过程,是不断完善的过程。

1. 建立研训制度

我们进一步总结以往的经验,建立完善的研训机制、研训制度,并最终形成滨江小学教师的一种研训习惯。

2. 构建研训体系

基于教师,从业务实际、情感需求出发,分层次、分类别开展。规格上,有层次;时间上,有选择;课程上,有针对;形式上,多样化。

3. 拓展研训方式

我校正致力于打造南京市首批智慧化校园,借此契机,建立有滨江小学特色的网络研修平台。

4. 体现研训成效

建立研训成效与质量提升挂钩考核的机制,提升研训品质。

汇报即将结束,让我用滨江小学薛卫平校长在我校灵动教育丛书《从儿童出发》的序言中的一段话作为今天的结束语:

"从儿童出发,我们应该多点关注的目光;这目光中满满的,都是儿童的身影。'只拣儿童多处行',就是出发的方向、行走的轨迹和最终的归宿。

校本研训,让我们一起成为儿童,然后,再一起出发!"

谢谢大家!

(本节供稿:力新兰)

# 参考文献

［1］Moran D J，Malott R W.实证教育方法［M］肖燕，邵冉，译.北京：中国轻工业出版社，2006.
［2］Zimmerman B J，Bonner S，Kovach R.自我调节学习［M］.姚梅林，徐守森，译.北京：中国轻工业出版社，2001.
［3］［美］A.班杜拉.自我效能：控制的实施［M］.缪小春，李凌，井世洁，等，译.上海：华东师范大学出版社，2003.
［4］［美］阿尔伯特·班杜拉.思想和行动的社会基础：社会认知论［M］.林颖，王小明，胡谊，等，译.上海：华东师范大学出版社，2018.
［5］曹小平.新课改呼唤生成式课堂［J］.教育创新，2006(7).
［6］陈涛.高效课堂的追求：展示·质疑·思辨［J］.西藏教育，2011(5).
［7］董冬梅.运用前置性学习策略，提高学生语文学习能力［J］.小学生作文辅导，2020(7).
［8］杜瑞丽.例谈课堂辩论教学［J］.语文教学之友，2012(10).
［9］［美］杜威.儿童与课程［M］.赵祥麟，译.北京：人民教育出版社，2005.
［10］方臻，夏雪梅.作业设计：基于学生心理机制的学习反馈［M］.北京：教育科学出版社，2014.
［11］洪珍珍.前置性学习，利大于弊［J］.安徽教育科研，2020(12).
［12］胡钦太，刘丽清，丁娜.教育公平视域中在线教育的困境与出路［J］.中国电化教育，2020(8).
［13］华国栋.差异教学论.［M］.北京：教育科学出版社，2003.
［14］黄海鸥.关注学情，优化小学数学课堂教学［J］.新课程(小学)，2013(5).
［15］［美］霍华德·加德纳.多元智能［M］.沈致隆，译.北京：新华出版社，1999.
［16］顾雪强.开展差异化教学，促进学生共同发展［J］.语数外学习(高中版上旬)，2019(12).
［17］姜卉，姜莉杰，于瑞利.疫情期间在线教育的基本原则与模式建构［J］.中小学数字化教学，2020(3).
［18］江玉印.关于新课程背景下对话教学的几点思考［J］.宿州学院学报，2007(5).
［19］［德］雷娜特·克洛佩尔.演奏艺术的生理心理学津要［M］钱泥，译.上海：上

海音乐出版社,2009.

[20] 李恒.怎样创造开放、互动、生成式课堂[J].课堂教学,2013(41).

[21] 李吉林.情境教育精要[M].北京:教育科学出版社,2016.

[22] 李茂金.学优生的个性心理特征及教育对策[J].科教文汇,2013(9).

[23] 林华.音乐审美心理教程[M].上海:上海音乐学院出版社,2005.

[24] 刘大椿.科学技术哲学概论[M].北京:中国人民大学出版社,2011.

[25] 刘加霞.小学数学课堂的有效教学[M].北京:北京师范大学出版社,2008.

[26] 刘善娜.这样的数学作业[M].北京:教育科学出版社,2014.

[27] 刘自强.关于处理小学数学教学疑难争议问题的几点思考[J].小学教学研究,2016(1).

[28] 楼朝辉,庞科军.差异教学的思考与实践[M].杭州:浙江教育出版社,2018.

[29] 茅宇华.面向全体之学优生培养策略[J].现代中小学教育,2012(3).

[30] [美]内尔·诺丁斯.培养有道德的人:从品格教育到关怀伦理[M]汪菊,译.北京:教育科学出版社,2017.

[31] 漆格.学会在线教育[M].广州:广东教育出版社,2020.

[32] 孙建锋.发现语文——孙建锋对话教学[M].济南:山东文艺出版社,2017.

[33] 陶艳红.前置性学习:让学习真正发生[J].新智慧,2020(19).

[34] 王登天.课堂辩论在小学语文教学中的实际应用[J].当代家庭教育,2019(20).

[35] 王利锋.小学数学课堂对话对学生问题解决能力的影响[J].中国校外教育,2016(21).

[36] 徐秀丽.辩论式教学的几点想法[J].吉林教育,2012(13).

[37] 许婷.美国普通高中生物学课程标准中的"整合"及其启示[J].中学生物教学,2019(9).

[38] 叶海平.思辨课堂的构想与尝试[J].中学政治教学参考,2012(14).

[39] 易文婧.前置性学习与课堂教学的衔接[J].湖北教育(教育教学),2020(7).

[40] 俞正强.种子课:一个数学特技教师的思与行[M].北京:教育科学出版社,2013.

[41] 喻越.基于核心素养导向的小学语文分层教学[J].文学教育,2019(2).

[42] 岳亚君.小学语文分层教学模式构建研究[J].文化创新比较研究,2019(17).

[43] 张传燧.解读中国近现代教育思想[M].广州:广东教育出版社,2009.

[44] 张新平."适合的教育"与校长工作突破[N].中国教育报,2017-05-13.

[45] 章玉兰.浅析在高中语文课堂辩论中培养学生思辨能力的策略[J].天天爱科学(教学研究),2020(3).

[46] 中华人民共和国教育部.义务教育课程标准(2011年版)[S].北京:北京师范

大学出版社,2001.

　　[47] 中华人民共和国教育部.义务教育数学课程标准(2011年版)[S].北京:北京师范大学出版社,2012.

　　[48] 周燕微.道德与法治教学中学生思辨能力的培养策略[J].基础教育研究,2019(24).

图书在版编目(CIP)数据

经验重构：支持儿童差异性学习的创新探索/薛卫平主编. —南京：南京大学出版社，2022.4
ISBN 978-7-305-25587-8

Ⅰ.①经… Ⅱ.①薛… Ⅲ.①小学－因材施教－教学研究 Ⅳ.①G622.0

中国版本图书馆 CIP 数据核字(2022)第 052797 号

| 出版发行 | 南京大学出版社 |
|---|---|
| 社　　址 | 南京市汉口路22号　　邮　编　210093 |
| 出 版 人 | 金鑫荣 |
| 书　　名 | 经验重构：支持儿童差异性学习的创新探索 |
| 主　　编 | 薛卫平 |
| 责任编辑 | 荣卫红 |
| 照　　排 | 南京开卷文化传媒有限公司 |
| 印　　刷 | 南京玉河印刷厂 |
| 开　　本 | 787×1092　1/16　印张 18.25　字数 368 千 |
| 版　　次 | 2022 年 4 月第 1 版　2022 年 4 月第 1 次印刷 |
| ISBN | 978-7-305-25587-8 |
| 定　　价 | 78.00 元 |

网　　址：http://www.njupco.com
官方微博：http://weibo.com/njupco
官方微信号：njupress
销售咨询热线：(025)83594756

＊版权所有，侵权必究
＊凡购买南大版图书，如有印装质量问题，请与所购图书销售部门联系调换